REINHOLD ZIPPELIUS

Geschichte der Staatsideen

Achte, verbesserte Auflage

VERLAG C.H.BECK MÜNCHEN

CIP-Kurztitelaufnahme der Deutschen Bibliothek

Zippelius, Reinhold:
Geschichte der Staatsideen / Reinhold Zippelius.
– 8. verb. Aufl. – München : Beck, 1991.
   (Beck'sche Reihe; Bd. 72)
   ISBN 3 406 33722 8

NE: GT

Originalausgabe
ISBN 3 406 33722 8

8., verbesserte Auflage. 1991

Einbandentwurf von Uwe Göbel, München
Umschlagbild: Sachsenspiegel, Antwerpen 1506
© C. H. Beck'sche Verlagsbuchhandlung (Oscar Beck) München 1971
Gesamtherstellung: Appl, Wemding
Printed in Germany

VIKTORIA STOESSEL
(1904–1983)

in Dankbarkeit

Wie würde dich die Einsicht kränken:
Wer kann was Dummes, wer was Kluges denken,
Das nicht die Vorwelt schon gedacht?

Faust II 2

VORWORT

Es gehört zur politischen Kultur, daß man nicht kurzerhand den eigenen Gerechtigkeitsstandpunkt und die eigene Staatsauffassung absolut setzt, sondern sich mit der Möglichkeit anderer Vorstellungen vertraut macht. Eine solche Umschau fördert eine Fülle von Gesichtspunkten, Argumenten und Teilwahrheiten zutage. Sie zeigt aber auch das Fragmentarische, Vorläufige, Überholbare vieler Einsichten, gerade auch solcher, die sich sehr grundsätzlich nehmen. Schon Grotius wollte deshalb denen folgen, die auf keines Philosophen Sekte schworen, „weil sie meinten, daß keine Sekte alle Wahrheit besessen habe und daß auch keine gewesen sei, die gar nichts Wahres erkannt hätte". Deshalb sei es darum gegangen, „die im einzelnen zerstreute und unter die Sekten verteilte Wahrheit in ein Ganzes zu sammeln" (De jure belli ac pacis, Vorrede, Nr. 42).

Die Unfähigkeit, die politischen Tatbestände und Fragen in ihrer Differenziertheit zu sehen, ist die Mutter des Radikalismus. Er will alles und jedes auf eine Wurzel, auf eine Grundtatsache oder ein einfaches Prinzip zurückführen, statt in diesen bloße Teilmomente und Teilaspekte des Ganzen zu sehen. Er entstammt dem Unvermögen, das Sowohl-als-auch zu erwägen und einen maßvollen Ausgleich zu suchen, wie er etwa zwischen den Prinzipien der Freiheit und der Ordnung immer wieder gefunden werden muß.

Vorliegende Darstellung soll zugleich eine ideengeschichtliche Ergänzung zu meiner „Rechtsphilosophie" und zu meiner „Allgemeinen Staatslehre (Politikwissenschaft)" liefern, in denen der Schwerpunkt auf der Auseinandersetzung mit der rechtsphilosophischen und staatstheoretischen Literatur der Gegenwart liegen mußte. In diesem historischen Überblick wurden auch aus dem Denken der Gegenwart nur einige wichtige Züge herausgehoben.

Der Titel des Buches bedarf einer Einschränkung: Behandelt werden nur die wichtigsten Staatsideen des abendländischen Kulturkreises, nicht auch die anderen großen Kulturen und deren Staatsdenken.

Der Text wurde in verschiedenen Einzelheiten verbessert und ergänzt. Das 21. Kapitel wurde neu gefaßt.

INHALTSVERZEICHNIS

I. Die Antike

II. Von Augustinus bis Calvin

IV. Die Staats- und Rechtsphilosophie seit Kant

I. DIE ANTIKE

1. Die Sophisten

Viele Gedanken der abendländischen Rechts- und Staatsphilosophie wurden unter der Sonne Griechenlands zum erstenmal gedacht, mitunter auch schon auf eine einsame Höhe geführt.

Daß das Nachdenken über den Staat und die Gerechtigkeit gerade in Griechenland in Gang kam, war durch die politischen Verhältnisse begünstigt. In den übrigen Staaten der alten Welt finden wir Theokratien oder andere Herrschaftsformen, die einem Wettstreit der Meinungen nicht förderlich waren. Gerade ein solcher Wettkampf um die bessere, um die richtigere Einsicht war aber die Lebensform der in Griechenland sich entwickelnden demokratischen Stadtstaaten. Sie waren klein genug, daß jeder Vollbürger sich aufgefordert fühlen konnte, auch selber mitzureden, wenn es um die beste Gestaltung des Rechts und des Staates ging. Daher ist die Frage nach der Gerechtigkeit und nach dem besten Staat ein Hauptthema der griechischen Philosophie überhaupt.

Die Prinzipien dieser Demokratie hat Perikles am Grabe der für ihre Vaterstadt gefallenen Athener als Tatbestand und Ideal zugleich verkündet: Gleichberechtigung, Geltung nach Verdienst, Freiheit, Toleranz und öffentliches Erwägen der Staatsgeschäfte (Thukydides, Geschichte des Peloponnesischen Krieges, II 37, 40).

In der Blütezeit des perikleischen Zeitalters strebt auch die griechische Philosophie ihrem Höhepunkt zu, den sie unter Sokrates, Platon und Aristoteles erreichen sollte. Wie aber der hohen Zeit der deutschen Philosophie ein Zeitalter der Aufklärung vorausging, so finden wir auch im alten Hellas eine Epoche der Aufklärung gleichsam als Vorspann der Klassik. Und hier hatte die Aufklärung kulturgeschichtlich eine ähnliche Funktion wie die nachmittelalterliche Aufklärung des 17. und 18. Jahrhunderts: Sie besorgte das Geschäft, die Philosophie zu säkularisieren, die autoritative Überlieferung in Frage zu stellen und der Autoritätsgläubigkeit die Skepsis entgegenzusetzen.

Träger dieser Aufklärung, dieser Skepsis in der Philosophie waren in Griechenland die Sophisten. Sie kamen durch die von ihnen veranstalteten Lehrvorträge und Lehrgespräche dem erwachenden Bildungsbedürfnis des Bürgertums entgegen. Vor allem suchte man sich hier die für das öffentliche Leben nützliche Bildung und Gewandtheit zu holen. Kein Wunder also, daß vor allem die Rhetorik ein zentraler Gegenstand der sophistischen Ausbildung war; denn, „die Fähigkeit, durch Worte zu überreden, vor Gericht die Richter, im Rate die Ratsherren, in der Volksversammlung die Bürger", diese Überredungskunst erschien als eine höchst erstrebenswerte Fähigkeit, die Herrschaft im Staat zu erwirken versprach (Platon, Gorgias, 452). Damals wie heute eignete man sich für die öffentlichen Auseinandersetzungen, Festreden und Vorträge Gemeinplätze an: typische Argumente und Redeweisen, die sich bei allen möglichen Gelegenheiten in der Diskussion gebrauchen ließen. Auf solche Weise sank die Kunst der Überzeugung nicht selten zu einer abgegriffenen Technik des Überredens, Überfahrens oder Gefallens herab.

Bei den besten Köpfen unter den Sophisten finden wir aber auch eine Vertiefung der philosophischen Fragen. Der berühmteste unter ihnen, Protagoras von Abdera, hat geistige Wirksamkeit bis in die jüngste Zeit entfaltet. Der Grundzug seiner Philosophie ist Skepsis und Relativismus. Es gibt keine absolute Wahrheit, sondern nur eine relative: Die Dinge sind für mich so, wie sie mir erscheinen, für dich so, wie sie dir erscheinen. Jeder einzelne Mensch ist also für sich das Maß aller Dinge (Platon, Theaitetos, 152; Diogenes Laertius, IX 51). – Schon damals hat man den Zusammenhang gesehen, der zwischen einem solchen Relativismus einerseits und dem Gesetzespositivismus und dem Regiment der Mehrheitsmeinung andererseits besteht: „Das Schöne und Schlechte, das Gerechte und Ungerechte, das Fromme und Frevelhafte, was in diesen Dingen ein Staat für eine Meinung faßt und dann als gesetzmäßig feststellt, das ist es nun auch für jeden in Wahrheit; und in diesen Dingen ist nicht der eine weiser als der andere und nicht dieser Staat klüger als jener." Nichts sei schon von Natur aus Recht oder Unrecht, fromm oder frevelhaft; „sondern, was gemeinsam vorgestellt werde, das werde immer dann wahr, wenn es dafür gehalten wird, und solange wie es dafür gehalten wird" (Theaitetos, 172). – Auf der Linie dieser Philosophie lag es auch, wenn Archelaos lehrte, daß etwas grundsätzlich nur kraft menschlicher Satzung Recht werden könne (Diog. L. II 16).

Im Gegensatz dazu wird im Dialog zwischen Sokrates und Hippias die Meinung vertreten, es gebe außer dem vom Staate vorgeschriebenen Recht auch ungeschriebene Normen der naturgegebenen Lebensordnung, deren Übertretung sich von selber rächt, so wie etwa der Inzest sich durch eine entartete Nachkommenschaft selbst straft (Xenophon, Memorab., IV 4, 19 ff.).

Der damit eingeschlagene Weg, aus Naturgegebenheiten ein Kriterium ethischer Richtigkeit zu gewinnen, sollte ein vielbetretener Eselspfad der Rechtsphilosophie werden. Auf diese Weise kam es auch zu ersten Postulierungen des Gleichheitssatzes: Man ging davon aus, daß alle Menschen von Natur aus gleich beschaffen seien, bekämpfte von dieser naturgegebenen Gleichheit her die unterschiedliche Behandlung von Hellenen und Barbaren, von Sklaven und Freien und bestritt die Vorrechte des Adels. „Von Natur sind wir alle in allen Beziehungen gleich geschaffen, Barbaren wie Hellenen ... Atmen wir doch alle durch Mund und Nase und bedienen uns alle der Hände zum Essen", ließ sich Antiphon vernehmen (Diels-Kranz, II Nr. 87 Fragm. 44 B). Alkidamas stritt gegen die Sklaverei: „Gott hat alle als Freie erschaffen; die Natur hat niemanden zum Sklaven gemacht" (Scholie zu Aristoteles, Rhetorik, 1373 b). Auch erbliche Standesunterschiede sind sachlich nicht begründet, fügten andere hinzu (Lykophron, Diels-Kranz, II Nr. 83).

Freilich zeigte sich auch schon die Brüchigkeit solcher Naturrechtstheorien: Mit der gleichen Methode ließ sich nämlich die Ungleichheit der Menschen, das naturgegebene Vorrecht des Stärkeren begründen. Man brauchte hierzu nur andere Tatsachen hervorzukehren: „Die Natur selbst beweist, daß es gerecht ist, daß der Stärkere mehr habe als der Schwächere und der Fähige mehr als der Unfähige. Unter vielen anderen Beweisen hierfür zeigt sie unter den Tieren überhaupt und unter den Menschen in ganzen Staaten und Geschlechtern, daß es anerkanntes Recht ist, daß der Stärkere über den Schwächeren herrsche und mehr habe als jener. Denn mit welchem Recht ist Xerxes gegen Hellas zu Felde gezogen? Oder sein Vater gegen die Skythen? Oder tausend andere solcher Tatsachen könnte man anführen. Aber ich denke, diese handeln nach der Natur und, beim Zeus, nach dem Gesetz der Natur; freilich nicht nach dem, das wir willkürlich aufstellen. Die Besten und Stärksten aus unserer Mitte nehmen wir von Jugend an her und suchen sie wie Löwen durch Sprüche und Zaubermittel zu zähmen und sagen ihnen, es müsse Gleichberechtigung herrschen, und darin bestehe das Schöne und Gerechte. Kommt aber, so glaube ich, ein Mann mit einer hinreichend starken Natur, der schüttelt alles ab, durchbricht die Fesseln mit Erfolg, tritt unsere Satzungen, Zaubersprüche und Formeln und alle die widernatürlichen Gesetze zu Boden, und er, der unser Sklave war, tritt offen als unser Herr auf, und da zeigt sich das Recht der Natur in glänzendem Licht" (Kallikles, nach Platon, Gorgias, 483; vgl. auch Thrasymachos, nach Platon, Staat, 338). Noch Nietzsche hat dieses Naturrecht des Mächtigen verkündet (Kap. 19 b). Freilich: Wer ist eigentlich der Stärkere? Der körperlich Kräftigere? Oder der Verständigere – und in welcher Hinsicht Verständigere? Oder derjenige, der Großes begehrt und sein Begehren durch Tapferkeit und Klugheit zu stillen versteht (Platon, Gorgias, 488 ff.)?

An welche Eigenschaften soll also die Gleichbehandlung oder das Vorrecht anknüpfen? Und wenn wir in dieser Weise die einen Eigenschaften für einen Unterscheidungsgrund, die anderen aber für unerheblich erklären – gehen wir dann nicht schon mit unserem Werturteil an die Dinge heran? Wählen wir die „erheblichen" Tatsachen nicht zunächst mit der Brille unserer ethischen Voreingenommenheiten aus, um aus diesen Fakten dann das schon vorausgesetzte Werturteil scheinbar abzuleiten? Kurz: Beruht das Naturrecht nicht auf einem verkappten Zirkelschluß?

2. PLATON

Platon und sein großer Lehrer Sokrates haben die Herausforderungen des sophistischen Relativismus und Subjektivismus aufgenommen: Wenn es zuträfe, daß jeder das Maß seiner eigenen Einsicht ist, wenn also keiner feststellen könnte, ob die Vorstellung des anderen wahr oder falsch ist, sondern „jeder nur seine eigenen Vorstellungen hat und diese alle richtig und wahr sind" – wie könnte dann Protagoras mit dem Anspruch auftreten, uns etwas lehren zu wollen (Theaitetos, 161)? Ist es nicht ein Widerspruch, wenn dieser als allgemeine Wahrheit verkünden will, daß es keine allgemeine Wahrheit gebe? Platon dreht also den Spieß um: Wenn es keine allgemeine Wahrheit geben kann, dann kann auch des Protagoras Lehre nicht objektiv wahr sein.

Aber stimmt denn überhaupt die Prämisse der Relativisten, daß alle Erkenntnis aus einem Sinneseindruck stammt? Wie steht es denn, wenn wir z. B. zwei Gegenstände als gleich, ähnlich, unähnlich bezeichnen? Diese Gleichheit, Ähnlichkeit und Verschiedenheit ist nicht schon in der Sinnesempfindung selbst enthalten (Theaitetos, 185 f.). Sondern hier haben wir außer den konkreten Dingen, die wir vergleichen, noch etwas anderes vor Augen, nämlich das Gleiche selbst (Phaidon, 74 f.), die Idee, den Begriff. In dieser Überlegung steckt nicht nur die Wurzel der platonischen Ideenlehre, sondern eine Grundentdeckung der Philosophie überhaupt. Edmund Husserl (Erfahrung und Urteil, 1939, § 81 c) hat es so formuliert: In der Mannigfaltigkeit gleicher Dinge finde ich die Identität eines Allgemeinen, „das in Wahrheit als Eines und Selbiges und als ‚Gegenwurf' des Individuellen herausgeschaut werden kann". Der Einzelne hat also nicht nur teil an der sinnlich wahrnehmbaren Welt, sondern auch an einer Ideenwelt. In dieser sucht Platon die unwandelbaren Grundlagen jeder Erkenntnis.

Durch die Lehre von ewigen Vernunftwahrheiten, die nach seiner Auffassung den Menschen angeboren sein sollen, hat er den Grund für jeden Rechtsidealismus gelegt. Von dieser philosophischen Grundposition aus entwirft er sein Bild vom idealen Staat und von der Gerechtigkeit, deren Entfaltung der Staat dienen soll.

Seine Staatsphilosophie ist nicht nur aus dieser philosophischen Erwägung, sondern in reger Auseinandersetzung mit den politischen Ereignissen seiner Zeit erwachsen. Platon (um 427–347 v. Chr.) wurde in Athen als Sproß eines vornehmen Geschlechts geboren. Die Stadt hatte damals gerade den glanzvollsten Abschnitt ihrer Geschichte, das Zeitalter des Perikles, hinter sich. In seiner Jugend erlebte Platon den Niedergang der attischen Demokratie, den Aufstieg und den Sturz des genialischen Abenteurers Alkibiades, die Herrschaft der Dreißig und die Wiederherstellung der Demokratie. Es war natürlich, daß ein Mann von der Herkunft Platons in einer politisch so vielbewegten Zeit von vornherein starkes Interesse an der Politik hegte. Nachdem er acht Jahre lang Schüler des Sokrates gewesen war, trug er sich ernstlich mit dem Gedanken, in die Politik zu gehen. Aber nicht zuletzt der Prozeß gegen Sokrates erschütterte ihn in diesem Entschluß: „Bei der Betrachtung solcher Vorgänge und der Menschen, welche damals an der Spitze der Staatsverwaltung standen, ferner bei näherer Prüfung der Staatsgesetze und der sittlichen Gewohnheiten der Bürger schien mir die Verwaltung eines Staatsamtes mit der Vernunft desto schwerer vereinbar, je tiefer ich in diese Zustände blickte und je mehr ich dem reiferen Alter zuschritt . . . Unser Staat wurde nicht mehr verwaltet im Geiste der alten guten moralisch-politischen Sitten und Einrichtungen . . . Dazu kam, daß die Gesetze unbefolgt blieben, daß die Sitten der Menschen immer weiter verdarben und daß diese Verderbtheit ungemein zunahm. Die Folge war, daß ich, der ich früher so voll Eifer für die Staatsgeschäfte war, angesichts dieser Zustände und beim Anblick eines großen Durcheinanders endlich gleichsam eine Art Schwindel bekam. Da beschloß ich, zwar nicht vom Nachdenken über eine etwaige Verbesserung dieser politischen Zustände und der Staatsverfassung überhaupt abzulassen, mit einer praktischen Tätigkeit in der Politik aber bis auf bessere Zeiten zu warten." Den einzigen Ausweg sah Platon darin, daß eine geistige Elite zur Herrschaft gelange: Die Menschheit wird erst dann aus ihrer politischen Misere befreit, wenn entweder wahrhaft philosophische Menschen an die Spitze der Staaten kommen oder wenn die Herrschenden durch eine Fügung des Himmels von einem Streben nach Einsicht und Weisheit ergriffen werden (7. Brief, 325 f.).

a) *Die Misere der bestehenden Staaten*

Das Grundübel der vorhandenen Staaten liegt darin, daß in ihnen mehr oder minder die Ungerechtigkeit waltet. In diesen Staaten herrschen nicht die Einsichtigsten und Gerechtesten, sondern andere Leute.

Im Militärstaat, wie er in dem amusischen, harten Sparta ein Beispiel findet, geben die Ehrgeizigen und Kampflustigen den Ton an, Leute, die „mehr zum Kriege als zum Frieden geboren sind". Hier ist schon die Jugenderziehung nicht durch „wissenschaftlich belehrende Überzeugung, sondern durch äußeren Zwang" geprägt und „mehr auf die Übung des Körpers als des Geistes" gerichtet. Unter dieser Staatsverfassung gibt den Ton der ungebildete aber eingebildete Junker an, der seinen Oberen stramm pariert, ansonsten von Herrschsucht und Ehrgeiz geleitet ist (Staat, 545 ff.).

In der Oligarchie führen die Reichen, die vom Erwerbstrieb Beherrschten, das Ruder und machen das von ihnen regierte Volk „zum Affen ihrer Moden". „So geht's bei ihnen mit Geldschacher voran, und je höher sie diesen halten, desto weniger achten sie moralisch-geistige Tüchtigkeit". Denn Tugend und Reichtum liegen gleichsam auf verschiedenen Waagschalen, von denen die eine in eben dem Maße sinkt, wie die andere steigt. Aber wenn die Mitwirkung an staatlichen Funktionen sich nach dem Besitz richtet, ist das ebenso schlecht, wie wenn man den Steuermann eines Schiffes danach auswählen würde, wer unter den Passagieren ein Vermögen besitzt. Auch fehlt es einem solchen Gemeinwesen an der inneren Einheit; denn in ihm liegen gleichsam zwei Staaten, die Armen und die Besitzenden, fortwährend gegeneinander auf der Lauer (Staat, 550 ff.).

Die hervorstechendste Eigenschaft der Demokratie schließlich sieht Platon darin, daß hier jeder seinem Belieben und seinem Begehr freien Lauf läßt. Unter dieser Verfassung finden alle möglichen Lebensweisen ihren Platz. Der Zwang ist verpönt; und man übt sich in Humanität, auch gegenüber so manchen, die nach dem Gesetz verurteilt worden sind. Liberal gibt man sich ferner in Unterricht und Ausbildung; auch den Grundsatz, daß die Regierenden einer gründlichen Bildung bedürfen, läßt man großzügig fahren „und kümmert sich nicht darum, was einer bisher getrieben hat, der sich jetzt an ein Staatsamt macht, und bringt jeden zu Ehren, wenn er nur versichert, ein guter Freund aller zu sein". So verteilt man „einerlei Gleichheit unter Gleiche und Ungleiche" (Staat, 557 f.). – Nach der erstbesten Lust und Laune lebt also der Gleichheits- und Freiheitsmann. Der gehorsame Bürger gilt als Kriecher. Beifall hingegen erntet der Amtsträger, der sich wie ein Untergebener benimmt. Der Sohn verbrüdert sich mit dem Vater. Der Lehrer fürchtet und verwöhnt seine Schüler und diese fahren dem Lehrer über die Nase. Und wie allenthalben, so herrscht auch zwischen den Männern und Frauen die große Freiheit und Gleichheit (Staat, 561 ff.). – An die Stelle echter Bildung, die auch besonnen zuzuhören weiß, setzt sich „die kecke Anmaßung, als sei man ohne weiteres zum Urteil befähigt", das rasche, ungenierte Mitredenwollen, „die Einbildung aller, alles zu verstehen" (Gesetze, 700 f.).

Aber der Henker wartet schon. Die Unersättlichkeit in demjenigen Gute, das für die Demokratie das Höchste ist, die Unersättlichkeit in der Freiheit, richtet die Demokratie zugrunde. Das Ende der zuchtlosen Demokratie ist die Tyrannei. Für die Historie ist das ein altes Thema mit Variationen. Platon gibt ihm folgende Fassung: Es liegt auf der Hand, daß die Freiheit, wenn sie das Maß verliert, in eine ebenso maßlose Unfreiheit umschlägt, beim Einzelnen und im Staate (Staat, 564). Ist es durch Mißbrauch der Freiheit zu inneren Unruhen gekommen, dann bestellt man zu ihrer Beseitigung einen Volksbeauftragten. Hat dieser erst einmal das Heft in der Hand, dann wirft er „in den ersten Tagen und in den Flitterwochen aller Welt, wer ihm auch begegnen mag, lächelnde Mienen und Komplimente zu, versichert, er sei kein Tyrann, macht Einzelnen wie dem ganzen Gemeinwesen Aussichten auf große Verbesserungen, mildert die Schuldenlast, verteilt Land unter das Volk und unter seine erklärten Anhänger und tut gegen alle huldvoll und sanftmütig". Hat er sich mit einem Teil seiner einheimischen Gegner ausgesöhnt, einen anderen Teil vernichtet, dann zettelt er einige Kriege an, um als Führer nötig zu bleiben. Hat er aber seine Macht gefestigt, dann muß er allen noch verbliebenen Männern von Mut oder Stolz oder Geist oder Geld, die ihm gefährlich werden könnten, den Kampf ansagen und Schlingen legen, bis er den Staat gesäubert hat (Staat, 566 f.).

b) Der Idealstaat

Das Unbehagen an der staatlichen Wirklichkeit läßt die Frage nach der besseren Alternative entstehen, nach dem Idealbild des Staates, an dem sich die Wirklichkeit messen läßt und dem sie sich annähern sollte (Staat, 497, 540, 543 f., 592; hieraus auch die folgenden Zitate).

Platon geht davon aus, daß der Staat das Zusammenleben der Menschen in der bestmöglichen Weise zu ordnen habe. Diese Ordnung ergebe sich aus der Natur des Menschen. Der Einzelne hat vielfältige Bedürfnisse und schließt sich mit anderen zusammen, damit man in Arbeitsteilung diese Bedürfnisse erfülle (369 ff.), weil „ein Einzelner unmöglich viele Künste gut ausüben" kann (374). Man braucht in einer solchen Gemeinschaft nicht nur Landwirte, Baumeister, Weber, Schuster, Schmiede, Kaufleute und andere Gewerbetreibende, sondern auch Hüter der Ordnung.

Die richtige Teilung dieser Funktionen hat wiederum eine anthropologische Grundlage: Es geht darum, daß jeder das Seine tut, nämlich das, was seiner Anlage entspricht (370, 433 f., 443). Im menschlichen Gemüt finden sich verschiedene solcher Anlagen: das sinnliche Begehren, die Streitbarkeit und die Vernunft (439 ff.). Bei dem einen herrscht dieser, bei dem anderen jener unter diesen Antrieben vor. So gibt es Menschen von dreierlei Gepräge: die Erwerbshungrigen, die Streitbar-Ehrgeizigen und die Wissensdurstigen (581). In ähnlicher Weise hat noch in unseren Tagen Eduard Spranger die Menschen danach eingeteilt, welche Vorzugstendenzen sie für unterschiedliche Werte haben; so hat er den ökonomischen Menschen, den Machtmenschen, den sozialen, den ästhetischen, den theoretischen und den religiösen Menschen unterschieden (Lebensformen, ⁵1925). Jede der platonischen Gruppen soll im Gemeinwesen die Funktion ausüben, die ihrer Natur entspricht. Die Erwerbsfreudigen treiben Handel und Gewerbe, die Streitbaren werden Krieger und die Wißbegierigen und Einsichtigsten lenken den Staat (473). Denn darin liegt die gerechte Ordnung, daß jeder die Aufgaben erfüllt, die seiner Anlage entsprechen, und daß diese Funktionen in das rechte Verhältnis zueinander gebracht werden – so wie auch die seelische Gesundheit des Einzelnen darin besteht, daß die Anlagen seiner Seele sich in der richtigen Ordnung zueinander entfalten (443 ff., 571 f.).

Als Staatsideal finden wir also einen aristokratischen Dreiständestaat. Jeder der drei Stände ist gleichsam Repräsentant je einer der Anlagen der Seele: Vernunft, streitbarer Ehrgeiz und Begehrlichkeit. Gelenkt wird der Staat von Menschen, in denen das Erkenntnisstreben vorherrscht. Kann doch im Leben des Staates wie in seinem eigenen nur derjenige vernünftig handeln, der das Wesen des Guten erkannt hat (517). So müssen also die Macht im Staate und die Erkenntnisliebe zusammenfallen; daher müssen „entweder die Philosophen Könige in den Staaten werden oder die, welche jetzt Könige und Herrscher heißen, echte und gründliche Philosophen werden" (473, 484 ff.). Unter ihnen steht der Stand der Krieger und Ordnungshüter. Die dritte Schicht bildet der Stand der Erwerbstätigen; er verlangt vom Staat Ruhe und Ordnung und erhält sie gewährleistet, ist aber selber von den Staatsgeschäften ausgeschaltet. Die Zugehörigkeit zu einer solchen Schicht könnte selbstverständlich nicht erblich sein; denn sie muß sich nach der Anlage jedes Einzelnen richten und ist daher von Generation zu Generation zu überprüfen (415, 423).

Gewarnt durch das Beispiel der von Begehrlichkeit verderbten attischen Demokratie sucht Platon ein Radikalmittel, um zu verhindern, daß seine Staatslenker und Wächter durch dieses Laster verderbt würden. Damit sie nicht durch Besitzinteressen und durch eine Familie abgelenkt werden, will er sie wie einen Orden halten.

Sie sollen nur das Notwendigste zu Eigentum haben. Der Lebensbedarf soll ihnen von den anderen Bürgern gestellt werden, so daß sie weder Mangel leiden noch Überfluß haben. Ihre Mahlzeiten sollen sie gemeinsam halten. Mit Gold und Silber sollen sie nichts zu schaffen haben (416).

Darüber hinaus soll in den beiden oberen Ständen auch Ehelosigkeit gelten. Dieser Gedanke wurde später in dem Zölibatsgebot für den katholischen Klerus Wirklichkeit, und zwar ebenfalls aus der Erwägung, daß die Träger des Amtes diesem die ganze Kraft und Sorge widmen sollten. Freilich will Platon keinen Zölibat, sondern eine Weibergemeinschaft einführen, nach dem Motto „Freundesgut gemeinsam Gut" (424, 449, 457). Aber er ist weit davon entfernt, hier der freien Liebe das Wort zu reden; sondern nach strengen Regeln der Eugenik werden die Soldaten und Beamten mit wackeren Frauen gekreuzt. Davon ausgehend, daß sich körperliche und geistige Eigenschaften von den Eltern auf die Kinder vererben, verlangt er, daß „die besten Männer möglichst oft den besten Frauen beiwohnen, die schlechtesten Männer aber möglichst selten den schlechtesten Frauen; und die Kinder der einen muß man aufziehen, die der anderen aber nicht . . . Das alles muß geschehen, ohne daß es jemand außer den Regierenden selbst bemerkt" (459). Um das zu bewerkstelligen, soll man listig zusammengestellte Lose fertigen, um so die wackeren Männer mit den tüchtigen Weibern zusammenzubringen. Auch „denjenigen unter den jungen Männern, die im Kriege oder sonstwo sich tüchtig erweisen, muß man unter anderen Auszeichnungen und Preisen wohl auch die häufigere Erlaubnis, bei Weibern zu schlafen, erteilen, damit zugleich auch unter diesem Vorwand möglichst viele Kinder von ihnen gezeugt werden". Sobald aber die Kinder geboren sind, werden sie von den dafür eingerichteten Behörden übernommen. Die Kinder von tüchtigen Eltern werden in einer Staatsanstalt aufgezogen, die von schlechten Eltern aber und die gebrechlichen sollen an einem geheimen und unbekannten Ort verborgen werden. Für die vom Staat aufgezogenen Kinder soll jede Vorkehrung getroffen werden, daß die Väter (457) und auch die Mütter ihre eigenen Kinder nicht kennen, damit auch in dieser

Hinsicht der Unterschied von Mein und Dein verschwindet (459 f.).

Eine zentrale Rolle spielt die Erziehung des Nachwuchses für den Staatsdienst. Sie hat letztlich das Ziel, den Blick von den Schattenbildern der Erscheinungswelt weg auf das Wesen der Dinge und das Wesen des Guten hinzulenken (518), wenn auch nur die Fähigsten dieses Ziel erreichen (519). Geistesbildung und Leibeserziehung sollen sich harmonisch ergänzen (376, 404, 411 f.). Schon die Sagen, die man den Kindern erzählt, müssen sich in die Generallinie des platonischen Erziehungsprogramms fügen: Sie werden ausgewählt und gesäubert; Hesiod, Homer und Aischylos finden sich unter den Opfern der eifrigen Zensur (377 ff.). Auch vor der Musik macht diese nicht halt: Alle klagenden und weichlichen Tonarten scheiden als Bildungsmittel aus, selbst die Flöten stehen auf Platons Index (398 ff.). – Im zwanzigsten Lebensjahr trennen sich die Bildungswege. Die Tapferen, aber weniger Begabten werden Soldaten. Die anderen werden weiter ausgebildet, und zwar so, daß sie einen Blick bekommen für die Bezüge zwischen den verschiedenen Wissenschaftsgebieten und für das Wesen der Dinge. Im dreißigsten Lebensjahr folgt eine zweite Ausscheidung (537). Die Besten üben sich dann weitere fünf Jahre in Philosophie, verwalten anschließend bis zum fünfzigsten Lebensjahr Ämter und werden, wenn sie auch diese Probe bestanden haben, in den Herrscherstand aufgenommen, werden reihum mit höchsten Staatsämtern betraut und widmen sich in der Zwischenzeit ihren Studien (539 f.).

Dem gemeinen Volk, der untersten, besitzenden Klasse, stehen die beiden staatslenkenden Stände gegenüber wie die Hirten der Herde, wie später der Klerus den Laien. Das Volk hat zu parieren. Es wird geleitet. Auch Lug und Betrug sind dafür recht. Es scheint uns, sagt Platon, „daß die Regierenden viel Lug und Betrug werden anwenden müssen zum Besten der Regierten"; denn als Medizin seien solche Dinge durchaus nützlich (459, 382, 389, 414).

In Griechenland hatten Platons Lehren über den Staat nicht zu den gewünschten Reformen geführt. Als im Jahre 367 aus Syrakus der Ruf an Platon erging, als Berater des jüngeren Dionysius an den Hof zu kommen, folgte er dieser Einladung (7. Brief, 327 ff.). Er vermochte sich aber nicht durchzusetzen und kehrte heim, ohne etwas ausgerichtet zu haben. Auch ein wiederholter Versuch, am Hofe zu Syrakus politische Wirksamkeit zu entfalten (338 ff.), endete mit einem Fehlschlag. Platon wurde in den Parteienzwist verstrickt und mußte abreisen (350).

c) Der Gesetzesstaat

Auch am Ende eines erfahrungs- und enttäuschungsreichen Lebens besteht für Platon das zuerst entworfene Staatsmodell immer noch als Ideal (Gesetze, 739 f.). Aber unter der jetzigen Menschheit hält er es für schwerlich realisierbar. In der Schrift über den Staatsmann wollte er noch die Regierung einem oder wenigen königlichen Herrschern übertragen (293), da Vernunft stets nur bei wenigen gewesen ist (297). Und noch in den Nomoi erscheint das Ideal eines Herrschers, der einsichtig, maßvoll, tapfer und edelmütig ist (709 f.). Ein solcher Regent dürfte über den Gesetzen stehen; er wäre „Herr der Canones" und sollte von den Gesetzen abweichen dürfen, wie der Arzt vom Kurplan, wenn es der Zustand des Patienten erfordere (Staatsmann, 295).

Aber auch dieses Ideal einer nur von rechter Vernunft bestimmten Herrschaft verblaßt für den alten Platon mehr und mehr zu einem bloßen Wunschbild, das sich „heutzutage gar nirgends oder nur in geringem Maße" verwirklicht. Mangels wahrhafter Herrscher erscheint der Gesetzesstaat dann noch als die relativ beste Form der Herrschaft. Das heißt, man muß sich „an Gesetz und Ordnung halten, die immerhin in den meisten, wenn auch nicht in allen Stücken die Dinge richtig sehen" (Gesetze, 874 f.; Staatsmann, 301 f.).

Freilich bleibt das ein Regime faute de mieux. Die weise Einsicht eines idealen Herrschers behielte den Vorzug vor einer Herrschaft nach Gesetzen; denn diese sind immer starr und werden der Mannigfaltigkeit der menschlichen Lebensverhältnisse und dem Wandel der Dinge nicht immer gerecht (Staatsmann, 294 f.). Aber immer noch besser eine Herrschaft nach Gesetzen, als das persönliche Regiment eines gewöhnlichen Staatsmannes (Staatsmann, 301 f.)!

Um die Starrheit und Unvollkommenheit des generellen Gesetzes auszugleichen, hat Aristoteles später vorgeschlagen, die Obrigkeit solle im Einzelfall „überall das entscheiden, was die Gesetze nicht genau bestimmen können" (Politik, 1282 b). Wo die generelle Norm dem Einzelfall nicht gerecht werde, solle sie durch eine Billigkeitsentscheidung berichtigt werden (s. u. Kap. 3 d). – Es sind das frühe Fassungen heute noch geübter Techniken: Das Gesetz wird durch „Ermessensentscheidungen" ergänzt, und in das Normensystem werden Billigkeitsentscheidungen eingebaut.

Die Gesetze sollen nach Platons Meinung Anordnungen der Vernunft sein, die dem Gemeinwohl dienen (Gesetze, 645, 705, 714 f.) und jedem das zuteilen, was ihm nach seinen natürlichen Anlagen zukommt (757).

Als Modell des Gesetzesstaates entwirft Platon einen Agrarstaat, der sich selbst versorgt. Die politische Gewalt liegt in der Hand der 5040 Grundbesitzer (737 f.). Sie wählen den Rat, der die Oberaufsicht über die Staatsgeschäfte führt (756 ff.). Die Sklaven verrichten die Landarbeit (806), die Metöken treiben Handel und Gewerbe (919 f.); beide haben keine politischen Rechte. Eingehend wird dafür gesorgt, daß die Vollbürger in ausgewogenen Vermögensverhältnissen leben. Der Grundbesitz wird gleichmäßig verteilt. Eine Art Erbhofrecht sichert, daß die Höfe nicht veräußert noch geteilt werden; Geburtenregelung und Auswanderung überzähliger Bürger sorgen für einen gleichbleibenden Bevölkerungsstand (739 ff.). Auch nach oben ist das zulässige Vermögen begrenzt: Es darf das Vierfache des normierten Grundvermögens nicht übersteigen (741, 745).

Der Preis für die breite Basis politischer Mitwirkung ist die straffe Bürgerzucht. Nichts soll ganz außer Kontrolle bleiben (760).

Der Gedanke der Eugenik wird nicht mehr so rigoros wie früher verfolgt. Immerhin ist im Gesetzesstaat den jungen Leuten ans Herz gelegt, „dem Staate möglichst schöne und möglichst tüchtige Kinder zu liefern". Auch stehen die jungen Ehen unter der Aufsicht von Fürsorgerinnen (773, 783 f.).

Von klein auf wird der Einzelne von dem umfassenden Erziehungs- und Bildungsprogramm des Staates erfaßt: gezielte Säuglings- und Kleinkinderpflege (789 ff.), Kindergärten (794), allgemeine Schulpflicht (804), Leibeserziehung und Wehrertüchtigung für beide Geschlechter (805). Aber auch der Erwachsene kommt nicht zur Ruhe, stets beschäftigt, Leib und Seele möglichst vollkommen auszubilden (807): Festchöre, Bürgerwettkämpfe und Wehrübungen lösen sich ab (828 ff.); auch versammeln sich die Volksgenossen zu gemeinsamen Mahlzeiten (780 f., 806).

Die Kunst dient ebenfalls als Mittel der Volkserziehung und muß sich diesem Zwecke fügen. Maßstab dessen, was dem Volke dargeboten wird, ist nicht bloß der Lärm, der von den Bänken des Publikums kommt (859 f., 798 ff., 817). – Allenthalben wird auch die Meinung verbreitet und plausibel gemacht, daß Rechtschaffenheit sich lohnt und Schlechtigkeit sich nicht auszahlt; wäre es nicht so, so müßte man es doch behaupten; denn keine Lüge wäre nützlicher, um die Einzelnen dazu anzuhalten, daß sie aus freien Stükken das Rechte tun (663).

Wie viele große Staatsdenker bezieht auch Platon die Religion als fundamentalen Ordnungsfaktor in sein Staatswesen ein. In scharfer Ablehnung des sophistischen Materialismus und Skeptizismus führt er in diesem Zusammenhang einen Gottesbeweis (887 ff.). Wer sich nicht zur Staatsreligion bekennt, wird je nach der Schwere seines Vergehens mit Gefängnis oder mit dem Tode bestraft (908 f.) – ein bitterer Ausklang dieses philosophischen Lebenswerkes.

Er sollte nicht das Bleibende vergessen lassen: das Postulat einer sozialen Ausgewogenheit des Gemeinwesens, die Forderung, daß jeder in der Gemeinschaft die Funktionen erfüllen solle, die seinen Anlagen entsprechen, die Bindung politischer Mündigkeit an Selbstzucht und Bürgertugend und das Leitbild des nicht nur geistig, sondern auch sittlich gebildeten, nicht von eigennützigen Interessen, sondern vom Gemeinwohl geleiteten Staatsmannes.

Gerade dadurch, daß Platon treffende Diagnosen mit oft übertriebener Therapie verbindet, macht er auch die Tragik aller Politik sichtbar: daß sie unentrinnbar in den Konflikt zwischen Freiheit und Ordnung gestellt ist und ihren Weg zu suchen hat zwischen einer Freiheit, die zum Mißstand wird, und einem Reglement, das die Persönlichkeit erstickt.

3. Aristoteles

Mit sehr viel mehr Realismus als Platon entwirft Aristoteles seine Lehre vom Staat. Er ist Empiriker, stets an den Tatsachen orientiert, stets bedächtig die Realitäten diagnostizierend und abwägend. Wie auf den Gebieten der Logik, der Ethik und der Metaphysik, so hat er auch in der Staatslehre heute noch gültige Einsichten gefunden. Allen seinen Forschungsgebieten hat er einen unermüdlichen Fleiß des Sammelns, des Beobachtens, Ordnens, Erklärens entgegengebracht, nach seinem Grundsatz: Wer einen Wissenszweig wirklich wissenschaftlich bearbeiten wolle, dürfe nichts übersehen und nichts unentschieden lassen (Politik, 1279b). Allein für die Behandlung der Politik hat er zusammen mit seinen Schülern 158 griechische Stadtverfassungen gesammelt und so eine breite, der Staatswirklichkeit entnommene Grundlage für seine Staatslehre gewonnen. Noch heute, wie schon im Mittelalter, kehren Philosophie und Staatslehre immer wieder zu den Gedanken dieses Mannes zurück, die sich aus dem Gelehrtenbetrieb der Jahrhunderte wie ein Gebirgsstock herausheben und noch über die Entfernung von Jahrtausenden herüberleuchten.

Aristoteles wurde im Jahre 384 v. Chr. auf der Halbinsel Chalkydike in Stageira geboren. Sein Vater war Leibarzt und Freund des mazedonischen Königs Amyntas, des Vaters Philipps von Mazedonien. Als Siebzehnjähriger ging Aristoteles nach Athen und trat dort in die Akademie Platons ein, der er zwanzig Jahre lang, bis zum Tode Platons, angehörte. Hernach machte er eine Studienreise nach Kleinasien. Drei Jahre später folgte er einem Ruf an den mazedonischen Hof und übernahm die Erziehung des jungen Alexander. Um das Jahr 335 kehrte er nach Athen zurück und gründete hier im Lykeion seine eigene Philosophenschule. Nach dem Tode Alexanders im Jahre 323 setzte sich in Athen eine mazedonienfeindliche Gesinnung durch. Aristoteles verließ die Stadt, um Angriffen zu entgehen, und begab sich nach Chalkis auf Euböa, wo er ein Jahr darauf starb.

a) Die Soziallehre

Die Aristotelische Soziallehre geht, wie die Platonische, von einem bestimmten Menschenbild aus: Der Mensch hat, wie alles, was existiert, eine natürliche Zweckbestimmung, die in ihm angelegt ist, eine Entelechie: Er strebt seiner Natur nach dahin, die Anlagen und Fähigkeiten seines Charakters und vor allem seines Geistes zu entfalten. Darin liegt sein eigentliches Ziel; es ist Selbstzweck, ist das unbedingt Gute für ihn. Eben darin, und nicht im platten Vergnügen, liegt für den Einzelnen auch das wahre Glück (Nik. Eth., 1097 b f., 1176 a ff.). Dieses höchste Gut zu verwirklichen, ist das Ziel aller Politik (Nik. Eth., 1094 a, b, 1099 b, 1103 b).

Seine Anlagen und Fähigkeiten kann der Mensch aber nur in der Gemeinschaft, nur im Zusammenwirken mit anderen Menschen voll entwickeln. Er ist also seiner inneren Anlage, seiner Natur nach ein geselliges Wesen, ein zoon physei politikon: Er ist von Natur aus noch mehr als jedes schwarm- oder herdenweise lebende Tier ein geselliges Wesen. Nur der Mensch hat eine Sprache und einen Sinn für Gut und Böse, Gerechtigkeit und Ungerechtigkeit. Unter den Menschen gibt es eine Gemeinsamkeit in diesen Dingen, und gerade auf sie gründen sich die Hausgemeinschaft und der Staat. Nur Tiere und Götter sind sich selbst genug und bedürfen nicht der Gemeinschaft. So wie der Mensch in seiner Vollendung das edelste Geschöpf ist, so ist er, des Gesetzes und Rechtes ledig, das übelste von allen. Kann er doch von seinen intellektuellen und moralischen Fähigkeiten einen höchst unterschiedlichen Gebrauch machen. So ist einer, der keine Zucht und Sitte hat, die schamloseste und unkultivierteste und in Liebes- und Freßlust die allergemeinste Kreatur. Die Ordnung, deren er bedarf, wird von der politischen Gemeinschaft hervorgebracht: das Recht; Recht aber ist die Entscheidung darüber, was gerecht ist (Politik, 1253 a).

So ist also die wohlgeordnete Gemeinschaft eine durch die Natur des Menschen geforderte Institution, deren die Menschen zur Entfaltung ihrer Anlagen bedürfen. Diesen Gedanken hat in seinem wesentlichen Gehalt später nicht nur die katholische Soziallehre, sondern auch die marxistische Doktrin (Marx, Deutsche Ideologie, MEW 3, 74) aufgegriffen.

Auch andere Leitgedanken der Aristotelischen Soziallehre sind von bleibender Aktualität: Da ist zunächst die Vorstellung, daß die politische Gemeinschaft richtigerweise ein gegliedertes Ganzes, keine undifferenzierte homogene Masse sei. Der Staat bildet sich aus anderen Gemeinschaften, den Familien und den Dorfgemeinschaften, und soll diese Gliederung bewahren (s. u. Kap. 13 a). Er ist „seiner Natur nach eine Vielheit" (Politik, 1261 a, b; die folgenden, nicht näher bezeichneten Zitate stammen aus diesem Werk.) – Wieviel Vernunft in diesem Sozialmodell steckt, kann unsere Zeit sehr wohl ermessen: Der heraufziehende Schatten des alles versorgenden, aber auch alles reglementierenden und nivellierenden Staates kündigt deutlich genug an, was wir mit der Gebunden- und Geborgenheit in einer Familie, einer Hausgemeinschaft, einer Nachbarschaft, einer Dorf- und Stadtgemeinschaft zu verlieren haben. Es gibt einen Grad der Einheitlichkeit, sagt Aristoteles, bei dem der Staat ein schlechter Staat würde, so, wie wenn man die Symphonie zur Monotonie oder den Rhythmus zum Eintakt machte. Da der Staat eine Vielfalt sei, müsse man ihn also nicht durch Einebnung, sondern durch Erziehung zu einer Gemeinschaft und Einheit machen (1263 b).

Damit verbindet sich auch der Gedanke, daß der Einzelne in der Gemeinschaft etwas zu eigen haben müsse. Gerade wegen der Gefahr der Nivellierung ist das Platonische Ideal einer Weiber-, Kinder- und Gütergemeinschaft ein Holzweg. Wo an die Stelle der Familien eine Weiber- und Kindergemeinschaft tritt, wird die Folge sein, daß die Kinder allgemein vernachlässigt werden; denn, „was sehr vielen gemeinsam gehört, für das wird am wenigsten Sorge getragen. Am meisten kümmert man sich um das Eigene; um das Gemeinsame weniger oder doch nur soweit, als es den Einzelnen angeht. Denn abgesehen von anderen Gründen nimmt man die Sache hier auch deshalb leichter, weil man denkt, ein anderer werde schon für sie sorgen; ähnlich wie bei den häuslichen Diensten einem mitunter viele Bediente schlechter aufwarten als wenige" (1261 b). Und wie wässerig müßten Zuneigung und Liebe in einer Gesellschaft werden, in der es ziemlich ausgeschlossen wäre, daß ein Vater seinen Sohn oder ein Sohn seinen Vater sein eigen nennen könnte. Denn wie ein bißchen Süßigkeit, in viel Wasser getan, kaum noch herausgeschmeckt wird, so werden in einem solchen Staate Sohnes-, Vater- und Bruderpflichten schwerlich ernstgenommen werden. „Denn zwei Dinge sind es, die vor allem die Sorge und Teilnahme des Menschen gewinnen: das Eigene und das Geliebte; und beides ist bei Bürgern eines solchen Staates (wie ihn sich Platon ausgemalt hat) nicht zu finden" (1262 b).

Ebenso wie die Platonische Weiber- und Kindergemeinschaft verwirft Aristoteles auch den Güterkommunismus. Einmal könnte dieser zur Folge haben, daß einer, der wenig leistet, genau so viel oder gar noch mehr bekommt als ein anderer, der viel leistet. Darüber würde sich aber der zweite mit Recht beschweren. Und dann hat Platon auch die menschliche Natur verkannt, in der ganz tief auch das Verlangen wurzelt, etwas sein eigen zu nennen. Nur der Egoismus, die übertriebene Liebe zu sich selbst wird mit Recht getadelt, „wie man auch den Habsüchtigen tadelt, obgleich doch im einzelnen jeder an seiner Habe Freude hat. Aber auch das bereitet hohes Vergnügen, den Freunden oder Gästen oder Gefährten Gunst und Hilfe zu erweisen, was wiederum nur geschehen kann, wenn es ein Eigentum gibt. Dessen gehen nun alle die verlustig, die das Gemeinwesen zu sehr zur gemeinsamen Sache machen" (1263 a, b).

Zu dieser grundsätzlichen Bejahung des Privateigentums tritt dann aber als Korrektiv die Forderung, dem Privatbesitz das rechte Maß zu geben: Der Einzelne soll zwar mäßig leben, aber auch eine gewisse Freigiebigkeit üben können (1265 a). Er soll weder der Üppigkeit verfallen, noch ein kümmerliches Leben führen müssen. Das Grundproblem sei es hierbei, jener Begehrlichkeit zu steuern, die kein Maß kennt und „in deren Befriedigung das Leben des großen Haufens aufgeht". Deshalb sei es „der Anfang aller Maßnahmen zum Schutze von Frieden und Ruhe", „die gut Veranlagten dahin zu bringen, daß sie nichts voraushaben wollen, die Schlechten aber so zu stellen, daß sie nichts voraushaben können" (1266 b f.).

Es liegt ganz im Zuge des Aristotelischen Sinnes für das rechte Maß, wenn er als die eigentlich staatstragende Schicht einen starken Mittelstand will. Denn „dem außergewöhnlich Schönen oder Starken oder dem Mann von sehr vornehmer Geburt oder auch dem übermäßig Reichen fällt es schwer, der Vernunft zu folgen, und ebenso schwer fällt es dem besonders Armen oder Schwachen oder dem sehr Niedrigen und Verachteten". Die einen werden leicht übermütig, die anderen tückisch. Die einen, die allzu Bevorzugten „haben weder Neigung noch Einsicht, sich anderen zu fügen", die anderen, die Benachteiligten, neigen zu Unterwürfigkeit. „Das gibt dann ein Gemeinwesen von Knechten und Herren, aber nicht von Freien, sondern einen Staat, in dem die einen verachten und die anderen neidisch sind." Offensichtlich ist also eine solche Gemeinschaft die beste, in der die Bürger „ein mittleres und ausreichendes Vermögen haben, weil da, wo die einen sehr viel besitzen und die anderen nichts, wegen dieses beiderseitigen Übermaßes entweder eine extreme Demokratie oder eine reine Oligarchie oder Tyrannei entsteht" (1295 b, 1296 a).

Übrigens ist nicht nur darauf zu achten, daß die Vermögen der Bürger das rechte Maß und Verhältnis zueinander haben, sondern auch darauf, daß im Verhältnis der Staaten untereinander die Volksvermögen das richtige Maß halten, sodaß weder die Begehrlichkeit der Nachbarn gereizt, noch die eigene Verteidigungskraft untergraben wird (1267 a).

b) Fragen der Eugenik und Erziehung

Von nicht geringerer Bedeutung als die Vermögensregelung ist die Vorsorge, daß der Staat aus tüchtigen Bürgern besteht. Bildung und Erziehung der Bürger richten sich danach, welchem Zweck die Gemeinschaft dient. In einem Macht- und Militärstaat, dessen

Ziel die nationale Macht und Größe ist, muß das Idealbild des Bürgers und damit das Bildungsideal anders aussehen, als etwa in einem Staate, der vor allem seine Bürger tüchtig und glücklich machen will, wie das dem Aristotelischen Staatsideal entspricht.

Daß der Staat diesen Zweck erreiche, kann man nicht einem glücklichen Zufall überlassen. Gründet sich doch die Tugend des Staates auf die Tugend seiner Bürger. Diese aber werden „durch drei Dinge gut und tüchtig: durch Natur, Gewöhnung und Vernunft". Die Bürger sollten also mit guten Anlagen geboren werden. Die natürliche Veranlagung kann sodann durch Gewöhnung zum schlechteren oder zum besseren gewandt werden. Zusätzlich steht dem Menschen noch seine Vernunft zu Gebote; er tut manches gegen seine Natur und gegen seine Gewohnheit, wenn er sich durch vernünftige Überlegung davon überzeugt, daß es anders besser ist. Deshalb müssen Anlage, Gewöhnung und Vernunft zusammenstimmen (1332a, b). So gehen Forderungen der Eugenik und das Bildungsproblem Hand in Hand.

Die Fragen der Eugenik werden im Zusammenhang mit der Ehe und Familie behandelt: Es soll das Lebensalter der Ehegatten richtig zusammenpassen, und zwar so, daß „die Jahre des Mannes und die der Frau gemeinsam zur Neige gehen". Auch sollen die Kinder im rechten zeitlichen Abstand den Eltern folgen. In großer Lebensnähe macht Aristoteles sich auch wegen der Schwangeren Gedanken: Sie müßten den Müßiggang meiden und keine unzureichende Kost genießen. Um sie zu der nötigen Bewegung anzuhalten, könne man ihnen täglich eine kleine Wallfahrt vorschreiben. Ihr Gemüt dagegen müßten diese Frauen, umgekehrt wie ihren Körper, in Ruhe halten (1334b ff.).

Um eine Überbevölkerung zu verhüten (die zu Armut, Aufruhr und Gewalt führen kann, vgl. 1265b), empfiehlt Aristoteles eine Geburtenkontrolle. Man müsse die Kindererzeugung beschränken. Überzählige Leibesfrüchte solle man abtreiben, bevor Gefühl und Leben in sie komme. Auch solle man keine verkrüppelten Kinder aufziehen (1335b).

In eindrücklicher Konkretheit wird die Erziehung der Kinder behandelt. Man soll sie von klein auf abhärten, soll ihnen tüchtige

Bewegung lassen, soll sie ruhig schreien lassen, weil das die Lungen kräftigt, soll ihnen keinen Wein geben. Bis zu fünf Jahren soll man sie noch nicht zu förmlichem Lernen oder zu harten Arbeiten anhalten. Aber schon die Märchen, die man ihnen erzählt, und die Spiele sollen so ausgewählt sein, daß sie eine Vorbereitung auf das spätere Leben sein können. Schon die Spiele sollten also eine Nachahmung dessen sein, womit sich die Kinder später als Männer zu beschäftigen haben. – So ist auch in den kleinen Dingen alles auf die große Ordnung hin angelegt, nicht durch eine Vergewaltigung der Natur, wie bei Platon, sondern durch ein verständiges Hineinhorchen in die Dinge und ein vernünftiges Lenken dessen, was sich natürlich entwickelt. Man muß „der Ordnung der Natur folgen; denn alle Kunst und Erziehung will nur die von der Natur gelassenen Lücken ausfüllen". – Auch der Gedanke des Jugendschutzes wird einbezogen: Von Auge und Ohr der Kinder sei alles Gemeine fernzuhalten. Nicht nur vor niedrigen Reden seien die Jungen zu bewahren, sondern auch vor Ausstellungen unzüchtiger Gemälde und vor Aufführungen unziemlicher Theaterstücke. Erst wenn die Jugendlichen reif genug sind, daß die Erziehung sie gegen Schaden sichert, sollen sie etwa bei den Bacchanalien anwesend sein dürfen; aber nicht früher: Denn „überall haben wir eine Vorliebe für unsere ersten Eindrücke. Darum muß man sorgen, daß der Jugend alles Schlechte fremd bleibt, namentlich, was mit Laster oder Bosheit zu tun hat" (1336 a ff.).

Das Bildungsproblem steht gleichfalls unter der Prämisse, daß der Einzelne ein gemeinschaftsgebundenes und gemeinschaftsbezogenes Wesen ist, sodaß „die Sorge für den Teil immer die Interessen des Ganzen im Auge behalten muß". Dieses Ziel verlangt jedenfalls eine gemeinschaftliche Erziehung der Kinder. – Aber welche Anlagen und Fähigkeiten gilt es auszubilden? Den Verstand oder das Gemüt? Soll man die Jugend das Praktisch-Nützliche oder soll man sie „höhere Dinge" lehren? (1337 a) Aristoteles entscheidet sich nicht doktrinär für eine dieser Alternativen: Von den nützlichen Dingen müsse man das Notwendige lernen. Aber diese nützlichen Dinge dürfe man nicht so lernen, daß man bloß ein Banause wird, der sein Geschäft ohne Muße und ohne Tugend betreibt. Bildungsfächer sollen nicht nur Lesen, Schreiben und Grammatik, sondern auch Gymnastik, auch Zeichnen und Musik sein; die Elementarfächer auch deshalb, um sich andere Wissensgebiete aneignen zu können; das Zeichnen nicht nur wegen seiner Nützlichkeit, sondern auch, um den Blick für das Schöne zu schärfen; die Musik nicht bloß zum Vergnügen, sondern auch als Mittel der Bildung, da die Natur selbst „danach verlangt, nicht nur in der rechten Weise zu arbeiten, sondern auch würdig der Muße pflegen zu können" (1337 b ff.).

c) Die Staatsverfassung

Neben die Frage der Sozialstruktur und das Bildungsproblem tritt die Frage nach der besten Staatsverfassung. Sie betrifft „die Ordnung der Ämter und vor allem des obersten Amtes im Staat. Überall herrscht die Regierung im Staat", und in dieser zeigt sich die Verfassung. Von ihr reden wir, wenn wir etwa sagen, daß in den demokratischen Staaten das Volk und in den Oligarchien eine Minderzahl die oberste Gewalt in Händen habe (1278 b). Zur Verfassung gehören aber nicht nur diese organisatorischen Vorschriften, sondern auch die grundlegenden Bestimmungen über die Staatszwecke, darüber also, „welches das Ziel der jeweiligen politischen Gemeinschaft ist" (1289 a).

Am besten ist die Verfassung, die so eingerichtet ist, daß jeder sich wohlbefindet und glücklich ist (1324 a; s. o. a).

Bei der Einteilung der Verfassungen folgt Aristoteles in etwa der Schrift Platons über den Staatsmann (291 f., 302 ff.): In ihr überschneidet sich die Dreiteilung nach der Zahl derer, die herrschen (einer, wenige, das ganze Volk), mit der ethischen Unterscheidung, ob diese Herrschaft nach vernünftigen und dem Gemeinwohl dienenden Gesetzen oder nach Willkür geübt wird. Aristoteles unterscheidet nach der Zahl derer, die die Staatsgewalt in Händen haben, drei gute Staatsformen, in denen die Herrschaft zum gemeinen Besten geführt wird: das wahrhafte Königtum, die Aristokratie und die dem Gemeinwohl dienende Herrschaft des

Volkes. Daneben stehen drei Entartungen: die Willkürherrschaft des Tyrannen, die Oligarchie, die dem Vorteil der Reichen dient, und die entartete Demokratie, in der andere Schichten ihre Sonderinteressen verfolgen (1279 a, b).

Ist es nun besser, daß wenige herrschen, oder sollte die Herrschaft beim ganzen Volke liegen? Platon neigte noch in seiner Schrift über den Staatsmann (293, 297) der ersten Alternative zu; denn Gerechtigkeit und Vernunft sei stets bei wenigen nur zu finden. Auch Aristoteles erwägt: Wenn einer an Tugend die anderen weit überragte, möchte es richtig sein, daß er herrscht (1284 b, 1288 a). Indessen: Wie soll man jene Herrscherqualitäten ermitteln, die den einen offenbar und unzweifelhaft über die anderen erhöben? Das ist schwer möglich, und so ist es „notwendig, daß alle in gleicher Weise abwechselnd regieren und regiert werden" (1332 b; vgl. auch 1261 a, b, 1317 b). Auch „beurteilt die Menge vieles besser als einer allein, mag er sein, wer er will". Ferner ist eine Vielzahl weniger der Verderbnis ausgesetzt; „gleich wie vieles Wasser ist auch die Menge nicht so leicht zu verderben wie wenige. Wird der Einzelne von Zorn oder von einer anderen Leidenschaft übermannt, so muß das sein Urteil verderben; aber es müßte schon sehr hoch hergehen, wenn alle in Wut geraten und dadurch fehlgreifen sollten". Hierzu ließe sich manches sagen (Kap. 13 d, 19 b). Schon Aristoteles schränkte freilich ein: Die Menge sollte aus freien Menschen bestehen, die nicht gegen das Gesetz handeln (1286 a). Auch müsse das allgemeine Gesetz regieren; wo die Menge alles durch Beschlüsse regle, werde die Demokratie despotisch, von Demagogen in ähnlicher Weise verführt, wie der Tyrann von den Schmeichlern (1292 a).

Die Verfassung soll nicht nur gut, sondern auch dauerhaft eingerichtet werden. Das Problem ist nicht, irgendeinen Verfassungszustand zu begründen, sondern ihn auch zu erhalten. „Daß irgendeine Verfassung einen, zwei oder drei Tage bestehen bleibt, ist nicht schwer"; die Aufgabe und Schwierigkeit liegt darin, solche Gesetze zu erlassen, die die Verfassung erhalten. So ist z. B. nicht dasjenige „demokratisch oder oligarchisch, was den Staat im höchsten Grade demokratisch oder oligarchisch macht, sondern das, was ihn die längste Zeit in dieser Verfassung erhält" (1319b, 1320a). Wer eine zugleich gute und dauerhafte Verfassung anstrebt, nämlich die bestmögliche Verfassung und Lebensform für die Mehrheit der Staaten und Menschen, hat nicht von überdurchschnittlichen Tugenden oder überdurchschnittlicher Bildung der Menschen oder von einem Wunschbild der Verfassung auszugehen, sondern von dem Leben, das die Mehrzahl der Menschen zu führen vermag (1295a). Grundbedingung eines stabilen Verfassungszustandes ist dies: „Der Teil, der die Erhaltung des Staates will, muß immer stärker sein als der, der sie nicht will." Nun sind Reichtum und Bildung und andere Güter und Eigenschaften unterschiedlich verteilt; den einen ist davon sehr viel, den anderen sehr wenig und den dritten ein mittleres Maß zuteil geworden; unter diesen Umständen wird man mit einem dauerhaften Verfassungszustand dann rechnen können, wenn dieser den Bedürfnissen der Mittelschicht gerecht wird und diese ihrer Zahl nach die Extreme überwiegt (vgl. 1296b). Am ehesten wird einer Verfassung dann gehorcht, wenn der Staat aus Gleichen und Ebenbürtigen besteht; so ist es insbesondere eine wichtige Grundlage guter und stabiler Verhältnisse, „wenn die Bürger einen mittleren und ausreichenden Besitz haben" (s.o., a).

d) Die Gerechtigkeit

Auch die Diskussion über die Gerechtigkeit hat sich immer wieder Aristotelischer Begriffe, Unterscheidungen und Argumente bedient.

Zu der Naturrechtsdiskussion seiner Zeit nimmt er in seiner behutsam erwägenden Weise Stellung, mehr die Fragen als eine abschließende Antwort aufzeigend: Im Staate kann etwas entweder von Natur aus oder kraft Gesetzes Rechtens sein. Von Natur aus Rechtens ist, was überall und schon unabhängig von einer Zustimmung gilt. Der Inhalt des Gesetzesrechts hingegen ist ursprünglich beliebig; es empfängt seinen verbindlichen Inhalt daraus, daß es von Menschen festgesetzt worden ist, wobei diese die Wahl haben, die Regelung so oder anders zu treffen. – Nun glauben manche, daß alles Recht von der zuletzt genannten Art sei: Sei es doch die Eigenart des Natürlichen, daß es überall unverändert in gleicher Weise gelte; z. B. brenne das Feuer bei den Griechen genau so wie bei den Persern. Das Recht hingegen sei in Bewegung und dem Wandel unterworfen. Aristoteles meint aber, daß trotz dieser Tatsache doch ein Unterschied bestehen bleibe zwischen dem, was von Natur aus, und dem, was nicht schon von Natur aus Rechtens ist (Nik. Eth., 1134 b). – Und in der Tat: Wird nicht auch der moderne Positivist wenigstens soviel zugeben müssen, daß in einer Gemeinschaft schon unabhängig von jedem Gesetzesbeschluß gewisse Verhaltensweisen als gerecht oder als ungerecht erscheinen, selbst wenn er als Relativist davon ausgeht, daß solche Gerechtigkeitsvorstellungen sich wandeln?

Die Gerechtigkeit im engeren Sinne pflegt in zwei Grundformen problematisch zu werden: als austeilende Gerechtigkeit und als ausgleichende Gerechtigkeit. Bei jener geht es um die gerechte Verteilung von öffentlichen Ämtern, Geldmitteln und sonstigen Gütern oder auch von Lasten unter die Bürger. Bei der ausgleichenden Gerechtigkeit geht es um den gerechten Ausgleich im Verkehr zwischen den Einzelnen untereinander, z. B. um den gerechten Güterausgleich bei Kauf und Verkauf, bei Zinsdarlehen und Miete, aber auch um den gerechten Ausgleich nach unerlaubten Handlungen (Nik. Eth., 1130 b f.). In beiden Fällen liegt die Ungerechtigkeit in einer Verletzung der Gleichheit. Aber diese ist bei der austeilenden und bei der ausgleichenden Gerechtigkeit unterschiedlich zu bestimmen:

Die austeilende Gerechtigkeit verlangt, daß jeder das ihm Angemessene erhält. Sie muß also auf die Verschiedenheiten der Menschen Rücksicht nehmen. Wenn es etwa darum geht, staatliche Ämter zu verteilen, dann wäre es nicht gerecht, hierbei Unterschiede der Menschen, etwa ihre Talente, ihren Charakter, ihre Vorbildung unberücksichtigt zu lassen. Wenn die Menschen nicht gleich sind, können sie auch nicht das Gleiche zugeteilt erhalten. Diese Gerechtigkeit ist verletzt, wenn „entweder Gleiche Ungleiches oder Ungleiche Gleiches bekommen". Aber soll man z. B. bei der

Verteilung politischer Ämter alle freien Bürger gleich behandeln oder an den Besitz, an die vornehme Abkunft oder an die Tüchtigkeit anknüpfen (Nik. Eth., 1131 a)? Wenn man aus vorhandenen Gemeinsamkeiten oder Unterschieden etwas Unangemessenes herleitet, dann verfehlt man die Gerechtigkeit. In der Demokratie z. B. zieht man daraus, daß man in einem Punkte gleich ist (daß man nämlich als freier Bürger geboren ist), den falschen Schluß, man sei schlechthin, in jeder Hinsicht gleich; und in der Oligarchie möchte man daraus, daß man in einer bestimmten Hinsicht (nämlich hinsichtlich des Besitzes) ungleich ist, zu Unrecht in allem größere Ansprüche herleiten (Politik, 1301 a, b). Welches sind aber die Unterschiede, an die von Fall zu Fall eine (und welche?) unterschiedliche Behandlung anzuknüpfen hat? Gerade an diesem Punkt hat sich immer wieder der Streit um die Gerechtigkeit entzündet.

Die austeilende Gerechtigkeit sieht also darauf, daß die Behandlung der Person angemessen ist. Demgegenüber fordert die ausgleichende Gerechtigkeit für den Güteraustausch oder Schadensausgleich zwischen den Einzelnen eine Gleichheit ohne Ansehen der Person, mithin eine „absolute" Gleichheit. Diese Art der Gerechtigkeit schaut nur darauf, daß der Geschäftspartner oder der Geschädigte weder zu viel noch zu wenig als Ausgleich erhält, daß kein ungerechter Gewinn gemacht wird und zugefügte Schäden in voller Höhe wieder ausgeglichen werden, daß also die Mitte zwischen Gewinn und Verlust gefunden wird (Nik. Eth., 1131 b ff.). Dieser angemessene Ausgleich gewährleistet den Zusammenhalt des Gemeinwesens. So sucht man das Böse zu vergelten, und wo man das nicht kann, lebt man in Knechtschaft. Und man sucht Gutes zu vergelten, und auch auf solcher Gegenleistung beruht die Gemeinschaft. Bei jeder Gabe denkt man an eine Gegengabe. Besteht doch auch die Dankbarkeit darin, dem, der uns gefällig war, einen Gegendienst zu erweisen und jetzt ihm mit einer Gefälligkeit zuvorzukommen. – In diesem Zusammenhang wird auch eine frühe Theorie des Geldes dargelegt: Dieses ist geschaffen worden, um zwischen ungleichen Leistungen, etwa denen eines Arztes und eines Schneiders, einen Ausgleich zu ermöglichen. Es ist sozusagen eine vermittelnde Einrichtung; denn an ihm läßt sich alles messen. So dient es etwa zur Berechnung, wie viele Schuhe einem Haus oder einer bestimmten Menge von Lebensmitteln gleichwertig sind. Das Geld erlaubt es also, wie ein Maß, verschiedene Dinge aneinander zu messen und dadurch Gleichheit unter ihnen herzustellen (Nik. Eth., 1132bf.). So ist das Geld gewissermaßen der Repräsentant jener arithmetischen Gleichheit, die das innere Prinzip der ausgleichenden Gerechtigkeit ist. – Freilich bleiben auch hier Fragen offen: Welcher Lohn ist einer bestimmten Arbeitsleistung und welcher Preis ist einer bestimmten Ware gleichwertig? Im Problem des gerechten Lohnes und des gerechten Preises sind diese Fragen immer wieder aufgegriffen worden.

Auch die Spannung zwischen genereller Norm und Billigkeit, die schon Platon gesehen hat (Kap. 2 c), ist von Aristoteles in einer heute noch gültigen Weise dargestellt worden: Eine allgemeine Norm kann nicht immer so formuliert werden, daß sie ausnahmslos allen Situationen gerecht wird. Sie paßt zwar für den Durchschnittsfall; aber es gibt immer wieder Sonderfälle, in denen die rigorose Anwendung des Gesetzes zu einer unbilligen Härte führt. Die Fehlerquelle liegt hier nicht in einem Mißgriff des Gesetzgebers, sondern in der Natur der Sache, nämlich in der Vielfalt des Lebens: Das Gesetz in seiner allgemeinen Form kann diese nicht lückenlos richtig erfassen. Was eben keine starren Grenzen hat, das verträgt auch keinen starren Maßstab. Wenn also das Gesetz etwas allgemein regelt, kann in concreto ein Fall vorkommen, für den diese Verallgemeinerung nicht paßt, der also vom Gesetz außer acht gelassen wurde. Der Gesetzgeber hat dann durch seine Verallgemeinerung einen Fehler verursacht. In einem solchen Fall ist es richtig, „das Versäumnis zu berichtigen: so wie es der Gesetzgeber selbst tun würde, wenn er zugegen wäre, und wie er ihn in seinem Gesetz geregelt hätte, wenn er ihm bewußt geworden wäre". „Das Wesen der Billigkeit liegt also darin: das Gesetz da zu berichtigen, wo es durch seine allgemeine Fassung mangelhaft ist" (Nik. Eth., 1137b; vgl. auch Politik, 1286a).

4. EPIKUREER UND STOIKER

a) Die Lehre Epikurs

Von Epikur stammt die bekannteste hedonistische Lehre des Altertums. Im Jahre 341 v. Chr. auf der Insel Samos geboren, zur Zeit Alexanders des Großen aufgewachsen, kam er mit achtzehn Jahren nach Athen und hörte die Lehren der attischen Philosophen. Mit zweiunddreißig Jahren gründete er seine eigene Schule. Durch eine heitere und edle Wesensart gewann er sich, so wird berichtet, Zuneigung und Verehrung (Diogenes Laertius, X 9 ff.).

In seiner Philosophie geht er davon aus, daß jeder Lust sucht und Schmerz flieht. Das nimmt Epikur nicht nur als tatsächliches Handlungsschema, sondern als Kriterium richtigen Handelns. Die Lust ist „unser erstes, angeborenes Gut, sie ist der Ausgangspunkt für alles Wählen und Meiden, auf diese Seelenregung gehen wir zurück und nehmen sie zur Richtschnur für die Beurteilung jeden Gutes". Freilich zieht Lust oft mehr Unannehmlichkeiten nach sich, als sie wert ist, und andererseits werden Beschwerlichkeiten mitunter durch nachfolgende Lust aufgewogen. Deshalb gilt es, nicht nach dem nächstliegenden Vergnügen zu tappen, sondern das Vergnügen verständig zu suchen, und bei allen Handlungen abzuwägen, ob am Ende, wenn wir die Bilanz ziehen, aus ihnen mehr Lust oder mehr Schmerz unmittelbar oder mittelbar folgt. In der ethischen Grundposition des Luststrebens nimmt also der Mensch keine Sonderstellung im Reich der Natur ein. Aber er kann dank seiner Vernunft das Vergnügen planen und bei der Auswahl der Handlungen auch die Folgen bedenken. Deshalb ist, um ein Beispiel zu nehmen, der Vernünftige nicht der Prasser, der morgen einen Kater hat, sondern derjenige, der sich durch eine einfache Lebensweise die Gesundheit bewahrt und zugleich eine gelegentliche kostbarere Bewirtung zum Fest macht. „Wenn wir also die Lust für das letzte Ziel erklären, so meinen wir damit nicht die Vergnügungen der Schlemmer und nur den bloßen Genuß, wie Unkundige, Gegner oder absichtliche Mißdeuter es hinstellen, sondern wir meinen das Freisein von körperlichem Schmerz und von der Unruhe des Gemüts. Denn nicht Trinkgelage mit tollen Umzügen, noch der Umgang mit schönen Knaben und Weibern, noch der Genuß von Fischen und anderen Leckerbissen einer prächtigen Tafel machen das lustvolle Leben aus, sondern eine gelassene Klugheit, die verständig wählt und meidet und mit Wahnideen aufräumt, die die Seelenruhe stören" (Diog. L., X 128 ff.).

Dieser Gedanke eines vernünftigen Wägens und Wählens fand sich auch schon bei Platon (Protagoras, 356): „Drum, wie ein erfahrener Wiegemeister, lege das Angenehme und das Unangenehme, das Nahe und das Ferne miteinander auf die Waagschale, und dann erkläre dich, auf welcher Seite das Übergewicht ist, und wenn du dann Angenehmes gegen Angenehmes wägst, so mußt du stets das Größere und Zahlreichere wählen; wenn aber Unangenehmes gegen Unangenehmes, das Geringere und Kleinere; wenn du endlich Angenehmes gegen Unangenehmes wägst, so mußt du, wenn das Unangenehme vom Angenehmen überwogen wird, sei es das Nahe von dem Fernen oder das Ferne von dem Nahen, diese Handlungsweise wählen; die Handlung aber, bei der das Gegenteil der Fall ist, mußt du meiden." Kurz, es gilt das Leben so zu führen, daß in der Gesamtbilanz Lust und Freude nach Möglichkeit Schmerz und Leid überwiegen, etwa im Sinne einer diesseitsbezogenen Maxime Gellerts: „Lebe, wie du, wenn du stirbst, wünschen wirst, gelebt zu haben."

Auch die Gerechtigkeit hat nur dem Nutzen zu dienen. Man kommt überein, einander keinen Schaden zuzufügen. Eine davon losgelöste Gerechtigkeit an sich hat es nie gegeben. Auch wenn in einem Gemeinwesen für alle ein und dasselbe als Recht gilt, da es der Gemeinschaft der Menschen untereinander nützt, so ist doch, wenn man auf die besonderen örtlichen Verhältnisse und die anderen Umstände sieht, nicht das gleiche für alle gerecht. Wahrhaft gerecht ist ein Gesetz nur, wenn und solange es dem wechselseitigen Nutzen in der Gemeinschaft dient (Diog. L., X 150 ff.). Wie das Prinzip des wechselseitigen Nutzens allerdings zu bestimmen sei, darüber ist man sich bis heute nicht einig geworden: Ist Ziel die größte Summe Glückes für die Gesamtheit, also das größte Glück der größten Zahl, wie Francis Hutcheson und Jeremias Bentham glaubten, oder soll jede Mehrung individuellen Nutzens angestrebt werden, durch die kein anderes Mitglied der Gesellschaft in seiner Lage verschlechtert wird, wie Vilfredo Pareto vorschlug, oder ist grundsätzlich eine gleichmäßige Güterverteilung zu erstreben und sollen Abweichungen hiervon nur zulässig sein, wenn sie zu jedermanns Vorteil gereichen, wie John Rawls meinte (R. Zippelius, Rechtsphilosophie, ²1989, §§ 14, 16 III, 20 III 4)?

Von dem starken Willen zu politischer Wirksamkeit, der in Platon lebendig war, ist bei Epikur nichts zu spüren. Was wären auch in den Wirren, in denen das Reich Alexanders des Großen zusammenbrach, in der Politik für Sporen zu verdienen gewesen? Nichts als Unannehmlichkeiten! War nicht Platon wiederholt in Lebensgefahr, als er in Syrakus Politik machen wollte? Mußte nicht Aristoteles noch kurz vor seinem Tode Athen verlassen, bloß weil er der Lehrer Alexanders des Großen gewesen war? Deshalb der Rat des weisen Epikur: Lasse die Finger von Staatsgeschäften (Diog. L., X 119)! Lebe im Verborgenen (Fragm., 43)! Noch bei Ovid klingt das nach: „Bene qui latuit, bene vixit."

b) Grundgedanken der stoischen Ethik

Wie für Epikur die hedonistische, so gibt für die Stoa die vernünftige Seite der menschlichen Natur das ethische Richtmaß. War für jenen der Vernunftgebrauch nur Mittel zum Zweck, um angenehm zu leben, so ist für die Stoa das vernunftgemäße Leben Selbstzweck.

Begründet wurde diese philosophische Schule von dem aus Kition auf Cypern stammenden Zenon. Den Namen hat sie von der Stoa, einer bemalten Säulenhalle am Markt zu Athen, in der er lehrte (Diog. L., VII 1 ff.).

Der Einzelne ist Glied eines vernünftig geordneten Kosmos, an dem er durch seine erkennende Vernunft Anteil und in den er sich zu fügen hat. Letztes Ziel ist ein Leben gemäß der Natur: „das der eigenen Natur wie auch der Natur des Alls entspricht und alles meidet, was die Weltvernunft verbietet, d. h. jene wahre Vernunft, die alles durchdringt und wesenseins ist mit Zeus, dem Lenker des Alls". Eben darin bestehe auch die Tugend. Mit der Naturgemäßheit ist hier also vor allem die Vernünftigkeit gemeint. In ihr sieht die Stoa das wesentliche Moment der menschlichen Natur (Chrysippos u. a., Diog. L., VII 87 f., 108; V 3; Seneca, ep. 66, 74, 124; Marc Aurel, Selbstbetrachtungen, IV 40).

Wie im Christentum, so finden wir auch in der Stoa eine Verinnerlichung der Ethik. Die rechte Gesinnung wird zum Angelpunkt des sittlichen Lebens. Nichts will ich, schreibt Seneca, „der Meinung zuliebe tun, alles nach bestem Wissen und Gewissen. Was ich ganz im geheimen tue, will ich so tun, als wäre das ganze Volk mein Zeuge", und ich will den irdischen Schauplatz einmal „verlassen mit dem Zeugnis, daß ich ein gutes Gewissen und ein edles Streben geliebt habe" (De vita beata, 20).

Die vernünftige Einsicht darf sich nicht durch Affekte von ihrem Wege abbringen lassen. Sich von solchen unvernünftigen Seelenregungen freizumachen, sich nicht aus der stoischen Ruhe bringen zu lassen, wird so zu einer wichtigen Aufgabe der moralischen Selbsterziehung. Lasse dich nicht aus der Ruhe bringen, rät Marc Aurel. „Alles geschieht doch, wie es die Allnatur will, und bald wirst du nichts und nirgends mehr sein, genau so wie Hadrian und Augustus" (Selbstbetr., VIII 5). Nimm alles, was dir begegnet, als etwas Notwendiges, als etwas Vertrautes, als etwas, das aus dem gleichen Urgrund und Quell fließt (IV 33, 34).

So ergibt sich der Verständige in die menschliche Natur und in sein Geschick. Er ist der große Konformist, der sich in die Gegebenheiten fügt, und der große Fatalist, der sich auch in sein Schicksal zu finden weiß. Es hat keinen Sinn, sich gegen die Natur und gegen das Schicksal zu sperren. „Fata volentem ducunt, nolentem trahunt"; das Schicksal lenkt den, der sich fügt, den Sträubenden zieht es mit fort (Seneca, ep. 107). – Würde doch das Weltganze verstümmelt, „wenn man auch nur eines der mitwirkenden Momente aus seinem Gefüge und Zusammenhang reißen wollte. Du trennst aber von dir aus etwas los und zerstörst es irgendwie, wenn du dich sträubst" (Marc Aurel, V 8). Goethe hat diesem gleichmütigen Fatalismus die Worte geliehen: „Dein Los ist gefallen, verfolge die Weise,/Der Weg ist begonnen, vollende die Reise:/Denn Sorgen und Kummer verändern es nicht,/Sie schleudern dich ewig aus gleichem Gewicht" (Buch der Sprüche).

c) Das stoische Naturrecht

Die Idee einer alles durchwaltenden Weltvernunft und eines allen Menschen gemeinsamen Sinnes für Recht und Unrecht führt auch zu dem Gedanken eines Naturrechts. Ihn hat Cicero in Rom vertreten und ihm dadurch Eingang ins römische Recht verschafft (Digesten, I 1, 1, 3; I 1, 9; I 1, 11).

„Lex est ratio summa insita in natura", formulierte Cicero den Grundgedanken eines solchen in der vernünftigen Weltordnung wurzelnden Naturrechts (De legibus, I 6 § 18; II 4 § 8). Dieses wahrhafte Gesetz sei „die rechte Vernunft, die mit der Natur übereinstimmt, an der alle teilhaben, die beständig und ewig ist". Dieses „eine und ewige und unwandelbare Gesetz ist für alle Völker zu allen Zeiten verbindlich" (De re publica, III 33). So verstieße es z. B. schon gegen das natürliche Recht, wenn jeder seines Vorteils wegen den anderen beraubte oder verletzte; denn dadurch würde der naturgegebene Zusammenhalt der menschlichen Gemeinschaft notwendigerweise zerrissen werden, ähnlich wie unser Körper zugrundeginge, wenn jedes einzelne Glied auf Kosten der anderen gedeihen wollte. Zudem entsprächen Edelmut, Seelengröße, Freundlichkeit, Gerechtigkeit und Großzügigkeit auch schon der Natur des einzelnen Menschen sehr viel mehr als etwa das Begehren (De officiis, III 21 ff.).

Dieses natürliche Recht könnte durch menschliches Gesetz nicht beseitigt werden: „Es ist vermessen, dieses Gesetz außer Kraft zu setzen, es einzuschränken ist unerlaubt, es aufzuheben unmöglich. Weder Senat noch Volk können uns von den Bindungen dieses Gesetzes lösen" (De re p., III 33). Oder sollte es etwa durch bloßen Volksbeschluß, durch bloße Dekrete und Richtersprüche Rechtens werden können, zu rauben, die Ehe zu brechen und Testamente zu fälschen (De legibus, I 16 § 43)?

d) Die Staatsphilosophie

Für die Stoa ist der Mensch von Natur aus ein geselliges Wesen. „Was für den Schwarm nicht zuträglich ist, ist es auch für die Biene nicht" (Marc Aurel, Selbstbetr., VI 54, 33). Der Rechtschaffene weiß sich für die Gemeinschaft verantwortlich: „Mühen und Beschwerden zum Nutzen womöglich der ganzen Menschheit auf sich zu nehmen, wie es Herkules tat . . ., entspricht der menschlichen Natur besser, als für sich allein, frei von aller Beschwer und üppig zu leben. Darum ziehen gerade die besten und strahlenden Geister ein Leben für andere der angenehmen Zurückgezogenheit vor" – eine deutliche Spitze gegen den „Ohne-mich-Standpunkt" der Epikureer (Cicero, De off., III 25; De re p., I 7 ff.; De oratore, III 63 f.; Chrysippos, Diog. L., VII 121).

Als Modell der menschlichen Gemeinschaft dient jetzt nicht mehr die Polis. Das Weltreich Alexanders des Großen hatte den politischen Horizont geweitet. Der Hellenismus denkt nicht mehr in Städten. Schon Diogenes hatte auf die Frage, was für ein Landsmann er sei, geantwortet: „Ich bin Kosmopolit, bin Weltbürger." Mit diesem Kosmopolitismus war das stoische Humanitätsideal eng verbunden, daß alle Menschen die gleiche Vernunft, das gleiche Gefühl für Recht und Unrecht, die gleichen natürlichen Rechte und Pflichten haben.

Die Staatslehre wurde vor allem durch Polybios und Cicero bereichert.

Der in Arkadien geborene *Polybios* war Sohn des Lykortas, eines der führenden Männer des Achaiischen Bundes. In dem Feldzug Roms gegen den Mazedonierkönig Perseus hatte der Bund sich nur halbherzig auf die römische Seite gestellt; nach dem Sieg Roms (168 v. Chr.) wurden daraufhin tausend angesehene Achaier, unter ihnen Polybios, als Geiseln nach Italien gebracht. Hier lebte Polybios, wie er berichtet, in freundschaftlichem Verkehr mit dem jüngeren Scipio (Historien, XXXII 9 ff.; aus diesem Werk auch die folgenden Zitate), begleitete diesen auf Feldzügen, bereiste Libyen, Iberien, Gallien (III 59) und die Küste Afrikas, besuchte Alexandria (XXXIV 14, 15) und erlebte die Zerstörung Karthagos im

Jahre 146 mit (XXXVIII 19, 21 f.). Nach dem gescheiterten Versuch des Achaiischen Bundes, sich von Rom unabhängig zu machen, wirkte er im Auftrage Roms daran mit, die Beziehungen seiner Heimat zu Rom in Ordnung zu bringen (XXXIX 5). Gesättigt von Erfahrung begann er seine Historien zu schreiben. Unter dem Eindruck des unaufhaltsam wachsenden römischen Weltreiches interessierten ihn die Ursachen der Größe Roms – ein Thema, das für einen Historiker so verlockend ist, daß Montesquieu es zweitausend Jahre später wieder aufnahm.

Der römischen Kontinuität stand der rasche Wandel der oft extrem ausgebildeten griechischen Herrschaftsformen gegenüber. In Fortführung Platonischer Gedanken (Staat, 545 d ff.) lehrte Polybios, die klassischen Staatsformen unterlägen immer wieder einem Verfall und würden einander in einer gewissen Gesetzmäßigkeit ablösen. Die zunächst gerechte und dem Gemeinwohl dienende Regierung entartet: Immer wieder wachsen Söhne und Enkel in die ererbten Rechte ohne Verantwortungsgefühl hinein, mißbrauchen sie und fordern damit andere Gruppen heraus, die Macht zu ergreifen. So würden Monarchie und Tyrannei, Aristokratie und Oligarchie, Demokratie und Pöbelherrschaft einander ablösen (VI 4 ff.). Daß hier in allzu schematischer Form eine Teilwahrheit steckt, wird man nicht leugnen. – Die Abhilfe gegen jene Entgleisungen liege in einer gemischten Verfassung. In ihr sollten monarchische, aristokratische und demokratische Faktoren sich wechselseitig kontrollieren und beschränken und dadurch den Machtmißbrauch verhindern, der jenen fatalen Kreislauf in Bewegung halte. Schon Lykurg habe aus diesem Grunde nicht eine einfache Verfassung geschaffen, in der nur ein einziges Prinzip herrscht, sondern habe die Vorzüge der verschiedenen Regierungsformen in seiner Verfassung vereinigt: „damit kein Teil über Gebühr mächtig werden kann und dadurch entartet, sondern die einzelnen Machtfaktoren so gegeneinander ausgewogen sind, daß keiner ein Übergewicht erhält und den Ausschlag gibt, daß sie vielmehr im Gleichgewicht bleiben wie auf einer Waage und die widerstreitenden Kräfte sich gegenseitig aufheben und der Verfassungszustand dadurch lange erhalten bleibt" (VI 10). Beispiel eines solchen ge-

mischten Systems sei die Aufteilung der Staatsgewalt in Rom auf
Senat, Konsuln und Tribunen (VI 11 ff.); und eben in dieser Verfassung liege der entscheidende Grund für die Größe des Römischen Reiches (VI 1).

Aber auch für die Außenpolitik sah Polybios den Vorzug einer
Gleichgewichtspolitik, die sich auf die Seite des Schwächeren
schlägt, „damit es Übermächtigen nicht freisteht, jede ihrer Absich-
ten widerstandslos durchzusetzen". Keinem darf man helfen, „eine
solche Macht zu erwerben, daß man selbst seine vertragsmäßigen
Rechte nicht mehr gegen ihn behaupten kann" (I 83) – ein Gedanke, der später einmal zur Maxime der europäischen Außenpolitik
werden sollte und diese bis in die jüngste Zeit mitbestimmt hat.

Marcus Tullius *Cicero* war Zeitgenosse Cäsars, römischer An-
walt und Politiker, zeitweilig Prätor und Konsul, als Republikaner
Gegner Cäsars und Marc Antons, der ihn im Jahre 43 v.Chr. er-
morden ließ. Als politischer und philosophischer Schriftsteller hat
er Platonische, Aristotelische und stoische Gedanken nach Rom
vermittelt.

Auch er geht von der geselligen Natur des Menschen aus: „Die
gleiche Natur verbindet durch die Vernunft den Menschen dem
Menschen zu einer Sprach- und Lebensgemeinschaft, pflanzt ihnen Liebe zu ihren Kindern ein und treibt sie an, mit anderen Menschen zusammenzugehen, ihre Gesellschaft zu suchen und für das
zu sorgen, was man für ein kultiviertes Leben braucht, nicht nur
für sich allein, sondern auch für Weib und Kind und alle anderen,
die einem lieb und wert und seinem Schutze anbefohlen sind" (De
officiis, I 12).

„Das Gemeinwesen ist eine Sache des Volkes. Volk aber ist nicht
jede irgendwie zusammengelaufene Menschenmenge, sondern der
Zusammenschluß vieler Menschen, die durch gemeinsame Aner-
kennung einer Rechtsordnung und gemeinsamen Nutzen verbunden sind. Die erste Grundlage eines solchen Zusammenschlusses ist
nicht so sehr die Schwachheit, als vielmehr eine natürliche Geselligkeit der Menschen", die von Haus aus keine für sich lebenden
Einzelgänger sind, selbst dann nicht, wenn sie alles im Überfluß
hätten. – Als Elemente des politischen Gemeinwesens nennt Cicero

außer dem so verbundenen Volk ein abgesichertes Territorium und eine ordnende Leitung: Haben sich die Menschen in der genannten Weise zusammengeschlossen, so richten sie sich feste Wohnsitze ein und sichern sie ab. Auch gemeinsame Heiligtümer und öffentliche Plätze gehören zum Bild einer Stadt. Jedes Volk muß aber auch, wenn es Bestand haben soll, planvoll gelenkt werden (De re publica, I 39 f.; aus diesem Werk auch die folgenden Zitate).

An die klassische Einteilung der Staatsformen anknüpfend, untersucht Cicero sodann die verschiedenen Alternativen einer Verfassung. Jede der drei Grundformen hat ihre Verfechter und Kritiker.

Da sind zunächst die Monarchisten. Ist es nicht ein schönes Bild des Königs, „der für seine Bürger sorgt wie ein Vater für seine Kinder", sie nach Kräften beschützt und mit der Umsicht des besten und höchsten Mannes für ihr Wohl sorgt (I 54)? Aber, so sagen die Gegner, „warum soll ich einen machthungrigen oder nach Alleinherrschaft strebenden Menschen, der sich zum Herren über ein unterdrücktes Volk aufwirft, König nennen, warum nicht lieber Tyrann?" Mag er ein milder oder ein unerträglicher Herrscher sein: Für die Völker liegt der Unterschied nur darin, ob sie eines leutseligen oder eines harten Herren Knechte sind, Knechte sind sie allemal (I 50).

Sodann melden sich die Aristokraten zu Wort und erklären, das gleiche (wie ein gerechter König) brächten sie viel besser fertig, weil eine Mehrzahl mehr Einsicht habe als ein Einzelner, und das bei gleicher Billigkeit und Redlichkeit (I 55). Und in der Tat kann man sich mit der Aristokratie einverstanden erklären, solange in ihr die Herrschenden wirklich eine Auslese der geistig und sittlich Besten sind. Denn dann ist „das Wohl der Staaten sicher auf die Einsicht der Besten gegründet". – Aber das Volk, so wendet man ein, könne eben nicht beurteilen, was wirkliche Tüchtigkeit ist. Diese ist nicht nur wenigen zu eigen, sondern wird auch nur von wenigen richtig beurteilt und erkannt. Die anderen halten etwa die Einflußreichen und Vermögenden oder Leute von vornehmer Herkunft für die Besten. So kann auf Grund solcher Irrtümer der Menge der Staat in die Hand von Männern geraten, die gerade nicht die Besten sind. „Denn Reichtum, Name, Macht ohne Einsicht und Mäßigung in der persönlichen Lebensführung und in der Herrschaft sind voller Schande und frecher Überhebung, und kein Staat ist garstiger als der, in dem die Vermögendsten für die Besten gelten" (I 51).

Die Befürworter der Demokratie schließlich berufen sich vor allem auf die Freiheit und Gleichheit aller. Die süße Freiheit ist dort allein zu Hause, wo das Volk Träger der Staatsgewalt ist; Freiheit ist sie aber nur dann, wenn sie für alle gleich ist (I 47). „Wenn die Völker nur an ihrem Recht festhielten, dann gebe es nichts Vortrefflicheres, Freiheitlicheres, Glücklicheres; denn dann seien sie ja die Herren der Gesetze und der Rechtsprechung, Herren über Krieg und Frieden, über Bündnisse, über Leben und Vermögen eines jeden. Nur einen solchen Zustand könne man mit Recht als Gemeinwesen, d.h. als Sache des Volkes, bezeichnen" (I 48). Ja selbst die Ausschweifungen eines zügellosen Volkes würden es nicht rechtfertigen, die freiheitliche Verfassung schlechthin abzulehnen. Zudem sei nichts so unwandelbar und gefestigt, wie ein einträchtiges Volk, das in allem seine unantastbare Freiheit im Auge hat. Eintracht wiederum falle da am leichtesten, wo allen dasselbe zugutekomme. „Das Band der bürgerlichen Gemeinschaft ist das Gesetz; das Gesetzesrecht aber ist gleiches Recht ... Mag man auch die Vermögen nicht gleichmachen wollen, mögen auch die Einzelnen nicht das gleiche Talent haben, so müssen doch alle, die Bürger des gleichen Staates sind, die gleichen Rechte haben" (I 49). – Aber auch dieses Loblied auf die Demokratie hat seine falschen Töne: „Die Rechtsgleichheit, an die sich die freien Völker klammern, läßt sich nicht halten." Teilen doch die Völker selber dem einen dies, dem andern jenes zu, halten eifrig Wahlen ab und vergeben Würden. Und hier wird dann das, was man Gleichberechtigung nennt, zu großer Unbilligkeit. Wenn nämlich Bedeutende und Unbedeutende zu gleichen Ehren kommen, wird die Gleichheit ungerecht (I 53).

Die drei klassischen Staatsformen bergen aber, gerade dann, wenn sie in Reinkultur auftreten, nicht nur die eben erörterten Nachteile, sondern zusätzlich noch die Gefahr der Entartung. Ja, es gibt merkwürdigerweise so etwas wie zyklische Veränderungen und Abfolgen in einem Gemeinwesen. Sie zu kennen, ist Sache des Verständigen. Sie vorauszusehen, wenn sie dem Staate drohen, und in der Staatsführung die Entwicklung zu beherrschen und in der Gewalt zu behalten, ist das Werk eines großen Mannes (I 45, 68).

Um die Nachteile und Gefahren zu vermeiden, die in der extremen Demokratie ebenso liegen, wie in einer reinen Monarchie oder Aristokratie, schlägt Cicero vor, die drei Grundformen wohl abgewogen zu kombinieren, wie das im altrömischen Staat verwirklicht war, in dem sich die politische Erfahrung von Generationen vereinigt hatte. Eine solche gemischte Verfassung besitzt „ein hohes Maß von Ausgeglichenheit, das freie Völker nicht auf Dauer entbehren können, und eine Stabilität", die gegen Entartungen recht gut gefeit ist (I 45, 69).

Machiavelli griff Polybios' und Ciceros Gedanken über die Anfälligkeit und die zyklische Aufeinanderfolge der klassischen Staatsformen wieder auf und teilte die Ansicht: Weise Gesetzgeber hätten jede dieser reinen Staatsformen „gemieden und eine aus allen dreien zusammengesetzte gewählt. Diese hielten sie für fester und dauerhafter, da sich Fürsten-, Adels- und Volksherrschaft, in ein und demselben Staat vereinigt, gegenseitig überwachen" (Discorsi, I 2; anders in seiner Denkschrift über die Reform des Staates von Florenz, 1519).

II. VON AUGUSTINUS BIS CALVIN

5. Der Einbruch des Christentums
in die antike Welt

Das Christentum hat das römische Weltreich mit dem Anspruch auf universale Geltung betreten. Der für alle Menschen geltenden, in der menschlichen Natur begründeten sittlichen Ordnung der Stoa, dem für alle Völker geltenden ius gentium tritt das Christentum als Weltreligion zur Seite. Denn, so schreibt Paulus, Gott ist nicht allein der Juden Gott, sondern „auch der Heiden Gott. Sintemal er ist ein einiger Gott, der da gerecht macht die Beschnittenen . . . und die Unbeschnittenen durch den Glauben" (Röm. 3, 29 f.).

Diese neue Religion hat dem griechischen Intellektualismus den Glauben an den unerforschlichen Ratschluß Gottes gegenübergesetzt. Und sie hat die Ethik verinnerlicht: Mit dem Gebot der Nächstenliebe tritt nun in aller Entschiedenheit eine Gesinnungsethik an die Stelle der sich am äußeren Handeln orientierenden Verhaltensethik.

a) Die Abkehr vom ethischen Intellektualismus

Nach dem sokratischen Ideal des Philosophen sollte der Einsichtigste auch am gerechtesten und tugendhaftesten sein. Die Abkehr von diesem ethischen Intellektualismus zeigt sich schon in den Seligpreisungen Jesu: „Selig sind, die da geistlich arm sind; denn das Himmelreich ist ihr" (Matth. 5,3). Vor allem aber bei Paulus bricht der voluntaristische Zug radikal durch: Der Mensch wird nicht durch seine Einsicht gerecht, sondern nur durch Gottes Erbarmen. „Denn es ist hier kein Unterschied: Sie sind allzumal Sünder und mangeln des Ruhmes, den sie bei Gott haben sollten, und werden ohne Verdienst gerecht aus seiner Gnade durch die Erlösung, so durch Christum Jesum geschehen ist . . . So halten wir nun dafür, daß der Mensch gerecht werde ohne des Gesetzes Werke, allein durch den Glauben" (Röm. 3, 23 f., 28). An der Erlösung durch den Kreuzestod Jesu wird die Weisheit der Welt zu Schanden. „Denn es steht geschrieben: ‚Ich will zunichte machen die Weisheit der Weisen, und den Verstand der Verständigen will ich verwerfen.‘ Wo sind die Klugen? Wo sind die Schriftgelehrten? Wo sind die Weltweisen? Hat nicht Gott die Weisheit dieser Welt zur Torheit gemacht? Denn dieweil die Welt durch ihre Weisheit Gott in seiner Weisheit nicht erkannte, gefiel es Gott wohl, durch törichte Predigt selig zu machen die, so daran glauben. Sintemal die Juden Zeichen fordern und die Griechen nach Weisheit fragen, wir aber predigen den gekreuzigten Christus, (sind wir) den Juden ein Ärgernis und den Griechen eine Torheit . . . Nicht viel Weise nach dem Fleisch, nicht viel Gewaltige, nicht viel Edle sind berufen. Sondern was töricht ist vor der Welt, das hat Gott erwählt, daß er die Weisen zu Schanden mache; und was schwach ist vor der Welt, das hat Gott erwählt, daß er zu Schanden mache, was stark ist" (1. Kor. 1, 18 ff.).

b) Die Gesinnungsethik

Hinzu kommt der Durchbruch einer verinnerlichten Gewissensethik, wie sie auch in der Stoa sich angebahnt hatte (Kap. 4 b): „Du sollst lieben Gott, deinen Herrn, von ganzem Herzen, von ganzer Seele und von ganzem Gemüt." Und: „Du sollst deinen Nächsten lieben wie dich selbst." „In diesen zwei Geboten hanget das ganze Gesetz und die Propheten" (Matth. 22, 37 ff.). Die Ersetzung der Verhaltensethik durch die Gesinnungsethik wird ganz deutlich in der Bergpredigt Jesu: „Ihr habt gehört, daß zu den Alten gesagt ist: ‚Du sollst nicht töten; wer aber tötet, der soll des Gerichts schuldig sein.‘ Ich aber sage euch: Wer mit seinem Bruder zürnet, der ist des Gerichts schuldig." „Ihr habt gehört, daß zu den Alten gesagt ist: ‚Du sollst nicht ehebrechen.‘ Ich aber sage euch: Wer ein Weib ansieht, ihrer zu begehren, der hat schon mit ihr die Ehe gebrochen in seinem Herzen" (Matth. 5, 21 f., 27 f.). Und bei Johannes (1. Joh. 3, 14 f.) heißt es: „Wer den Bruder nicht liebt, der bleibt im Tode. Wer seinen Bruder haßt, der ist ein Totschläger; und ihr wisset, daß ein Totschläger nicht das ewige Leben hat."

c) Die irdischen Güter

Der Tendenz zur Verinnerlichung und zur Ausrichtung des Lebens auf ein Jenseits entspricht eine Geringschätzung der irdischen Güter, ja darüber hinaus eine gewisse Eigentumsfeindlichkeit und ein Zug zum Güterkommunismus. Jesus selber hatte gelehrt: „Wer Häuser, Brüder, Schwestern, Vater, Mutter, Weib, Kinder oder Äcker verläßt um meines Namens willen, der wird's hundertfältig nehmen und das ewige Leben ererben" (Matth. 19, 29; Luk. 18, 29 f.; 14, 26). „Wie schwer werden die Reichen in das Reich Gottes kommen! Es ist leichter, daß ein Kamel gehe durch ein Nadelöhr, denn daß ein Reicher in das Reich Gottes komme" (Luk. 18, 24 f.). Und dreihundert Jahre später donnert der heilige Basilius (um 330–379) gegen die Reichen: Ihr handelt genauso wie einer, der „im Theater den Platz belegte und dann die noch Eintretenden abwiese mit der Begründung: dies hier, was zum gemeinsamen Gebrauch für alle bereitgestellt wurde, gehöre ihm selbst. Genau von dieser Art sind auch die Reichen. Nehmen sie doch Güter, die allen gemeinsam sind, den anderen weg und beanspruchen sie auf Grund dieser Aneignung für sich. Nähme jeder vom Lebensnotwendigen nur das, was ihm reicht, und ließe er das Überflüssige dem Bedürftigen, so wäre keiner reich und keiner arm. Bist du nicht nackt aus dem Schoß gekommen? Und wirst du nicht nackt wieder in die Erde fahren? . . . Wer ist ein Habsüchtiger? Wer nicht mit dem zufrieden ist, was für ihn genügt. Wer ist ein Räuber? Wer jedermanns Sache wegnimmt. Bist du kein Habsüchtiger und Räuber? Einer, der das, was er zur Verwaltung bekommen hat, zu seinem Eigentum macht? Heißt man nicht den einen Dieb, der einem andern die Kleider vom Leibe reißt? Und verdient der einen anderen Namen, der einen Nackten nicht kleidet, obwohl er dazu in der Lage ist? Dem Hungrigen gehört das Brot, das du ihm vorenthälst; dem Nackten der Mantel, den du in der Truhe verwahrst; dem Barfüßigen der Schuh, der bei dir morsch wird; dem Bedürftigen das Silber, das du vergraben hast. Sovielen Menschen du also etwas geben kannst, sovielen tust du Unrecht" (Homilia zu Luk. 12, 18, Nr. 7). Ambrosius (um 340–397) war einverstanden: „Die Natur hat alles als Gemeingut für alle hervorgebracht. Denn nach Gottes Geheiß wurde alles so geschaffen, daß die Nahrung allen gemeinsam zustand und die Erde zum Gemeinbesitz aller wurde. Die Natur hat also ein gemeinschaftliches Recht für alle geschaffen; erst die Usurpation hat das private subjektive Recht erzeugt" (De officiis ministrorum, I Kap. 28).

d) Die Konfrontation mit dem antiken Staat

Diese neue, auf das Gewissen gegründete, auf ein jenseitiges Leben gerichtete Religion und Ethik ist heftig mit dem römischen Imperium zusammengestoßen. Warum hat dieser Staat, der von Haus aus fremden Religionen gegenüber tolerant war, das Christentum verfolgt? Zunächst empfand man es ganz einfach als eine Widersetzlichkeit gegen die öffentliche Ordnung, daß die Christen sich weigerten, Opfer vor den Bildern der Staatsgötter und des Kaisers zu erbringen (Plinius d. J., Epistulae, X 96 f.). Zudem machte die mißverständliche Erwartung eines neuen Reiches die Christen des Umsturzes verdächtig. Gegen einen allzu vordergründigen Verdacht der Umstürzlerei haben sie sich allerdings mit Recht verteidigt: Mit dem von ihnen erwarteten Reich meinten sie kein menschliches Reich, sondern die Herrschaft Gottes (Justin, Apologie, I 65 ff.). Und doch war der Verdacht in einem tieferen Sinne begründet. Denn das Christentum hatte den Anspruch erhoben: In Sachen der Religion habe jedermann Gott mehr zu gehorchen als den Menschen (Apostelgesch. 5, 29) und nach seinem Gewissen der Obrigkeit auch den Gehorsam aufzusagen, wenn es nottut. In diesem Anspruch lag aber ein Bruch mit dem antiken Etatismus in

Religionssachen. Die spätere Erhebung des Christentums zur Staatsreligion und die Zentralisierung der Entscheidungen in Glaubenssachen war darum auch nicht die Vollendung der religiösen Revolution. Sondern es war die Rückkehr zur Ordnung des antiken Staates, in der durchaus folgerichtig an die Stelle der Christenverfolgung die Verfolgung der Heiden und Ketzer trat.

6. Augustinus

In Augustinus begegnet uns einer der geistesmächtigsten Denker der christlichen Religion und der christlichen Philosophie. Das von ihm entworfene Ideal des christlichen Herrschers stand Karl dem Großen vor Augen und wurde dann überhaupt zum Leitbild des mittelalterlichen Kaisertums. Die Scholastik und die Mystik haben von Augustinus starke Impulse empfangen. Später hat Luther, der Augustinermönch, viele Gedanken seines Ordensheiligen neu belebt, so die Theologie der Gnade, die Lehre von den zwei Reichen und in gewisser Weise auch das Ideal des christlichen Herrschers, der in den lutherischen Territorien nicht nur ein Herrscheramt üben, sondern auch als praecipuum membrum ecclesiae wirken sollte.

Aurelius Augustinus wurde im Jahre 354 geboren, zu einer Zeit, in der sich die Gewitterwolken der Völkerwanderung um das Römische Reich zusammenbrauten. Er war Nordafrikaner und stammte aus der Handelsstadt Tagaste in Numidien. Sein Vater war Heide, ein, wie es heißt, leicht aufbrausender, genußfreudiger Mann. Seine Mutter Monika war Christin, nach der Legende eine energische Frau voll Sitteneifer. Die Spannungen, die in dieser Veranlagung und in diesem Milieu des Elternhauses lagen, spiegeln sich in dem leidenschaftlichen Charakter und dem wechselvollen Leben des Augustinus wider. Seine Studienjahre in Karthago ließen kaum den künftigen Kirchenvater ahnen: In dieser üppigen Stadt lebte er sich aus. Aus seiner nichtehelichen Verbindung stammte sein Sohn. Hier in Karthago schlug er sich auch mit allen möglichen weltanschaulichen Fragen herum. Mehrere Jahre lang

war er Anhänger des Manichäismus. Auch Platonische und neu-
platonische Gedanken gewannen Einfluß auf ihn. Er war inzwischen in Karthago Lehrer der Rhetorik geworden, hatte sich dann
in Rom und schließlich in Mailand niedergelassen. Im Jahre 387
wurde er von Ambrosius getauft. Bald darauf kehrte er nach Tagaste zurück. Einige Jahre später wurde er zum Bischof der Ha-
fenstadt Hippo bestellt. Hier schrieb er seine Hauptwerke, darunter das Buch De civitate Dei (hieraus stammen die folgenden nicht
näher bezeichneten Zitate). Hier erlebte er den Einfall der Vandalen in Nordafrika. Im Jahre 430 starb er, während der Belagerung
seiner Stadt durch die Vandalen.

Sein Bild vom Menschen, von der menschlichen Gemeinschaft
und von der Gerechtigkeit gründet in seiner Theologie: Die Welt
ist Schöpfungsordnung. Gott hat nach seinem durch keine Notwendigkeit gebundenen Ratschluß die Welt geschaffen (VII, 30,
XI 4) und in Stufen geordnet (XII 2). Selbst das Böse ist in diese
Ordnung mit einbezogen. Wie ein Gemälde an der richtigen Stelle
auch dunkle Schatten trägt, so schließt das Universum, richtig betrachtet, auch die Sünder ein, ohne hierdurch seine Schönheit ein-
zubüßen (XI 23). Auch solche Engel und Menschen, die nach der
Vorsehung Gottes zum Schlechten bestimmt sind, haben in der
Ordnung der Welt ihren Platz, deren Schönheit, wie die Schönheit
der Sprache, durch Gegenüberstellung von Gegensätzen gefügt
wird, in einer Dialektik, die hier nicht in Worten, sondern in den
Dingen ihren Ausdruck findet (XI 18). In den Dimensionen seines
Weltbildes wird selbst ein Ereignis wie die Plünderung Roms durch
die Westgoten (410), das die Zeitgenossen bis zum religiösen
Zweifel erregte, zum Detail.

a) Die Zwei-Reiche-Lehre

Das Augustinische Menschenbild ist von der Vorstellung bestimmt:
Die menschliche Natur sei durch den Sündenfall Adams von
Grund auf verderbt (XIII 14, XIV 15); wen Gott durch seine Gna-
denwahl gleichwohl zum Heil und wen er zur Verdammnis bestim-

me, stehe in seinem unerforschlichen Ratschluß. Damit bekennt sich Augustinus zu den Worten des Römerbriefs (9, 15 f.): Denn der Herr „spricht zu Mose: ‚Welchem ich gnädig bin, dem bin ich gnädig; und welches ich mich erbarme, des erbarme ich mich‘. So liegt es nun nicht an jemandes Wollen oder Laufen, sondern an Gottes Erbarmen". Selbst der gute Wille, die Entscheidung des Einzelnen zum Guten, ist bedingt durch Gottes Gnade. In aller Konsequenz wird der niederdrückende Gedanke der Prädestination zu Ende gedacht.

Auf dem Hintergrund dieser theologischen Anthropologie entwirft Augustinus seine Lehre von den zwei Reichen. Durch die Gnade Gottes, die die einen auserwählt, die anderen nicht, kommt es, daß sich die Menschheit über alle Völker, Sitten, Bräuche und Sprachen hinweg in zwei große Gruppen gliedert, in die Auserwählten und in die Verworfenen. Bei den einen habe die Gottesliebe, bei den anderen die Selbstliebe den Vortritt (XIV 28). So gibt es auf Erden „zwei Arten menschlicher Gemeinschaften, die wir mit unserer Heiligen Schrift sehr wohl zwei Reiche nennen können. Das eine bilden die Menschen, die nach dem Fleische leben, das andere jene, die nach dem Geiste leben" (XIV 1). Diejenigen, die Gott lieben und nach Gottes Gebot leben, gehören zur civitas Dei, die anderen aber, die sich von ihrer Selbstliebe leiten lassen, die das Gebot Gottes nicht achten, die Hochmütigen und Ungerechten, gehören zur civitas terrena, zur civitas diaboli, zum Reich der Welt und des Teufels.

Die Scheidung der Menschheit in Auserwählte und Nichtauserwählte beginnt schon bei Kain und Abel. „Den Stammeltern des Menschengeschlechts wurde zuerst Kain geboren, der zum Reich der Welt gehört, und dann Abel, der zum Reich Gottes gehört . . . Von Kain steht geschrieben, er habe einen Staat gegründet (Genesis 4, 17). Abel aber, gleichsam ein Fremdling, gründete keinen; denn das Reich der Heiligen ist droben, wenn auch seine Bürger hier erzeugt werden; in diesen verkörpert es sich in der Zeit der Pilgerschaft, bis seine Herrschaft anbrechen wird" (XV 1; vgl. auch XIX 17).

Schon bei den ersten Staatengründungen zeigte sich das wahre

Gesicht des Reiches der Welt. Kain und Romulus, die je einen Staat gegründet haben, waren jeder ein Brudermörder. Das Reich der Welt ist nicht nur in sich selbst uneins, wie sich im Streit zwischen Romulus und Remus gezeigt hat, sondern es besteht auch Feindschaft zwischen dem Reich der Welt und dem Reich Gottes; der Brudermord Kains gibt davon Zeugnis (XV 5).

Gott steht als Schöpfer und Lenker aber auch hinter den verweltlichten Reichen (V 21). Gott, „der Urheber und Spender allen Glückes, gibt selber die irdischen Reiche an Gute und Böse. Das geschieht nicht nach Willkür und Zufall; denn er ist Gott, nicht blindes Geschick, und handelt nach einer Ordnung der Dinge und Zeiten, die uns zwar verborgen, ihm aber offenbar ist...; er regiert sie als Herr und lenkt sie" (IV 33). Darum ist auch die schlechte Regierung von Gott. Das ist ganz im Sinne des Apostels Paulus gedacht: „Jedermann sei untertan der Obrigkeit, die Gewalt über ihn hat. Denn es ist keine Obrigkeit ohne von Gott; wo aber Obrigkeit ist, die ist von Gott verordnet. Wer sich nun der Obrigkeit widersetzt, der widerstrebt Gottes Ordnung" (Röm. 13, 1 und 2). Deshalb soll sich der Gerechte auch in den ungerechten Staat fügen, sollen die Christen, „wenn's nötig ist, auch einen noch so schlechten und schändlichen Staat ertragen" und aufs Jenseits hoffen (II 19).

Die civitas Dei ist nicht ohne weiteres mit der äußeren Organisation der Kirche identisch, wie auch die civitas terrena nicht kurzerhand mit dem Staat schlechthin gleichzusetzen ist.

Die sichtbare Organisation der Kirche ist ein corpus permixtum, das Gerechte und Ungerechte, Christen und Nichtchristen umfaßt. Die wahre Kirche, die Gemeinschaft der wahrhaft Gläubigen bleibt eine verborgene Kirche, da keiner dem anderen ins Herz sehen kann. Der sichtbaren Kirche hingegen gehören auch solche an, die ihrer Gesinnung und ihrem Verhalten nach nicht zur civitas Dei zählen (I 35).

Andererseits ist der Staat nicht ohne weiteres civitas diaboli. Zu ihr gehört nur ein solcher Staat, in dem die Selbstsucht herrscht, nicht der Wille Gottes, sondern die Ungerechtigkeit. Solche ungerechten Staaten allerdings sind nicht besser als Räuberbanden.

„Remota iustitia, quidquid sunt regna nisi magna latrocinia." Sind doch auch Räuberbanden nichts anderes als kleine Reiche dieser Art: nämlich „eine Schar von Menschen unter dem Befehl eines Anführers, die durch Übereinkunft zusammengehalten wird und nach vereinbarter Regel die Beute teilt. Wächst solch eine Bande durch Zuzug verkommener Menschen so an, daß sie Gebiete besetzt, Niederlassungen gründet, Staaten erobert und Völker unterwirft, dann nennt sie sich unverblümt einen Staat, ein Namen, den ihr offenkundig nicht etwa eine geschwundene Habgier, sondern die inzwischen erlangte Straflosigkeit erwirbt. Ins Schwarze hat daher die Antwort getroffen, die einst ein aufgegriffener Seeräuber Alexander dem Großen gab. Denn als der König ihn fragte, was ihm einfalle, daß er das Meer unsicher mache, erwiderte dieser mit freimütigem Trotz: Was fällt dir ein, daß du die Welt unsicher machst? Freilich, mich heißt man einen Räuber, weil ich es mit einem kleinen Schiff tue; dich nennt man einen Feldherrn, nur weil du es mit einer großen Flotte besorgst" (IV 4).

Das Gegenbild ist das eines christlichen Staates und eines christlichen Herrschers: Fänden die Vorschriften der christlichen Religion über gute und rechtschaffene Sitten Gehör und Aufmerksamkeit bei „den Königen auf Erden und allen Völkern, den Fürsten und allen Richtern auf Erden, den Jungen und Mädchen, den Alten und Jungen", „dann würde dieser Staat schon im diesseitigen Leben die Welt mit seinem Glück zieren und sich in begnadeter Herrschaft zu den Höhen des ewigen Lebens erheben" (II 19).

Und wenn wir manche christlichen Kaiser glücklich preisen, dann deshalb, weil sie gerecht herrschen, weil sie trotz aller Schmeicheleien und Kriecherei sich nicht überheben und nicht vergessen, daß auch sie nur Menschen sind. Wir preisen sie dann glücklich, wenn sie ihre Macht zuvörderst in den Dienst Gottes und seiner Verehrung stellen, wenn sie Gott fürchten, lieben und verehren. Ein solcher Herrscher ist langsam im Strafen und übt gerne Nachsicht, verhängt eine Strafe nur dann, weil die Lenkung und der Schutz des Staates es fordern, aber nicht, um Rache zu üben; er übt aber auch Nachsicht nicht, um Vergehen ungerechtfertigterweise straflos zu lassen, sondern in der Hoffnung auf Besserung; er gleicht harte Erlasse, zu denen er oft gezwungen wird, durch Milde und Güte und Freigiebigkeit aus; er hält sich von Ausschweifungen zurück, um so mehr, je ungehinderter er sich ihnen ergeben könnte; er will lieber über seine Leidenschaften als über fremde Völker herrschen; und all das nicht aus Ruhmsucht, sondern aus Frömmigkeit. „Solche christlichen Kaiser nennen wir glücklich, einstweilen in Hoffnung auf sie, später aber, wenn sich unsere Erwartungen erfüllt haben, in Wirklichkeit" (V 24).

b) Das Naturrecht

Augustinus hat nicht nur für die mittelalterliche Staatsidee, sondern auch für die christliche Naturrechtslehre den Grund gelegt. Die heidnische Philosophie, besonders die Stoa, hatte bereits die Vorstellung einer alles durchwaltenden Weltvernunft gehegt und mit dem Gedanken eines Naturrechts verbunden, das teils schon in der Naturordnung gegründet sei, teils wenigstens durch die Vernunft eingesehen werde und für alle Menschen gleichermaßen gelte.

Nun bekam die Naturrechtsidee eine christliche Wendung. Der Wille Gottes bestimmt und ordnet das Weltgeschehen. Sollte doch nach den Worten Jesu ohne den Willen Gottes kein Sperling vom Dach fallen (Matth. 10, 29). Wieviel mehr mußte die Ordnung der Welt seinem Willen entsprungen sein. In theologischer Überhöhung stoischer Gedanken wird die lex aeterna bestimmt als „Vernunft oder Wille Gottes, der die natürliche Ordnung zu bewahren befiehlt und zu zerstören verbietet" (Contra Faustum Manichaeum, XXII 27).

Der Mensch hat in seinem Gewissen einen unmittelbaren Zugang zur Gerechtigkeit. Schon Paulus hatte ja selbst von den Heiden gesagt, „des Gesetzes Werk sei geschrieben in ihrem Herzen" und werde von ihrem Gewissen bezeugt (Röm. 2, 15). So lehrt auch Augustinus: Gott hat das natürliche Gesetz in die Herzen aller Menschen geschrieben, die ihrer Vernunft mächtig sind. Es heißt uns, anderen nichts zuzufügen, was wir selber nicht erleiden wollen (Epistolae, CLVII 15). Bei Matthäus lautete diese „Goldene Regel" in positiver Wendung: „Alles nun, was ihr wollt, daß euch die Leute tun sollen, das tuet ihr ihnen auch" (Matth. 7, 12). Freilich wird, so meint Augustinus, in der Gewissenseinsicht (nämlich in der regula aurea) der eigentliche Wille Gottes (nämlich das Gebot der Nächstenliebe) nur abgeschwächt sichtbar: Auch eine geometrische Figur ist ja als Idee anders, klarer, als wenn man sie in den Sand zeichnet; gleichermaßen ist auch „die Gerechtigkeit in ihrer unwandelbaren Wahrheit anders als in der Seele des Gerechten" (De civitate Dei, XI 29).

Wie verhalten sich Recht und Gerechtigkeit zueinander? Augustinus folgt hier einer Lehre, die schon im vorchristlichen Rechtsdenken angelegt ist: Nur das sei Recht, „was aus der Quelle der Gerechtigkeit geflossen ist"; „was ungerechterweise geschieht, kann nicht mit Recht geschehen. Was sich auf Unrecht der Menschen gründet, darf nicht Recht genannt oder für Recht gehalten werden". Auch von dieser Seite her kommt Augustinus auf die Frage des ungerechten Staates zu sprechen: Wenn man ihn als eine Volksgemeinschaft begreift, die „durch ein und dasselbe Recht verbunden ist, und wenn es kein Recht gibt ohne Gerechtigkeit, dann folgt hieraus zweifellos: Wo die Gerechtigkeit fehlt, besteht auch kein Staat". Auch hier behält die Gerechtigkeit ihren Bezug zu Gott. „Was wäre schon von eines Menschen Gerechtigkeit zu halten, der sich nicht in den Dienst Gottes stellt?" (XIX 21). Ganz herrscht „die wahre Gerechtigkeit nur in jener Gemeinschaft, deren Stifter und Haupt Christus ist" (II 21).

7. Thomas von Aquin

Das Geburtsjahr des Thomas von Aquin (um 1225) fällt in eine politisch und geistig bewegte Zeit. Die jahrhundertelangen Auseinandersetzungen zwischen Kaiser und Papst hatten diese beiden Gewalten einander entfremdet und die Vorstellung eines christlich-abendländischen Universalreichs ausgehöhlt. Kaiser Friedrich II., der in jener Zeit das Reichsszepter in Händen hielt, war ein aufge-

klärter Herrscher, der in Sizilien und Unteritalien einen säkulari-
sierten Beamtenstaat einrichtete. – Durch die Auseinandersetzungen zwischen Friedrich und dem Papst wurde Thomas auch in seinem persönlichen Schicksal betroffen. Er war der Sohn des Grafen
Landulf von Aquin, eines treuen Vasallen des Hohenstaufen. Mit
fünf Jahren kam er in das Kloster Monte Cassino zur Ausbildung.
Als im Jahre 1239 der Papst zum zweiten Mal Friedrich II. bannte,
wurde Monte Cassino Kriegsgebiet. Die Abtei mußte von den
Mönchen verlassen werden, Thomas kam nach Neapel auf die von
Friedrich II. gegründete Universität, die als nichtklerikale Hoch-
schule zur Ausbildung für den Staatsdienst bestimmt war.

Hier wurde Thomas mit den Gedanken des Aristoteles bekannt,
die durch die arabische Wissenschaft damals eine Renaissance
erlebten. Der große arabische Aristotelesforscher Averroes (1126–
1198) hatte in völliger Umkehrung der damaligen Ansichten einen
Vorrang der Philosophie vor der Religion behauptet: Diese berge
die eigentliche philosophische Wahrheit in bildlichen Vorstellungen. Das war eine ungemein kühne Herausforderung an das mittelalterliche Denken. – Als Thomas sich für den Eintritt in den gelehrten Dominikanerorden entschied, nahm er die Frage, wie sich
die Philosophie des Aristoteles mit dem christlichen Glauben versöhnen lasse, mit in seinen neuen Stand. Stärker noch konfrontier-
ten ihn seine anschließenden Pariser und Kölner Studienjahre, in
denen er Schüler des Albertus Magnus wurde, mit dieser Aufgabe.

Thomas vollzog die Synthese des Aristotelischen Denkens mit
der christlichen Religion in seiner Theologie der vernünftigen
Weltordnung: Die Welt ist durch Gottes Willen vernünftig geordnet. Der Aristotelische Entelechiegedanke wird theologisch über-
höht: Die den Menschen und Dingen innewohnende Zweckbestimmung ist nach dem göttlichen Schöpfungsplan in sie gelegt
(Summa theologica, I 103, 1; aus diesem Werk auch die folgenden
nicht näher bezeichneten Zitate). Dieser Plan Gottes erschließt
sich aus der natürlichen Ordnung der Dinge (I II 93, 1) und aus
der menschlichen Natur selbst, und zwar aus ihren natürlichen
Neigungen und aus ihrer unmittelbaren Vernunfterkenntnis (I II
91, 2; I II 93, 6).

a) Naturrecht und Gerechtigkeit

Was Rechtens ist, kann sich schon aus dieser natürlichen Ordnung selbst ergeben; dann handelt es sich um Naturrecht. So entspricht es z. B. der natürlichen Ordnung, daß Männer und Frauen Kinder miteinander zeugen und daß Eltern ihre Kinder ernähren (II II 57, 3). Aber nicht nur in der natürlichen Ordnung, sondern auch durch Offenbarung enthüllt sich der weltordnende Wille Gottes und setzt damit ius divinum auch unabhängig von der natürlichen Ordnung (II II 57, 2). Das oberste Prinzip allen göttlichen Rechts, in dem alle anderen Gebote wurzeln, ist die Gottes- und Nächstenliebe, die in die Menschen gelegt ist (I II 100, 3).

Was Rechtens ist, kann aber auch durch Vereinbarung oder durch menschliches Gesetz bestimmt werden; dann handelt es sich um positives Recht (II II 57, 2). Freilich ist nur in den Lücken des natürlichen und des offenbarten Rechts Platz für solch eine Regelung durch menschliches Gesetz. Hier begründet dann erst die Rechtsetzung den Unterschied von Recht und Unrecht. „Der menschliche Wille kann nur solche Dinge gebieten, die nicht der natürlichen Gerechtigkeit widerstreiten." „Wenn aber etwas dem Naturrecht widerstreitet, kann es nicht durch menschlichen Beschluß Rechtens werden: so wenn man etwa festsetzen würde, daß Diebstahl oder Ehebruch erlaubt seien" (II II 57, 2; vgl. I II 94, 5; 95, 2).

Worin liegt die Eigenart der Gerechtigkeit – im Vergleich zu anderen ethischen Prinzipien? Darin, daß sie den Menschen in seinen Beziehungen zu den anderen in die rechte Ordnung bringt. Sie will einen Ausgleich unter den Menschen schaffen (II II 57, 1; vgl. Aristoteles, Nik. Eth., V 3, 5). Der Gegenstand der Gerechtigkeit besteht also vornehmlich in einer Regelung der äußeren Verhältnisse, nämlich darin, daß der Einzelne oder eine Sache, deren Gebrauch zu regeln ist, sich in dem rechten Verhältnis zu anderen Menschen befindet (II II 58, 8). Die sonstige Ethik hingegen wendet sich in erster Linie an den inneren Menschen, an seine Leidenschaften (II II 57, 1; 58, 10).

Der zentrale Grundsatz der Gerechtigkeit ist das suum cuique tribuere: Es muß jedem das zugeteilt werden, was ihm im Verhältnis zu den anderen gebührt (II II 58, 11). – Im Anschluß an Aristoteles unterscheidet Thomas sodann die ausgleichende und die austeilende Gerechtigkeit. Er ordnet diese Unterscheidung zwei Arten sozialer Beziehungen zu: Einerseits steht der Einzelne anderen Einzelpersonen als solchen gegenüber. Den Austausch und Ausgleich in diesem Verhältnis regelt die ausgleichende Gerechtigkeit (iustitia commutativa). Andererseits steht der Einzelne in Beziehung zum Gemeinwesen, wie ein Teil zum Ganzen; dieses Verhältnis regelt die austeilende Gerechtigkeit (iustitia distributiva), die gemeinschaftliche Güter und Lasten im rechten Verhältnis zu verteilen hat (II II 61, 1). Auch Thomas bestimmt für beide Arten der Gerechtigkeit das rechte Maß auf verschiedene Weise, wie das von Aristoteles her geläufig ist (II II 61, 2; s. o. Kap. 3 d). – Nicht nur der rechtsgeschäftliche Güteraustausch und der Schadensersatz, sondern auch die Vergeltung, etwa für Totschlag, Verletzung, Mißhandlung, Beleidigung, Ehebruch, erhält ihren Platz in der ausgleichenden Gerechtigkeit (II II 61, 3). Auch hier gehe es nämlich um ein Gleichmaß: zwischen dem Erleiden der Strafe und dem vorangegangenen Handeln. Gerade im Prinzip der Talion („Leben um Leben, Auge um Auge usw.") werde die ausgleichende Funktion der Strafgerechtigkeit sichtbar. Warum soll aber als Folge eines Diebstahls zu der Rückerstattung des Diebesgutes, die die Güterverschiebung ausgleicht, auch noch eine Strafe treten? Thomas antwortet: Weil der Dieb nicht nur den Besitz des anderen geschmälert, sondern auch den Rechtsfrieden gestört und damit auch das Gemeinwesen geschädigt hat (II II 61, 4; 62, 3). Aber die Fragwürdigkeit dieser Konstruktion drängt sich auf: Der Rechtsbruch ist qualitativ etwas anderes als die dafür verhängte Strafe.

b) Die Soziallehre

In seiner Soziallehre geht Thomas, ebenso wie Aristoteles, von der geselligen Natur des Menschen aus.

Schon die stiefmütterliche Ausstattung durch die Natur weist den Menschen in die Gemeinschaft. Spärlich behaart, nicht durch Zähne, Hörner und Krallen zur Verteidigung, ja nicht einmal wie der Hase zur raschen Flucht gerüstet, präsentiert er sich als schlecht angepaßtes Lebewesen. Statt der körperlichen Vorzüge „ist ihm die Vernunft gegeben, damit er sich, von ihr geleitet, die nötigen Mittel durch seiner Hände Arbeit verschaffen kann. Aber um das zu tun, reicht die Kraft des Einzelnen nicht aus ... So entspricht es also seiner Natur, gesellig zu leben." – Auch das Defizit an natürlichem Instinkt muß die Gesellung ausgleichen: Tiere erkennen durch ihren Instinkt, was ihnen nützlich oder schädlich ist, z.B. „heilsame Pflanzen und andere Dinge, die sie zum Leben brauchen. Der Mensch hingegen hat für das, was er zum Leben benötigt, von Natur aus nur eine allgemeine Einsicht und muß sich dann seines Verstandes bedienen, um das, was ihm nottut, auch im einzelnen zu erkennen. Als Einzelner aber kann er nicht alle Einsichten dieser Art selber sammeln. So muß er notwendig gesellig leben, damit der eine den anderen unterstützt und mehrere sich darein teilen können, die verschiedenen Erkenntnisse zu finden, der eine in der Heilkunde, der andere auf diesem, der nächste auf jenem Gebiete. Der augenscheinlichste Beweis dafür ist wohl die Eigenart des Menschen, sich einer Sprache zu bedienen, durch die der Einzelne alles, was er auf seinem Gebiete erkannt hat, dem anderen mitteilen kann" (De regimine principum, I 1).

c) Die Staatslehre

In der Gliederung der Staatsformen folgt Thomas der Aristotelischen Einteilung (Kap. 3c; De regim., I 1).

In der für den König von Zypern verfaßten Schrift De regimine principum (I 12) stellt er das Königtum als die naturgegebene Regierungsform dar. Herrscht ein König über ein Reich, dann wird eine Vielheit durch eine einzige Vernunft gelenkt. Das sei gleichsam das Abbild der Herrschaft Gottes über die Welt und ein Spiegelbild der Herrschaft der Seele über den Körper.

In der Summa theologica (I II 105, 1) befürwortet Thomas eine gemischte Verfassung, in der sich monarchische, aristokratische und demokratische Elemente finden: Hier erscheint als beste Verfassung eines Gemeinwesens jene, „in der einer nach seiner Tüchtigkeit an die Spitze berufen wird, der den anderen übergeordnet ist. Unter seiner Leitung sind mehrere, ihrer Tüchtigkeit entsprechend, an der Regierung beteiligt. Gleichwohl haben alle an einer solchen Herrschaftsordnung teil, weil jene aus allen gewählt werden können und auch von allen gewählt werden."

Der Zeit entsprach es, daß Thomas auch in der Auseinandersetzung zwischen Kaiser und Papst Stellung bezog. Einer dunklen Stelle des Lukas-Evangeliums (Luk. 22, 38) entnahm man mit viel Phantasie, daß Gott selbst zwei Schwerter in den Dienst der Christenheit gestellt habe: ein weltliches und ein geistliches. Das geistliche Schwert, das die geistliche Leitungsgewalt symbolisiert, sei dem Papst anvertraut. Das weltliche Schwert, das Symbol der Staatsgewalt, sei vom Kaiser zu führen. So sei also auch die Staatsgewalt göttlichen Ursprungs und in den Dienst der Christenheit gestellt. Der jahrhundertelange Streit ging nur darum, ob der Kaiser seine Gewalt unmittelbar von Gott empfangen habe oder ob beide Schwerter zunächst in die Hand des Papstes gelegt seien und der Kaiser seine Gewalt aus der Hand des Papstes empfange; dies zweite war Sinnbild für die Oberlehensherrlichkeit des Papstes über den Kaiser, also für seinen Vorrang auch in der irdischen Gewalt. Thomas bekannte sich zu einem solchen Vorrang des Papstes; denn gleich wie die ewige Seligkeit über jeden irdischen Zweck erhaben sei, so müßten auch dem geistlichen Amt, das jenem höchsten Ziel diene, alle anderen Ämter nachgeordnet sein (De regim., I 14).

Auch der Widerstand gegen eine ungerechte Staatsgewalt war eines der Themen der Zeit. In Deutschland war dieses Problem schon anläßlich der Auseinandersetzungen zwischen Heinrich IV.

und Gregor VII. erörtert worden. Manegold von Lautenbach hatte (um 1085) die Auffassung vertreten, der Herrscher empfange seine Gewalt vom Volk, damit er es gerecht regiere. Wenn er das Abkommen verletze, auf Grund dessen er gewählt wurde (Gedanke des Herrschaftsvertrages!), wenn er verwirre, was er in Ordnung halten sollte, dann werde das Volk von seiner Gehorsamspflicht frei (Ad Gebehardum Liber, XLVII). – In England wurde die Frage des Widerstandsrechts aktuell in den Auseinandersetzungen zwischen Heinrich II. und Thomas Becket, dem Erzbischof von Canterbury. Johann von Salisbury, der Freund und Sekretär Beckets forderte geradezu den Tyrannenmord (Policraticus, III 15) – eine Lehre, die zur Zeit der Gegenreformation ihre Anhänger fand. – Thomas von Aquin ist zurückhaltender: „Petrus lehrt uns, nicht nur guten und maßvollen, sondern auch harten Herren geziemend untertan zu sein (1. Petr. 2)." Und selbst gegen die Bedrückung eines Tyrannen solle man „nicht nach dem persönlichen Dafürhalten einiger weniger, sondern nach allgemeinem Beschluß vorgehen. Denn wenn es zum Recht eines Volkes gehört, sich selbst einen König zu bestimmen" (auch hier wird wieder das demokratische Element des germanischen Volkskönigtums sichtbar), „so kann mit vollem Recht der eingesetzte König durch dasselbe Volk von seinem Platz entfernt oder in seiner Macht eingeschränkt werden, wenn er die königliche Gewalt in tyrannischer Weise mißbraucht. Ein solches Volk handelt durchaus nicht gegen die Treue, wenn es den Tyrannen absetzt, auch wenn es sich ihm vorher für immer unterstellt hat. Denn er hat es verdient, daß seine Untertanen ihm den Vertrag nicht halten, und zwar dadurch, daß er bei der Regierung des Volkes seine Treuepflicht verletzt hat." Ist aber der König von einer höheren Obrigkeit eingesetzt, wie etwa die jüdischen Könige von dem römischen Kaiser bestellt waren, dann ist es Sache dieser übergeordneten Instanz, einen tyrannischen König abzusetzen (De regim., I 6). – Der geneigte Zeitgenosse mochte zwischen den Zeilen den Anspruch des Papstes herauslesen, Könige, wenn's nottat, in die Wüste zu schicken (vgl. De regim., I 14).

Noch zu Lebzeiten des Thomas von Aquin kündigte sich nicht nur in der Politik, sondern auch in Theologie und Weltanschauung eine neue Epoche an. Duns Scotus und Wilhelm von Ockham zerstörten das Thomistische System, das Glauben und Vernunfteinsicht, Theologie und Philosophie in eine Einheit fassen wollte. Dante, Ockham und Marsilius von Padua lieferten die Begleitmusik zu dem Verfall des Papsttums und der päpstlichen Macht.

a) Die Auflösung des Thomistischen Weltbildes

Schon Thomas hatte die Grenzen der natürlichen Vernunft gesehen: „Das ist der äußerste Punkt menschlicher Erkenntnis von Gott: daß sie weiß, Gott nicht zu wissen"; das, was Gott ist, übersteigt alles, was wir von ihm erkennen (Quaest. disp. de potentia, VII 5 ad 14). Aber die Einsichten der natürlichen Vernunft sind immerhin auf den Glauben hingeordnet, sind praeambula fidei. Wo die natürliche Vernunft etwa die Zweckbestimmungen in der Schöpfungsordnung erfaßt, denkt sie die Gedanken Gottes nach (s. o. Kap. 7, Einl.). Wissen und Glauben fügen sich ineinander.

Bei Duns Scotus (um 1266–1308) dringt aber ein anderer Gedanke durch: Gottes unerforschlicher Ratschluß läßt sich nicht durch menschliche Vernunfteinsichten ausloten. Seine Gedanken sind nicht der Menschen Gedanken. Auch ist seine Allmacht kein bloßer Vollzug vorgegebener Prinzipien: Denn eine unendliche, handelnde Ursache „duldet nichts, was ihr entgegenstünde". Gott „handelt frei und nach seinem Willen bezüglich aller Dinge, die außer ihm selbst sind" (Opus Oxoniense, I d.2 q.1 und 2 n.35). „Jener Wille Gottes, durch den er gerade dieses will und eben jetzt hervorbringt, ist die unmittelbare erste Ursache, für die nicht irgend eine andere Ursache zu suchen ist." So gibt es z. B. keine Vernunftgründe dafür, daß er gerade dieses Individuum als menschliches Wesen geschaffen hat, oder dafür, daß etwas gerade jetzt besteht und nicht schon früher bestanden hat (Ox., II d.1 q.2 n.9). Oder mit Goethes Faust gesprochen: Es gilt nicht: „im Anfang war der Sinn", sondern: „im Anfang war die Tat". – Im Willen Gottes liegt auch der Grund dafür, daß etwas gut ist. „Alles, außer Gott, ist deswegen gut, weil Gott es gewollt hat", nicht ist es – umgekehrt – von Gott deshalb akzeptiert, weil es gut ist (Ox., III d.19 n.7; III d.32 n.6). – Noch bei Luther sollten diese Gedanken und Formulierungen wiederkehren (De servo arbitrio 1525, WA 18, 712).

Bei Wilhelm von Ockham (um 1290–1349) vollendet sich der moraltheologische Voluntarismus. Ockham exerziert auf dem Feld der Theologie das Gedankenmodell einer absoluten Herrschaftsgewalt durch, die an keine vorgegebenen Normen gebunden ist. Er entwirft das Modell eines Positivismus, der seine Legitimitätsgrundlage allein in der Dezision einer obersten normsetzenden Autorität hat.

Die Wörter gut und schlecht besagen nur, „daß der Handelnde zu dieser Handlung oder zu deren Gegenteil verpflichtet ist" (Sentenzenkommentar, II q.19 P). Ob etwas in dieser Weise geboten ist, bemißt sich ganz nach dem Willen Gottes, dessen Allmacht an keine Richtlinie gebunden ist (Sent., I d.17 q.3 F; III q.13 B; IV q.8 und 9 E). So hätte Gott statt der zehn Gebote ganz andere Anordnungen geben, ja geradezu das Gegenteil jener Gebote bestimmen können (Sent., II q.19 O; vgl. auch I d.48 q.1 H). Ockham ist auch nicht um ein praktisches Beispiel verlegen: Als die Kinder Israel bei ihrem Auszug aus Ägypten auf Gottes Geheiß hin das Eigentum der Ägypter mitgehen ließen, haben sie nicht gesündigt (Sent., I d.47 q.1 G). Auch Gottes Gerechtigkeit gegenüber den einzelnen Menschen steht in seiner normativen Allmacht. Selbst einen Menschen, der Gott liebt und gottgefällige Werke tut, könnte Gott vernichten, ohne Unrecht zu tun; denn er ist niemandem etwas schuldig (Sent., IV q.3 Q). In aller Konsequenz reißt Ockham auch die Schranke ein, die Duns Scotus noch hatte stehen lassen: Gott könnte sogar den Gotteshaß gebieten (Sent., IV q.14 D; s. auch unten Kap. 15 d).

Wegen seiner philosophisch-theologischen Lehren wurde Ockham im Jahre 1324 vom Papst nach Avignon zitiert und anschließend eingekerkert. Nach vier Jahren gelang ihm die Flucht. Er begab sich an den Hof Ludwigs des Bayern und lebte dann bis zu seinem Tod in München. In den Auseinandersetzungen zwischen Kaiser und Papst nahm er Ludwigs Partei: Die Gewalt des Kaisers ist nicht von der des Papstes mitumfaßt, sondern von dieser verschieden. Jener hat die weltliche, der Papst die geistliche Gewalt (Dialogus, III 2, Buch 2). Die Konsequenzen aus dieser Lehre zog der Kurverein von Rhense (1338): Der von den Kurfürsten gewählte König bedarf nicht der päpstlichen Bestätigung. Das Gesetz Licet juris (1338) bestimmte darüber hinaus, daß diese Königswahl auch Rechte und Titel des Kaisers verleihe.

Die Gewalt des Kaisers ist aber in anderer Hinsicht beschränkt. Sie ist jedenfalls durch göttliches und natürliches Recht gebunden (Dialogus, III 2, Buch 2 Kap. 26). Manche sehen darin ihre einzige Grenze – aber zu Unrecht (aaO., Kap. 28). Die Gewalt des Kaisers hat noch eine weitere Schranke: Sie kann hinsichtlich derer, die ihr als Freie unterworfen sind, nur das verfügen, was dem gemeinen Nutzen dient. Denn das Volk konnte dem Kaiser keine größere Rechtsbefugnis übertragen, als es selber von Haus aus besaß. Es hatte aber nur die Macht, das Notwendige anzuordnen. Auch wurde die kaiserliche Gewalt nur zum gemeinen Nutzen eingesetzt (aaO., Kap. 27 und III 1, Buch 2 Kap. 6).

b) Marsilius von Padua

Wie Wilhelm von Ockham, so stritt auch Marsilius von Padua (um 1275–1342) für die Sache des Kaisers. Marsilius, Magister Artium an der Sorbonne, hatte im Jahre 1324 sein Werk „Defensor Pacis" veröffentlicht (hieraus die folgenden Zitate). Dieser Schrift wegen mußte er zwei Jahre später aus Paris fliehen und wurde Ratgeber Ludwigs des Bayern.

In seinem Hauptwerk ging er von der Ansicht aus: Nur im befriedeten Zustand erfülle die politische Gemeinschaft ihren Zweck und ermögliche es ihren Bürgern, gut zu leben und frei zu sein für solche Aufgaben, die eines freien Mannes würdig sind (I 4 § 1). So wollte er die wichtigsten Ursachen behandeln, „die Ruhe und Frieden im Staate erhalten und bewahren", und jene Tatsachen untersuchen, die „Streit verursachen, hindern und beheben" (III 3).

Unter den Gedanken, die Marsilius diesem Thema gewidmet hat, waren zwei Dinge zukunftweisend: Das eine war die Forderung, Papst und Klerus auf das geistliche Amt zurückzuführen, auf das Christus sie bescheiden wollte (II 4 ff., 29 f.). Greifen sie auch nach der weltlichen Macht, so stören sie die friedliche Ordnung und werden zur Ursache von Streit und Hader (I 1 § 7; I 19; II 23 ff.; III 1).

Das andere war der starke demokratische Zug seiner Staatstheorie und seiner Kirchenlehre:

Die Herrschaftsgewalt ruht beim Volk. „In seinem ausdrücklichen Willen ist die Kraft und Autorität der Regierung (principatus) begründet." Die Regierenden allein sind befugt, den Rechtsunterworfenen Anordnungen zu geben und jeden gemäß den bestehenden Gesetzen in Schranken zu halten. Sie dürfen aber hierbei nichts, vor allem nichts Wichtiges tun ohne das Gesetz und ohne die Zustimmung der Masse der Rechtsunterworfenen, d. h. des Gesetzgebers. Nach bestem Vermögen ist darauf zu achten, daß kein Regierender und kein anderes Glied der Gemeinschaft es sich herausnimmt, gegen oder ohne ein Gesetz Urteile zu fällen oder sonstige Akte der politischen Gemeinschaft vorzunehmen. Das ist der Weg, um ein Reich und jede andere wohlgeordnete bürgerliche Gemeinschaft in einem friedlichen, ruhigen Zustand zu erhalten (III 3). Die hier zusammengefaßten Gedanken werden in des Marsilius' Werk Stück für Stück entwickelt:

„Gesetzgeber oder erste und eigentliche wirksame Ursache des Gesetzes ist das Volk oder die Gesamtheit der Bürger oder deren gewichtigster (valencior) Teil" (I 12 § 3). – Die höchste menschliche Gewalt, Gesetze zu geben, steht nämlich dem zu, „von dem allein die besten Gesetze ausgehen können. Das aber ist die Gesamtheit der Bürger oder deren gewichtigster Teil." Denn am besten ist das Gesetz, das dem gemeinen Nutzen der Bürger dient. Dieser Nutzen wird aber am sichersten von der Gesamtheit beurteilt und von ihr auch angestrebt; denn keiner will sich wissentlich selber schaden (I 12 § 5). – Dazu kommt, daß die so beschlossenen Gesetze auch die beste Chance haben, von allen befolgt zu werden; denn „jeder Bürger befolgt das Gesetz am besten, das er, wie er meint, sich selber auferlegt hat"; eben das trifft aber für die Gesetze zu, die nach Anhörung und durch Beschluß der gesamten Bürger zustandekommen (I 12 § 6). – Ein Einzelner oder eine Minderheit hingegen würde sehr leicht aus Unwissenheit oder Bosheit und Eigennutz tyrannische Gesetze geben (I 12 § 8) und einer Oligarchie den Weg ebnen (I 13 § 5). Die Vielzahl der Bürger ist auch durchaus imstande, über Gesetze zu befinden; „denn alle oder die meisten haben gesunden Menschenverstand und Vernunft und trachten in rechter Weise nach der politischen Ordnung und danach, was für deren Bestand nötig ist". Wenn auch nicht jeder Gesetze entwerfen kann, so kann doch jeder über die von einem anderen entworfenen und vorgelegten Gesetze urteilen und entscheiden, ob etwas ergänzt, gestrichen oder geändert werden soll (I 13 §§ 3, 4, 7).

Das Kennzeichen der guten Verfassung liegt darin, daß die Herrschaft mit Willen und Zustimmung der Regierten geführt wird (I 9 § 5). Deshalb ist es am besten, wenn die Regierenden durch Wahl eingesetzt werden (I 9 § 7); denn dann besteht die größte Aussicht, daß sie über Willige herrschen, und zwar nach Gesetzen, die dem Gemeinwohl dienen (I 9 § 6). Die Befugnis, die Regierenden zu bestellen, liegt ebenso wie die Gesetzgebung bei der Gesamtheit der Bürger; ihr kommt es auch zu, die Regierung zu tadeln oder auch abzusetzen, wenn das Gemeinwohl dies erfordern sollte (I 15 § 2). Die Regierenden bleiben also dem Volke verantwortlich. Freilich wird man nicht an jedem kleinen Fehlgriff der Obrigkeit herummäkeln, damit Ordnung und Disziplin nicht untergraben werden (I 18 § 6).

Richter und Regierende sollen an das Gesetz gebunden sein. Auch an diesem Punkte knüpft Marsilius an Aristotelische Gedanken an. – Es „darf, soweit möglich, kein Urteil dem Ermessen des Urteilenden überlassen bleiben, sondern es muß durch Gesetz bestimmt und ihm gemäß verkündet werden". Denn das allgemeine

Gesetz kennt, anders als der einzelne Mensch, nicht Freund oder Feind und keine Neigungen und Launen, die das menschliche Urteil im Einzelfall irreleiten können (I 11 § 1 f.). Das Gesetz ist Vernunft ohne Begehren und ohne Affekt (I 11 § 4). Ferner schlagen sich in den Gesetzen die Erfahrungen vieler Jahre nieder; sie sind von vielen geprüft; auch das trägt dazu bei, „in staatlichen Urteilen Irrtum zu vermeiden und richtig zu entscheiden"; ein Grund mehr, solche Urteile nach dem Gesetz und nicht nach Ermessen zu fällen (I 11 § 3). – Was vom Urteil des Richters gilt, gilt ebenso vom Regiment der Herrschenden; auch dieses hat sich nach dem Gesetz zu richten (I 11 §§ 4 ff.). Das waren Gedanken, die später zu grundlegenden Prinzipien des Rechtsstaates werden sollten.

Das Modell der Kirche gleicht dem des Staates. Ihre höchste Gewalt ist der Gesamtheit der Gläubigen anvertraut (II 18 § 8; II 19 ff.). Hierdurch wurde der Grund gelegt zu dem Konziliarismus der folgenden zwei Jahrhunderte, also zu jener Bewegung, in der die Konzilien dem Papst den Anspruch streitig machten, das höchste Organ der Kirche zu sein. Die großen Konzilien von Pisa, Konstanz und Basel standen im Zeichen dieser Idee: concilium superat papam.

c) Dante

Dante Alighieri (1265–1321) beschwört die Geister der Vergangenheit und ruft am Ausgang des Mittelalters noch einmal das Bild eines Universalreichs und eines mächtigen Kaisertums vor das Auge. Nur eine solche Universalherrschaft könne den Frieden sichern, könne das Nebeneinander der einzelnen Gemeinwesen zu einer Friedensordnung machen.

Am Anfang seines Buches über die Monarchie (Monarchia; hieraus die folgenden Zitate) steht die Frage nach der grundsätzlichen Aufgabe aller Politik. Diese hat es immer mit menschlichem Handeln zu tun. Die Prinzipien des Handelns ergeben sich aber aus dem Endzweck des Handelns. Also stellt sich die Frage, welches der allgemeine Zweck des Menschengeschlechts sei (I 2). Er liegt darin, die geistige Potenz (potentia sive virtus intellectiva) zu voller Entfaltung zu bringen; denn in ihr liegt die Eigenart und das höchste Vermögen der menschlichen Natur. Dabei geht es freilich nicht nur um die Entfaltung der individuellen Intelligenz, sondern darum, daß durch die Vielzahl der Menschen die gesamte geistige Potenz der Menschheit zur Wirksamkeit gelangt (I 3). Dazu bedarf es aber des Friedens auf Erden. Wie also ist der allgemeine Frieden zu sichern (I 4)? Dazu ist nötig, daß einer herrscht:

Da „das ganze Menschengeschlecht auf ein Ziel hingeordnet ist, muß eine Instanz da sein, die es lenkt oder regiert; und diese mag man den Monarchen oder Kaiser nennen" (I 5). Die einzelnen Staaten und Völker sind ein Teil der gesamten Menschheit, so wie diese ein Teil des ganzen Universums ist. Teile stehen aber dann in einem rechten Verhältnis zum Ganzen, wenn ein und dasselbe Prinzip sie regiert. Und wie das gesamte Universum seinen Oberherrn in Gott hat, so soll auch die Menschheit einen obersten Herrscher haben (I 7). Auf diese Weise gleicht sich die Ordnung der Menschheit der von einem Gott gelenkten Schöpfungsordnung an (I 8).

Nur auf solche Art gewinnt man auch eine Instanz, die über den Zwist der Fürsten richten und ihn schlichten kann (I 10) und die Gerechtigkeit in der Welt so weit wie möglich zur Herrschaft bringen wird (I 11). Bisher ist nur unter der Weltherrschaft des Augustus die ganze Welt ruhig gewesen; und damals war die Menschheit „glücklich in der Windstille des allgemeinen Friedens"; aber dann, als das Trachten des Menschengeschlechts auseinanderging, ist dieses wieder ein vielköpfiges Ungeheuer geworden (I 16).

Unter einem Weltherrscher genießt die Menschheit auch die größtmögliche Freiheit; denn jener ist zwar hinsichtlich des einzuschlagenden Weges der Herr, hinsichtlich des Zieles selbst aber ist er der Diener aller (I 12).

Auch im politischen Handeln ist also die Einheit die Wurzel des Guten. Soll die Menschheit ihren optimalen Zustand erreichen, so bedarf es „der Einheit in den Einzelwillen". Diese aber läßt sich nur erreichen, wenn „ein Wille da ist, der Herr ist und alle anderen auf ein und dasselbe hinlenkt" (I 15). Freilich soll nicht eine undifferenzierte Einheit hergestellt werden, sondern eine Einheit in der Vielfalt, eine Einheit im Grundsätzlichen, in dem, was allen Menschen gemeinsam ist, die aber auf die Besonderheiten Rücksicht nimmt; „denn die Völker, die Königreiche und Bürgerschaften besitzen ihre Eigentümlichkeiten, die durch unterschiedliche Gesetze geregelt werden sollten" (I 14).

Dante bezog auch Stellung im Streit um die päpstliche Macht. Hatte doch Papst Bonifatius VIII. erst vor kurzem (1302) den Anspruch erhoben, nicht nur geistliches, sondern auch weltliches Oberhaupt der Christenheit zu sein (Bulle Unam sanctam). Gegen diesen Anspruch hat sich Dante gewandt: Die weltliche Autorität des Kaisers ist nicht von der päpstlichen Autorität abhängig (III 13 ff.). Weder das alte, noch das neue Testament hat es dem Priestertum anvertraut, sich um weltliche Dinge zu kümmern oder zu sorgen (III 14). Solche Sorge um die weltliche Macht ist auch gegen die Natur der Kirche. Denn Christus selbst hat deutlich erklärt, sein Reich sei nicht von dieser Welt (III 15). Der Mensch hat teil am Vergänglichen und am Unvergänglichen und hat ein zweifaches Ziel: das irdische Glück, das in der Entfaltung der eigenen Kräfte liegt, und das Glück des ewigen Lebens. Zu diesen zwei Zielen bedarf er einer zweifachen Leitung: des Papstes, der „nach der Offenbarung das Menschengeschlecht zum ewigen Leben hinführen soll; und des Kaisers, der nach den Lehren der Philosophie das Menschengeschlecht zu irdischem Glück leiten soll" und dafür zu sorgen hat, daß unter den Menschen Freiheit und Frieden wohnen. Diese Autorität des Kaisers stammt, nicht anders als die des Papstes, unmittelbar von Gott (III 16).

9. Die Rechts- und Staatsauffassungen der Reformatoren

a) Luther

Bei Martin Luther (1483–1546), dem Augustinermönch und Wittenberger Bibelprofessor, finden Augustinische Gedanken eine Wiederbelebung. Zwischen dem Ordensheiligen und dem Reformator besteht eine tiefe Verwandtschaft des religiösen Lebensgefühls: Der Mensch ist der Allmacht und der unerforschlichen Gnade Gottes ausgeliefert.

Wie Augustinus von der Ohnmacht des menschlichen Willens überzeugt war und gegen Pelagius polemisierte, weil dieser lehrte, der Mensch könne sich aus freiem Willen zum Guten entscheiden, so streitet auch Luther mit Erasmus von Rotterdam um die Willensfreiheit. Erasmus meint, die menschliche Freiheit habe wenigstens daran Anteil, wenn jemand etwas Gutes tue (De libero arbitrio, 1524). Luther verficht dagegen die These, daß es allein von Gott abhänge, ob der Mensch sich zum Guten wende (De servo arbitrio, 1525). So wird wieder das düstere Bild der Augustinischen Prädestinationslehre heraufbeschworen. In diesem Meinungsstreit tut sich der Zwiespalt auf zwischen dem Glauben, daß Gottes Allmacht alles vorherbestimmt, und dem ethischen Postulat, daß man gerechtermaßen nur durch eigene Schuld in Verdammnis geraten dürfe, nur dann also, wenn man überhaupt die Möglichkeit hatte, anders zu handeln. In dieser Antinomie entscheidet sich Luther für die ebenso konsequente wie bedrückende Lehre von der alles bestimmenden Allmacht und der alles voraussehenden Weisheit Gottes; diese läßt keinen Raum für eine freie, aus eigenem Vermögen getroffene Entscheidung des Menschen zum Guten (De servo arbitrio, WA 18, 716 ff.). Sola fide, sola gratia wird der Mensch gerecht; oder wie Paulus gesagt hatte: Es liegt „nicht an jemandes Wollen oder Laufen, sondern an Gottes Erbarmen" (Röm. 9, 16).

Luther greift auch die Augustinische Unterscheidung von den zwei Reichen auf: Wir müssen „alle Menschen teilen in zwei Teile:

die ersten zum Reich Gottes, die anderen zum Reich der Welt. Die zum Reich Gottes gehören, das sind die Rechtgläubigen in Christo und unter Christo." Mit ihnen meint Luther die Menschen, die „den heiligen Geist im Herzen haben, der sie lehret und macht, daß sie niemand Unrecht tun, jedermann lieben, von jedermann gern und fröhlich Unrecht leiden". Über sie regiert Christus „ohne Gesetz, allein durch seinen Heiligen Geist". – Zum Reich der Welt hingegen und unter sein Gesetz „gehören alle, die nicht Christen sind". Es sind jene Menschen, die sich nicht schon in ihrer Gesinnung unter das Gebot der Gottes- und der Nächstenliebe stellen. Sie bilden den größeren Teil der Menschheit; „denn die Welt und die Menge ist und bleibt Unchristen, ob sie gleich alle getauft und Christen heißen" (Von weltlicher Obrigkeit, 1523, I).

Hieraus ergibt sich zunächst ein doppelter Kirchenbegriff: ein verinnerlichter und ein äußerer. Wahre Kirche ist nur die Gemeinschaft der Gläubigen, die Gottes Wort gehorsam sind. Da aber kein Mensch die wahren Gedanken des anderen sieht, ist diese wahre Kirche eine den Menschen verborgene Kirche. „Abscondita est Ecclesia, latent sancti" (De servo arbitrio, WA 18, 650ff., 652). Der Riß zwischen dieser verborgenen Kirche und der gottentfremdeten Welt geht mitten durch die Menschheit, auch mitten durch die äußere Kirchengemeinschaft; denn ihr gehören nicht nur die wahrhaft Gläubigen an, sondern auch die viel größere Zahl jener Getauften, die nur äußerlich zur Christenheit rechnen. In der äußeren Taufgemeinschaft sind also Gläubige und Ungläubige beisammen. Auch das sind im Grunde Augustinische Gedanken (Kap. 6 a).

Der Zweiteilung der Menschheit entsprechen auch zwei grundverschiedene Arten des „Rechts": Das eigentliche „Recht" der wahren Kirche ist das Gebot, Gott und den Nächsten zu lieben. Mit diesem Gebot regiert Gott „über die Seele" und lenkt durch die Gesinnung auch das Zusammenleben der Menschen. Dieses „Recht" erhält seine Kraft aus dem Glauben und dem daraus entspringenden Gehorsam gegenüber Gottes Gebot. „Die Christen tun von ihnen selbst ungezwungen alles Gute und haben genug für sich allein an Gottes Wort" (Von weltlicher Obrigkeit, II).

Tragende Kraft und Charakteristikum des weltlichen Rechts dagegen ist der obrigkeitliche Befehl und der hinter ihm stehende Zwang. Durch ihn nötigt das weltliche Regiment die gottentfremdeten Menschen zu einem gemeinverträglichen Verhalten. Weil die Menschen meist nicht aus freien Stücken Gottes Gebote halten, sind sie „unter das Schwert geworfen, daß, ob sie gleich gerne wollten, sie doch nicht tun könnten ihre Bosheit und, wenn sie es tun, daß sie es doch nicht ohne Furcht, noch mit Friede und Glück tun können" (aaO., I). Dieser obrigkeitliche Zwang erfaßt nicht die Seele der Menschen, sondern ist bloß eine Ordnung des äußeren Handelns und kann „sich nicht weiter strecken, denn über Leib und Gut und was äußerlich ist auf Erden" (aaO., II).

Gott hat also „zwei Regimente verordnet: das geistliche, welches Christen und fromme Leute macht durch den Heiligen Geist, unter Christo, und das weltliche, welches den Unchristen und Bösen wehrt, daß sie äußerlich müssen Frieden halten".

Auch das weltliche Regiment ist somit von Gott eingesetzt und ist Werkzeug des göttlichen Erhaltungswillens. So ist auch „die Gewalt und das Schwert ein Gottesdienst". Denn es muß einer da sein, „der die Bösen fängt, verklagt, würget und umbringt, die Guten schützt, entschuldigt, verantwortet und errettet" (aaO., I). Und sind auch die Herrscher „gemeiniglich die größten Narren oder die ärgsten Buben auf Erden", so sind sie doch „Gottes Stockmeister und Henker, und sein göttlicher Zorn gebraucht ihrer, zu strafen die Bösen und äußerlichen Frieden zu halten" (aaO., II).

Andererseits ist das weltliche Regiment aber darauf beschränkt, für die äußere Ordnung zu sorgen, und hat keine Gewalt über die Seelen. „Denn über die Seele kann und will Gott niemand lassen regieren, denn sich selbst allein. Darum, wo weltliche Gewalt sich vermißt, der Seele Gesetz zu geben, da greift sie Gott in sein Regiment und verführet und verderbet nur die Seelen." Der Glauben ist also dem Zugriff weltlicher Gewalt entzogen. Denn „der Seelen Gedanken und Sinne können niemand, denn Gott, offenbar sein, darum es umsonst und unmöglich ist, jemand zu gebieten oder zu zwingen mit Gewalt, so oder so zu glauben" (aaO., II).

Auch die Grenzen des Bürgergehorsams werden berührt: „Wie,

wenn denn ein Fürst unrecht hätte, ist ihm sein Volk auch schuldig zu folgen? Antwort: Nein. Denn wider Recht gebührt niemand zu tun; sondern man muß Gott (der das Recht haben will) mehr gehorchen denn den Menschen." Aber es war ein entsagungsvoller, gewaltloser Widerstand, den Luther hier vor Augen hatte: „Der Obrigkeit soll man nicht widerstehen mit Gewalt, sondern nur mit dem Bekenntnis der Wahrheit; kehrt sie sich daran, ist es gut; wo nicht, so bist du entschuldigt und leidest Unrecht um Gottes willen" (aaO., III). Nur die seltsame Lehre vom Widerstand gegen den Papst und seinen Schutzherrn macht hiervon eine Ausnahme (WA 39, II, 34 ff., Thesen 51 ff.).

b) Zwingli und Calvin

Auch Zwingli und noch entschiedener dann Calvin bekennen sich zur Prädestinationslehre. In rigorosem Augustinismus lehrt Calvin, daß Gott nach seinem unerforschlichen Ratschluß die einen zum Heil, die anderen zum Verderben vorbestimmt habe (Institutio Christianae Religionis, 1536, III 21 ff.; aus diesem Werk auch die folgenden nicht näher bezeichneten Zitate).

Auch die Augustinische und Lutherische Vorstellung von den zwei Reichen begegnet uns in der reformierten Lehre wieder, hier aber in abgewandelter Gestalt: Sie wird „funktionalisiert" und in die einzelnen Menschen hineinverlegt. Es gibt zweierlei Regiment, zweierlei Art und Weise, wie Gott die Menschen lenkt: teils durch ihr Gewissen, teils durch äußeren Zwang. „Jenes Regiment hat seinen Sitz tief im Herzen, dieses dagegen regelt allein die äußeren Sitten. Das eine können wir das ‚geistliche Reich‘, das andere das ‚bürgerliche‘ Reich nennen ... Es gibt eben im Menschen gewissermaßen zwei Welten, in denen auch verschiedene Könige und verschiedene Gesetze regieren können" (III 19^{15}).

Ließe sich schon die Gesinnung immer in rechter Weise lenken, wäre das weltliche Regiment nicht vonnöten. „Hielten wir das ‚du sollst niemandes Gut begehren‘, so bedürfte man des ‚du sollst nicht stehlen‘ nicht." Da aber viele der rechten Gesinnung ermangeln, braucht man auch äußere Gebote und staatlichen Zwang, „damit man den Gottlosen verheben und zwingen möchte". Freilich ist diese weltliche Gerechtigkeit, die nur das äußere Verhalten erfaßt und vor den gröbsten Übeln schützt, eine „arme Gerechtigkeit". Wäre sie aber nicht vorhanden, so würden die Menschen ihrer Selbstsucht leben und die Starken würden die Schwachen mitleidlos unterdrücken (Zwingli, Von menschlicher und göttlicher Gerechtigkeit, 1523). So ist das weltliche Regiment eine der Weisen, durch die Gott die Menschen erhält und lenkt.

Die beiden Reiche bilden keinen Gegensatz (Institutio, IV 20²). Auch die weltliche Obrigkeit ist von Gott verordnet (IV 20⁴). – Die Regierenden sind „zu Dienern der göttlichen Gerechtigkeit eingesetzt" und sollen in ihrer Person den Menschen „ein Bild der göttlichen Vorsehung und Wachsamkeit, Güte, Freundlichkeit und Gerechtigkeit vor Augen stellen" (IV 20⁶). – Auch die menschlichen Gesetze sollen gleichsam ein Abglanz des göttlichen Gebotes sein. Sie dürfen nicht nur von Nützlichkeitserwägungen bestimmt sein, sondern müssen auch „nach jener bleibenden Regel der Liebe ausgerichtet werden, so daß sie zwar in ihrer Form verschieden sind, aber den gleichen Sinn haben" (IV 20¹⁵). Das Fenster, durch das jenes göttliche Licht in das menschliche Recht eindringt, ist die Billigkeit. Auf sie haben sich die positiven Gesetze zu gründen. Die Billigkeit, also das natürliche Gesetz, das Gott den Menschen ins Herz gegraben hat, ist nichts anderes als das sittliche Gesetz Gottes. Dieses muß also „Richtpunkt, Regel und Grenze für alle Gesetze sein" (IV 20¹⁶).

Das Problem des Widerstandsrechts liegt auch für die reformierte Kirche in dem Spannungsfeld zwischen dem Satz des Römerbriefes (Röm. 13, 1): „Jedermann sei untertan der Obrigkeit, die Gewalt über ihn hat" (IV 20⁴) und andererseits dem Wort: „Du sollst Gott mehr gehorchen als den Menschen" (Apostelgesch. 5, 29). Selbst einer ungerechten Obrigkeit, die „der Zorn Gottes über das Land ist", ist man Gehorsam schuldig (IV 20²⁴ ff.). Aber die Grenze dieses Gehorsams gegen Menschen liegt dort, wo er zum Ungehorsam gegen Gott würde. Wo der Herrscher nicht nur den Menschen Unrecht tut, sondern die Hörner sogar gegen Gott erhebt, endet sein Gehorsamsanspruch; hier ist es dann Christenpflicht, „lieber alles Erdenkliche zu leiden, als von der Frömmigkeit zu weichen" (IV 20^{32}). Dies gilt für den Gehorsam der Untertanen. Sind aber nach Gottes Ratschluß Behörden eingesetzt, die die Willkür des Herrschers zu mäßigen haben, so ist es deren Recht und Pflicht, der Zügellosigkeit eines Machthabers entgegenzutreten, auch schon ehe sie jene äußerste Grenze erreicht (IV 20^{31}).

Das Modell für die Ordnung der Kirche sucht Calvin in den frühchristlichen Gemeinden. Ihre „Regierer" seien „Älteste gewesen, die aus dem Volke ausgewählt waren, um zusammen mit den Bischöfen die Aufsicht über den Lebenswandel zu führen und die Zucht zu üben" (IV 3^{8}). Die Priester und Bischöfe sollen „auf Grund der einhelligen Meinung und der Billigung des Volkes" gewählt werden; die Leitung der Wahl soll bei anderen Pastoren liegen (IV 3^{15}, 4$^{10\,ff.}$). Auf diese Weise stellt Calvin die Kirche von vornherein auf eigene Füße, im Gegensatz zu Luther, der das Kirchenregiment dem Landesherrn anvertraut hatte. So war ein Weg gefunden, die Kirche zwar aus der päpstlichen Hierarchie zu lösen, sie aber dennoch als kirchenrechtlich organisierte Gemeinschaft selbständig neben den Staat zu stellen. Damit war auch für die nichtkatholischen Kirchen eine Lebensform gefunden, unabhängig vom Staat zu existieren. Die nach dem Gemeindeprinzip organisierte Kirche konnte auch im konfessionell neutralen, ja sogar in einem kirchenfeindlichen Staat weiterleben. Freilich sah Calvin in solcher Trennung der Kirche vom Staat nicht den erstrebenswerten Zustand, sondern es schwebte ihm vor, daß das politische Gemeinwesen sich in den Dienst der Kirche stelle. So hat er selber in Genf ein sittenstrenges theokratisches Regiment aufgerichtet.

III. VON DER ENTSTEHUNG
DES SOUVERÄNEN STAATES
BIS ZUR FRANZÖSISCHEN REVOLUTION

10. Utopische Modelle

a) Thomas Morus

Thomas Morus (1478–1535), Zeitgenosse und Freund des Erasmus von Rotterdam und selber ein bedeutender Humanist, war zeitweilig Lordkanzler Heinrichs VIII. von England, unter dem er zum Märtyrer des katholischen Glaubens wurde. Er hat nach dem Vorbild Platons den Versuch unternommen, das Modell eines idealen Staates zu entwerfen. Utopia, Nirgendland, hat er mit einem Anflug von Resignation seinen Idealstaat genannt (die folgenden Zitate stammen aus Mores „Utopia", 1516).

Das Modell eines besseren Staates entwirft jemand, der mit dem gegenwärtigen Staat unzufrieden ist. So beginnt Morus sein Werk mit einer Sozialkritik. Er hat in England das „Bauernlegen" erlebt: Die Großgrundbesitzer, der Adel und der Klerus, hatten gefunden, daß die Schafzucht rentabler sei als der Ackerbau. Deshalb verdrängten sie die Landpächter von ihren Höfen und legten riesige Schafweiden an. Die von ihrem Hofe Vertriebenen wurden zum Lumpenproletariat und zu Landstreichern, die durch Bettel und Diebstahl das Leben fristeten. Der Staat reagierte mit harten Strafgesetzen gegen sie.

Damit „ein einziger Prasser, in seiner Unersättlichkeit eine unheilvolle Pest für sein Vaterland, einige tausend Morgen zusammenhängenden Ackerlandes mit einem einzigen Zaun einfrieden kann, werden die Pächter vertrieben; mit Lug und Trug und Gewalt nimmt man ihren Besitz oder schikaniert sie solange, bis sie verkaufen. Und dann gehen diese Unglücklichen auf Wanderschaft: Männer, Frauen, Ehemänner, Ehefrauen, Witwen und Waisen, Eltern mit kleinen Kindern und einer mehr zahlreichen als wohlhabenden Familie." „Sie verschleudern ihren Hausrat, weil sie ihn loswerden müssen; der Erlös ist binnen kurzem auf der Wanderschaft verbraucht. Was bleibt ihnen am Ende anderes übrig, als zu stehlen und – natürlich nach Recht und Gerechtigkeit – gehängt zu werden oder aber umherzustreunen und zu betteln und dann wegen müßigen Herumtreibens als Landstreicher ins Gefängnis zu kommen? Keiner will sie dingen, auch wenn sie sich noch so eifrig anbieten" (I 5 e).

Hält man sich also – so lautet die hintergründige Frage – an die Richtigen, wenn man die kleinen Diebe mit dem Tode bestraft? Sitzen die wahren Schuldigen nicht in der dünnen Oberschicht, die große Vermögen anhäuft, während ein großer Teil der Bevölkerung als Bettler lebt? Gibt es nicht viel zu viele Adelige, die „faul wie Drohnen von anderer Leute Arbeit leben und ihre Landpächter bis aufs Blut schinden, um höhere Einkünfte zu erzielen", und die sich zu allem Überfluß auch noch „mit einer riesigen Schar müßiger Gefolgsleute umgeben, die nie ein Handwerk erlernt haben, mit dem sie ihr Brot verdienen können" (I 5 c)?

Hier werden Zweifel wach, ob nicht das Privateigentum die eigentliche Wurzel der sozialen Mißstände ist. Schon Platon habe ja die Gleichheit des Besitzes gefordert. „Die aber läßt sich kaum wahren, wo es Privateigentum der Einzelnen gibt. Denn wenn jeder unter Rechtstiteln an sich reißt, soviel er kann, so teilen am Ende doch nur ein paar Leute alles unter sich und lassen den übrigen die Armut, mag das Volksvermögen noch so groß sein." So scheint die Beseitigung des Privateigentums der Weg zu sein, um die Güter gleichmäßig und gerecht zu verteilen und das Geschick der Menschen glücklich zu lenken (I 7).

Es findet sich auch schon die Vorstellung, der Staat und seine Rechtsordnung seien Instrumente einer Ausbeuterklasse zur Unterdrückung der Ausgebeuteten: Wenn ich die heutigen Staaten „an meinem Geiste vorüberziehen lasse, so finde ich, bei Gott, so etwas wie eine Verschwörung der Reichen, die im Namen und unter dem Rechtstitel des Staates für ihren eigenen Vorteil sorgen. Alle möglichen Schliche und Kniffe ersinnen sie, damit sie zunächst das, was sie durch ihre Machenschaften zusammengerafft haben, unbehelligt und ohne Verlust zusammenhalten und dann die Mühe und Arbeit der Armen möglichst billig kaufen und ausnützen können" (II 32).

Freilich bleiben Bedenken gegen den Güterkommunismus: Wird sich nicht jeder vor der Arbeit drücken, wenn nichts mehr zum eigenen Erwerb verlockt? Wenn das Vertrauen auf fremden Fleiß zur eigenen Faulheit verleitet? Werden dann überhaupt noch genügend Güter zur Verfügung stehen? Und selbst wenn die Not einen zur Arbeit treibt, sichert ihm kein Gesetz das, was er geschaffen hat, als sein Eigentum. Wird das nicht fortwährend zu Mord und Aufruhr führen (I 7, vgl. auch II 33)?

Wie sieht das utopische Gemeinwesen aus, das auf die herkömmlichen Eigentumsverhältnisse verzichten könnte? Es präsentiert sich als kommunistischer Agrarstaat. Je dreißig Familien wählen sich jährlich einen Vorstand, und diese Gruppenleiter wählen aus vier vom Volke benannten Kandidaten das Staatsoberhaupt auf Lebenszeit. Ferner wird auf je zehn Gruppenleiter eines der Ratsmitglieder gewählt, die mit dem Staatsoberhaupt die Angelegenheiten des Staates beraten (II 4).

Alle Männer und Frauen sind in den Arbeitsprozeß eingegliedert. Vom Ackerbau ist niemand befreit (II 5). Die landwirtschaftlichen Gehöfte werden von Stadtbürgern bewirtschaftet und bewohnt, die abwechselnd dorthin ziehen und sich im Turnus ablösen (II 2). Außer der Landwirtschaft, die alle zeitweise ausüben, erlernt jeder noch ein besonderes Handwerk. Die Gruppenleiter wachen darüber, daß keiner müßig herumsitzt, sondern fleißig sein Gewerbe betreibt (II 5). Die tägliche Arbeitszeit beträgt 6 Stunden, die Freizeit wird von den meisten zur geistigen Weiterbildung genützt (II 6). Einzelnen kann zu wissenschaftlichen Studien Arbeitsbefreiung gewährt werden; wer aber die Erwartungen enttäuscht, wird wieder zu den Handwerkern versetzt (II 7). Die Familienältesten liefern die Produkte in den öffentlichen Speichern ab und erhalten andererseits aus diesen ohne Bezahlung alles was sie verlangen – also: jedem nach seinen Bedürfnissen. Keiner verlangt mehr als er braucht – wozu auch, wo ihm die öffentlichen Vorräte jederzeit für seinen Bedarf zur Verfügung stehen (II 9)? Die Mahlzeiten werden von je dreißig Familien unter dem Vorsitz des Gruppenleiters gemeinsam eingenommen und mittags und abends mit der Vorlesung einer moralischen Abhandlung eröffnet (II 10). Wer verreisen will, bedarf der obrigkeitlichen Erlaubnis, und wer am fremden Ort länger als einen Tag verweilt, übt dort sein Handwerk aus (II 11). Der Zeit voraus, finden sich in Utopia zwei fortschrittliche Ideen verwirklicht: die allgemeine Schulbildung (II 16) und die religiöse Toleranz (II 30 c).

In der Außenpolitik weiß Utopia seine Gegner dadurch zu schwächen, daß es ihre innerstaatlichen Zwistigkeiten schürt, unter den dort Herrschenden Zwietracht sät und so mit Mitteln des kalten Krieges den Waffengang zu vermeiden sucht (II 29 b).

b) Spätere Utopisten

More hatte ein Muster einer besseren Staatsverfassung entworfen, ein Staatsmodell, in dem sich bestimmte politische Hoffnungen und Wünsche erfüllen sollten. Sein Werk fand zahlreiche Nachfolger, so etwa in Johann Valentin Andreaes „Reipublicae christiano-politanae descriptio" (1619), Tommaso Campanellas „Civitas solis" (1623), Francis Bacons „Nova Atlantis" (1638), James Harringtons „The Commonwealth of Oceana" (1656), Denis Vairasses „L'histoire des Sevarambes" (1677/1679), Bernard de Fontenelles „La république des philosophes ou Histoire des Ajoiens" (1768), Charles Fouriers „Le nouveau monde industriel et sociétaire" (1829), Robert Owens „The Book of the New Moral World" (1836), Etienne Cabets „Voyage en Ikarie" (1840), Edward Bellamys „Looking backward 2000" (1887) und Theodor Hertzkas „Freiland" (1890).

In unseren Tagen findet sich aber der Einzelne zunehmend durch den Apparat des modernen Staates manipuliert. So erscheinen Modelle eines durchgeplanten Staates jetzt oft nicht mehr als Mittel, um politische und moralische Hoffnungen zu verwirkli-

chen, sondern als Werkzeuge der Bevormundung und Bedrük-
kung: So stellt sich Aldous Huxleys „Brave New World" (1932) als
ein System dar, das im Dienste allgemeiner, problemloser happi-
ness die Menschen genetisch und psychisch umfassend manipuliert. George Orwells Buch „1984" (1949) entwirft das Bild eines
totalitären Ordnungsstaates, der die Gewaltunterworfenen in allen
Lebensbereichen dirigiert, überwacht und unterdrückt.

Unter den Älteren ist vor allem *Campanella* (1568–1639) bekannt geworden. Auch in seinem „Sonnenstaat" ist alles Gemeinbesitz, auch die Wohnungen, die in sechsmonatigem Turnus gewechselt werden, die Frauen und die Kinder. Dem liegt die
Überzeugung zugrunde, daß Eigentum und eigene Familie die
Wurzeln der Selbstsucht sind. „Denn um den Sohn zu Reichtum
und Würden zu bringen und ihn als Erben eines großen Vermögens zu hinterlassen, werden wir alle zu Räubern am Gemeinwesen; geben uns Herkunft und Reichtum Macht, dann legen wir alle
Rücksicht und Scheu ab; sind wir aber gering an Kräften, Vermögen und Herkommen, so werden wir geizig, hinterhältig und zu
Heuchlern. Geben wir aber die Selbstsucht auf, so bleibt bloß noch
die Liebe zur Gemeinschaft übrig" (Civitas solis, 4).

In Campanellas Sonnenstaat werden alle von klein auf gemeinsam in allen Künsten und Fertigkeiten ausgebildet (C.s., 6). Die
sieben Mauerringe der Stadt sind auf beiden Seiten mit Illustra-
tionen zu den verschiedenen Wissenschaften und Künsten ge-
schmückt (C.s., 3): Die ganze Stadt ist ein Bilderlexikon im Dienste der Volksbildung. – Auch im Sonnenstaat gibt es Gemein-
schaftsverpflegung und Vorlesungen während des Essens und –
„die Amtsträger erhalten eine größere und besser zubereitete Por-
tion" (C.s., 11). – Wie bei Platon, finden wir auch in Campanellas
Staat eine starke Betonung der Eugenik, durch die ein gesunder,
schöner, tüchtiger Menschenschlag gezüchtet werden soll. Immer
wieder schwebt ein verhaltenes Gelächter über den Vorschlägen
Campanellas: Große und schöne Frauen werden mit großen und
tüchtigen Männern gekreuzt, dicke Frauen mit mageren Männern
und schlanke Frauen mit wohlbeleibten Männern, um einen Ausgleich zu schaffen. Priesterbeamte und Gelehrte, deren Triebe

durch vieles Nachdenken verkümmert sind, erhalten besonders lebhafte Frauen zugeteilt, die energischen und jähzornigen Männer hingegen bekommen „fette Frauen von sanften Sitten" (C. s., 13, 15).

In anderer Hinsicht ist das Modell *Bacons* (1561–1626) bemerkenswert. Bei More und Campanella waren die Neuordnung der Besitzverhältnisse und die neue Sozialmoral die Hauptpunkte des utopischen Sozialmodells. Die hervorstechende Eigenart in Bacons Entwurf ist die herausragende Rolle einer Elite von Forschern und Wissenschaftlern – man würde heute sagen: von Technokraten – die die Kräfte und Mittel der Natur zu erschließen und in den Dienst der Gemeinschaft zu stellen haben (Nova Atlantis, IV 3).

Harrington (1611–1677) führte den Gedanken ein, daß sich die Verteilung der politischen Macht nach der Verteilung des Besitzes bemesse; diese sei insbesondere die Grundlage der Regierungsform. Wer stabile politische Verhältnisse will, braucht also eine ausgewogene und dadurch stabile Besitzverteilung: Das Hauptgewicht des Volksvermögens solle beim Volke liegen. Eine sich heraushebende vermögendere Schicht dürfe insgesamt nur den kleineren Teil des gesamten Volksvermögens besitzen (The Commonwealth of Oceana, 1656, Works 1771, S. 37 f., 123 ff.). Die Stabilität der Vermögensverteilung solle gesetzlich gesichert werden (S. 95, 99). – Wie einerseits die Vermögensverhältnisse, so sollten andererseits auch die staatlichen Befugnisse in einer ausgewogenen Ordnung stehen: Am Erlaß von Gesetzen sollten der Senat und das Volk beteiligt sein; jener sollte sie vorschlagen, dieses sie beschließen. Der Vollzug sollte bei einem Magistrat liegen. In einem solchen System würden das aristokratische Element durch den Senat, das demokratische durch das Volk und das monarchische durch den Magistrat vertreten sein (S. 44 ff.). – Dieses Sozialmodell sollte also seine Funktionsfähigkeit, Kontrolliertheit und Stabilität durch die Ausgewogenheit und das Wechselspiel oligarchischer und demokratischer Elemente empfangen.

11. Die Staatsgewalt als technisches Problem
(Machiavelli)

Der Florentiner Jurist, Historiker, Staatsmann und Diplomat Niccolò Machiavelli (1469–1527) repräsentiert einen ganz anderen Zug der Renaissance: den Wirklichkeitssinn, der sich von der Theologie emanzipiert hat und aus der lebendigen Erfahrung heraus die Dinge so darstellen will, wie sie sind. So denkt Machiavelli die Politik in Kategorien der Macht und erweist sich darin als geistiger Nachfahre des Thukydides (Geschichte des Peloponnesischen Krieges, I 76, V 85 ff.).

Machiavellis Betrachtungsweise ist wohl durch seine Erfahrungen mitbestimmt, die er als hoher florentinischer Beamter in den Intrigen und Machtkämpfen der italienischen Stadtstaaten sammeln konnte. Zuvor hatte er die Vertreibung der Medici erlebt und die Zeit Savonarolas, der wie ein Prophet gegen die Sittenlosigkeit seiner Zeit losfahren wollte, aber am Schluß auf dem Scheiterhaufen endete, als Prophet ohne Waffen, wie Machiavelli die Tragik Savonarolas in sachlicher Kürze umreißt (Principe, Kap. 6). Im Jahre 1498 wird Machiavelli der Sekretär der Zweiten Kanzlei. Vierzehn Jahre später, nach der Rückkehr der Medici, verliert er Amt und Würden und bekommt so die unfreiwillige Muße, sein Buch über den Fürsten (Il Principe, 1513) und seine Discorsi über die ersten zehn Bücher des Titus Livius (1522) zu schreiben.

a) Der Denkstil Machiavellis

Wissenschaftsgeschichtlich bemerkenswert ist Machiavellis Werk vor allem dadurch, daß er die Frage nach den machtpolitischen Realitäten von den theologischen und naturrechtlichen Problemen loslöst. Es interessiert ihn der schlichte Zusammenhang zwischen Ursache und Wirkung in der Politik. Das Blickfeld beschränkt sich auf bestimmte Kausalzusammenhänge der politischen Wirklichkeit. Darin kündigt sich der Denkstil des beginnenden naturwissenschaftlichen Zeitalters an. Auch Galilei bediente sich bald darauf einer isolierenden Betrachtungsweise, löste mit seiner experimentellen Methode einzelne Naturvorgänge aus der Verflochtenheit des Ganzen heraus und deckte einzelne naturgesetzliche Zusammenhänge auf.

Freilich liefert Machiavelli noch keine wissenschaftstheoretische Begründung seiner Denkweise. Mehr historisch-politisch als philosophisch interessiert, ist er weit davon entfernt, erkenntniskritische Überlegungen (wie sie dem modernen Positivismus zugrunde liegen) oder ein methodisches Prinzip (wie es Max Webers Gedanke einer wertfreien Wissenschaft ist) zum Ausgangspunkt seiner Untersuchungen zu machen. Formulierungen von methodischem, programmatischem Gehalt stehen wie Aphorismen am Wege der konkreten historisch-politischen Betrachtungen Machiavellis.

Das trifft auch für jene berühmten Sätze aus dem 15. Kapitel des Principe zu, die am ehesten als Programm einer Politik als Wirklichkeitswissenschaft gelten dürfen: „Da ich vorhabe, etwas Nützliches für jene zu schreiben, die etwas verstehen, so schien es mir richtiger, die Wahrheit so darzustellen, wie sie sich in der Wirklichkeit findet, und nicht Wunschvorstellungen zu folgen; viele haben sich Republiken und Fürstentümer ausgedacht, die es in Wirklichkeit nie gegeben hat; es besteht aber ein großer Unterschied zwischen dem, was wirklich geschieht, und dem was geschehen sollte, so daß jemand, der die Wirklichkeit vernachlässigt und sich nur nach dem richtet, was geschehen soll, eher an seinem Untergang als an seiner Erhaltung arbeitet. Wer in allen Dingen nach der Moral handeln will, muß unter so vielen anderen, die sich nicht nach ihr richten, zugrunde gehen. Ein Herrscher, der sich behaupten will, muß daher auch verstehen, außerhalb der Moral zu handeln und das Gute zu tun und zu lassen, wie es die Umstände erfordern."

Schon das historische Interesse Machiavellis zieht den Blick auf die schlichten Tatsachen. Freilich will Machiavelli nicht bloß chronologisch darstellen, wie die Dinge waren; sondern er studiert Geschichte in pragmatischer Absicht. Ihn interessieren die Lehren der Geschichte (Discorsi, I, Präfatio), die aus regelmäßigen, typischen

Geschehensabläufen zu ziehen sind. Dieses Programm wird, ebenfalls beiläufig, eindrücklich formuliert: „Betrachten wir die neuen und die alten Ereignisse, so erkennen wir unschwer, daß in allen Städten und Völkern seit je die gleichen Wünsche und Stimmungen herrschten. Wer also sorgfältig die Vergangenheit untersucht, kann leicht das zukünftige Geschehen in jedem Staate vorhersehen und die selben Mittel gebrauchen, die von den Alten benützt wurden, oder kann, wenn er sie nicht angewandt findet, aus der Ähnlichkeit der Geschehnisse neue Mittel ersinnen" (Discorsi, I 39). Verständige Leute wissen, „daß jemand, der Künftiges voraussehen will, auf die Vergangenheit achten muß; denn alle Geschehnisse in der Welt haben eine Entsprechung in früheren Ereignissen" (Discorsi, III 43).

Der wissenschaftliche Stil Machiavellis ist also gerade auch durch die pragmatische, technische Fragestellung geprägt, die ihm als sachverständigem Berater florentinischer Politik geläufig war: Man setzt politische Zwecke als gegeben voraus und untersucht, mit welchen Mitteln man sie erreichen kann. In dieser Weise forschte Machiavelli vor allem nach „den Mitteln, mit denen man versucht hat, (die Herrschaft) zu erwerben und zu erhalten" (Principe, Kap. 12). Die Legitimität der politischen Zwecke selbst blieb also außer Betracht. Es ging einfach darum, welche Mittel geeignet seien, einen vorausgesetzten Zweck zu erreichen. Damit gewann man ein Untersuchungsfeld, das einer wissenschaftlichen Bearbeitung zugänglich war. Noch Max Weber hat die Fragestellung in dieser Weise beschränkt, um die Wissenschaftlichkeit soziologischer Aussagen zu sichern – freilich um den Preis, daß damit nur ein Teilaspekt des politischen Geschehens und Handelns erfaßt wird (s. u. Kap. 18 c).

Die Feststellung, daß gewisse Ursachen zu bestimmten Folgen führen, läßt sich also von der Frage trennen, ob diese Folgen selber erstrebenswert seien. Diese Abtrennbarkeit wird besonders eindrucksvoll an einer Stelle der Discorsi (I 40): Machiavelli erklärt hier gewisse Erfahrungen für bedeutsam „sowohl für die, welche die Freiheit einer Republik erhalten wollen, als auch für jene, die sie unterdrücken möchten". Und im folgenden Kapitel dient ihm das Prädikat „gut" dazu, die bloße technische Zweckmäßigkeit zu bezeichnen; er schreibt hier nämlich über Appius Claudius: „Seine Schlauheit bei der Täuschung der Plebejer, als er den Volksfreund spielte, war gut; gut waren auch die Mittel zur Wiederwahl der Decemvirn und die Kühnheit, sich dabei wider Erwarten des Adels selbst zu präsentieren; gut war es endlich, sich Amtsgenossen auszusuchen, wie er sie brauchte. Aber nicht mehr gut war es, daß er nach alldem mit einem Schlage sein Wesen änderte und vom Freund des Volkes zu seinem Feinde wurde, sich übermütig statt leutselig, unfreundlich statt nachgiebig gab und das so schnell tat, daß jeder die Falschheit seines Charakters erkennen mußte." Nicht, daß er das Volk täuschte, sondern daß er die Falschheit seines Charakters erkennen ließ, kreidet ihm Machiavelli an.

So schält sich bei Machiavelli ein Denkstil heraus, der als frühes Modell einer „Politik als Wirklichkeitswissenschaft" gelten kann.

Allerdings war Machiavelli kein ausgesprochen systematischer Kopf; so passen seine Untersuchungen nicht durchwegs über den Leisten der Methodeneinheit und Methodenreinheit. Die sprachgewaltige politische Zielsetzung, in die das Buch vom Fürsten ausmündet, das Leitbild nationaler Freiheit, Macht und Größe, die allenthalben in den Discorsi unreflektiert und in großer Selbstverständlichkeit als Herrschaftszwecke fungieren, oder gelegentliche moralische Erwägungen (vgl. etwa Discorsi, III 40) reichen hinüber in die Problematik der politischen Ziele selbst und der Legitimität politischen Handelns.

Soweit Machiavelli seiner politisch-technischen Fragestellung treu bleibt, muß selbstverständlich auch die Religion unter dem Aspekt der Staatsräson erscheinen. Die Geschichte lehrt, „wie sehr die Religion zum Gehorsam im Heere, zur Eintracht im Volke, zur Erhaltung der Sittlichkeit und zur Beschämung der Bösen beitrug". „Ein kluger Mann erkennt vieles, was richtig ist; aber die Gründe dafür sind nicht so offenkundig, daß man andere davon überzeugen könnte. Darum nehmen weise Männer ihre Zuflucht zu Gott, so Lykurg, so Solon und viele andere" (Discorsi, I 11). Auch um ihren Heeren „Zutrauen einzuflößen, bedienten sich die Römer der Religion. Deshalb wurden bei der Wahl der Konsuln, bei der

Aushebung und dem Ausmarsch der Heere und vor der Schlacht Augurien und Auspizien angestellt" (Discorsi, III 33). Der Staatsräson ist dabei aber voll genügt, wenn klüglich der bloße Schein der Religionstreue gewahrt wird (Discorsi, I 14).

In ähnlicher Weise hatte schon Kritias den Götterglauben für eine Erfindung kluger Männer erklärt (Diels/Kranz, 88 B 25). Ebenso pragmatisch stand Polybios der Religion gegenüber: Die Götterfurcht halte das Gemeinwesen zusammen. Wäre „es möglich, einen Staat nur aus verständigen Männern zu bilden, so wären solche Mittel wohl nicht nötig. Weil aber die Menge stets leichtfertig und voller gesetzwidriger Begierden ist, zu sinnloser Wut neigt und zu Leidenschaften, die sich in Gewalttaten entladen, bleibt nichts anderes übrig, als sie durch dunkle Angstvorstellungen und gut erfundene Mythen im Zaum zu halten" (Historien, VI 56). Ähnlich sah später der älter werdende Voltaire die Rolle der Religion, auf deren soziale Kontrolle er ungern verzichten wollte, weil die Gesetze nicht über verborgene, sondern nur über bekanntwerdende Verbrechen wachen könnten. So sei der Glaube an einen Gott, der gute Handlungen belohnt, schlechte bestraft und leichte Vergehen verzeiht, für die Menschheit sehr nützlich (Histoire de Jenni, 1769, Kap. XI). Kürzer sagt es Ovid: „Expedit esse deos, et ut expedit esse putemus" (Ars amatoria, I Vers 635).

b) Das Menschenbild

Eine bleibende Grundlage für die Klugheitsregeln der Politik bildet die menschliche Natur. Denn die historischen Ereignisse werden „von Menschen bewirkt, die immer die gleichen Leidenschaften besitzen und besaßen, so daß auch immer das gleiche herauskommen muß" (Discorsi, III 43). Diese menschliche Natur schätzt Machiavelli, wie später Thomas Hobbes, recht pessimistisch ein. Wie die Geschichte lehrt, müssen Staatenlenker und Gesetzgeber „davon ausgehen, daß alle Menschen böse sind und immer ihrer bösen Gemütsart folgen, wenn sie Gelegenheit dazu haben"; „die Menschen tun nur aus Not etwas Gutes" (Discorsi, I 3; ähnlich Principe, Kap. 23). „Im allgemeinen kann man von den

Menschen sagen, daß sie undankbar, wankelmütig, heuchlerisch, feige in Gefahr und auf ihren Vorteil bedacht sind" (Principe, Kap. 17).

Freilich läßt Machiavelli auch hier die Konsequenz des Systematikers vermissen. Bei Bedarf wird die menschliche Natur in gefälligerem Kolorit dargestellt. So erscheinen andernorts Liebe und Furcht als die Haupttriebe, von denen die Menschen beherrscht werden. „Man erlangt also die gleiche Gewalt über sie, ob man nun ihre Liebe gewinnt oder ihnen Furcht einflößt. Wer gefürchtet wird, findet freilich meist größeren Gehorsam, als jemand, der Zuneigung gewinnt" (Discorsi, III 21). Sicherer ist es, so bekräftigt er noch einmal, gefürchtet als geliebt zu sein; denn die Zuneigung beruht auf dem Band der Dankbarkeit, das wegen der Minderwertigkeit der menschlichen Natur aber reißt, sobald der Eigennutz mit der Dankbarkeit in Konflikt gerät, während die Furcht vor Strafe bestehen bleibt (Principe, Kap. 17).

Auch über die Urteilsfähigkeit und die Beeinflußbarkeit der Menschen ist wenig Gutes zu berichten: Diese sind einfältig und hängen von den Nöten des Augenblicks ab. „Der große Haufen hält sich stets an den Schein und an den Erfolg. Die Welt aber ist voll von Pöbel, und die wenigen, die klüger sind, kommen nur dort zu Worte, wo dem großen Haufen, der in sich selbst keinen Halt hat, ein äußerer Rückhalt fehlt" (Principe, Kap. 18; vgl. auch Discorsi, III 35). Auf diese Erfahrungstatsache der menschlichen Natur hat sich das politische Handeln also einzustellen.

c) Der Herrscher

Auch Machiavellis Richtlinien für den Herrscher stehen unter der nüchternen Prämisse: Ich beschreibe nicht ein Wunschbild vom Herrscher, sondern seine Wirklichkeit (Principe, Kap. 15). Da man aber gemeinhin die Handlungen der Menschen, besonders diejenigen der Staatsmänner nach ihrem Ausgang beurteilt, so muß der Herrscher nur danach trachten, „sein Leben und seine Herrschaft zu erhalten: Die Mittel, die er hierzu gebraucht, werden dann immer für ehrenvoll gelten und von jedem gelobt werden" (Principe, Kap. 18).

Machiavelli stellt, wenn auch mit leichtem Bedauern fest, daß der Erfolg des Staatsmannes nicht immer der Preis der Tugend ist. Wer also wie ein Apostel leben will, soll lieber die Finger von der Politik lassen. „Jeder weiß, daß es lobenswert ist, wenn ein Fürst sein Wort hält, rechtschaffen lebt und keine List gebraucht. Doch die Erfahrung unserer Tage lehrt, daß gerade jene Fürsten viel ausgerichtet haben, die es mit Treu und Glauben nicht so genau nahmen und andere mit List betörten, und daß sie es waren, die schließlich über die anderen, die Redlichen, die Oberhand gewannen" (aaO.).

„Ein Fürst muß also den Menschen und die Bestie spielen können." Er muß ein Fuchs sein und braucht zugleich etwas von der Art des Löwen; „denn der Löwe tappt in die Schlingen, und der Fuchs fällt dem Wolf zum Opfer. Also muß er wie ein Fuchs die Schlingen merken und wie ein Löwe die Wölfe schrecken. Jene, die nur den Löwen spielen wollen, verstehen ihre Sache schlecht. Ein kluger Fürst darf sein Wort nicht halten, wenn das sein Nachteil wäre und wenn die Gründe, aus denen er es einst gegeben hat, nicht mehr bestehen. Dieser Rat würde nicht gelten, wenn alle Menschen gut wären. Weil sie aber nicht viel taugen und ihr eigenes Wort dir selber nicht halten, so brauchst auch du ihnen nicht Wort zu halten; und einem Fürsten wird nie ein Vorwand fehlen, den Wortbruch zu beschönigen. Dafür könnte man viele neuere Beispiele anführen und könnte zeigen, wie viele Friedensschlüsse und Zusicherungen durch die Treulosigkeit der Fürsten zunichte wurden und wie jener, der den Fuchs am besten spielt, stets auch am weitesten kommt ... Die Menschen sind so einfältig und so sehr dem Drucke des Augenblicks hörig, daß einer, der sie betrügen will, immer jemanden findet, der sich betrügen läßt." Die Erfahrung zeigt also, „daß es recht nachteilig ist, immer redlich zu sein; aber fromm, treu, menschlich, gottesfürchtig, redlich zu scheinen, das ist sehr nützlich." „Ein Fürst, besonders aber ein neuer Fürst, kann also nicht immer das beachten, was für andere Leute als gut und richtig gilt; will er seinen Platz behaupten, dann muß er oft Treue, Menschenliebe, Menschlichkeit und Religion verletzen. Er muß sich also zu wenden verstehen, wie der Wind und das wechselnde Glück es verlangen; auf dem geraden Weg soll er bleiben, wenn immer es möglich ist, aber den krummen Weg gehen, wenn es notwendig wird." Den Schein der Tugend aber muß er immer wahren. „Alles, was von ihm herkommt, muß von Mitgefühl, Treue, Menschlichkeit, Redlichkeit und Frömmigkeit zeugen. Nichts aber ist nötiger als der Schein der Frömmigkeit . . . Jeder sieht was du zu sein scheinst; wenige erkennen, wie du in Wirklichkeit bist, und diese wenigen wagen es nicht, dem großen Haufen zu widersprechen" (aaO.).

Um Machiavelli hier recht zu verstehen, muß man noch ein Wort aus den Discorsi (I 9) hinzunehmen: Kein Verständiger wird eine Tat mißbilligen, die die Ordnung durchbricht, wenn sie begangen wurde, „um ein Reich zu gründen oder eine Republik zu errichten. Spricht die Tat gegen ihn, so muß der Erfolg ihn freisprechen, und ist dieser gut, wie bei Romulus, so wird er ihn für immer entschuldigen. Tadel verdient nicht, wer Gewalt braucht, um aufzubauen, sondern wer sie übt, um einzureißen." Das ist nicht der Geist eines skrupellosen Revoluzzers, sondern der Geist eines Philipp von Mazedonien, eines Caesar, eines Friedrich des Großen, der einen Antimachiavell zwar geschrieben, aber keineswegs vorgelebt hat. Als dieser Friedrich im Jahre 1742 das erste Vorwort zu seinen Denkwürdigkeiten schreibt, fließen ihm die Worte in die Feder: „Ich lege einfach die Gründe dar, die, wie ich meine, jeden Fürsten zwingen, sich der Praxis anzuschließen, die den Betrug und die Ausnützung der Macht autorisiert; ich sage es frei heraus: Seine Nachbarn würden seine Rechtschaffenheit bloß ausbeuten, und ein falsches Vorurteil und eine falsche Meinung würden seine Tugend als Schwäche auslegen. Solche und andere reiflich erwogene Gedanken haben mich bestimmt, dem Brauch der Fürsten zu folgen."

12. Die Staatsgewalt als Ordnungsmacht (Hobbes)

a) Wegbereitende Erwägungen Bodins

Der zeitgeschichtlich bedingte Grundgedanke der Hobbesschen Staatsphilosophie ist die Forderung, Rechtsfrieden und Ordnung durch eine konsolidierte Staatsgewalt herzustellen.

Mit dieser Idee war der französische Jurist Jean Bodin (1530–1596) vorausgegangen. Schon er hatte die Souveränität zum Wesensmerkmal des Staates erklärt (Six livres de la république, 1576, I Kap. 1). Dies war teils Fazit der historischen Entwicklung, teils Postulat: In der Vergangenheit hatte sich das französische Königtum von den Oberherrschaftsansprüchen des Kaisers und des Papstes freigestellt, andererseits vereinigte sich im Lande selbst die öffentliche Gewalt zunehmend in der Hand des Königs. Eine kritische Phase dieses Konsolidierungsprozesses erlebte Bodin selber noch in den Hugenottenkriegen. So mochte damals der Souveränitätsgedanke in besonderem Maße als Programm innerstaatlicher Ordnung verstanden werden.

Der Angelpunkt der souveränen Gewalt sollte in dem Recht liegen, „allen Untertanen ohne deren Zustimmung Gesetze aufzuerlegen" (I Kap. 8). Hierdurch wurden die Einzelrechte, in welche die mittelalterliche Hoheitsgewalt zersplittert war, zu einer einzigen, maßgebenden Kompetenz zusammengefaßt: „Diese Gewalt, Gesetze zu erlassen oder aufzuheben, umfaßt zugleich alle anderen Rechte und Kennzeichen der Souveränität, so daß es streng genommen nur dieses eine Merkmal der Souveränität gibt. Alle anderen Souveränitätsrechte sind darunter subsumierbar: die Entscheidung über Krieg und Frieden, das Recht zu letztinstanzlicher Entscheidung, das Ernennungs- und Absetzungsrecht für die obersten Beamten" usw. (I Kap. 10).

Diese zentrale Regelungsgewalt sollte absolut sein, d.h. unabhängig von äußeren und innerstaatlichen Mächten, insbesondere unabhängig von Kaiser und Papst. Die Regelungsbefugnis sollte nämlich ausschließlich solchen Schranken unterliegen, die sich aus den Geboten Gottes, den natürlichen Gesetzen und (so wird später hinzugefügt) aus gewissen allgemeinen Rechtsgrundsätzen („plusieurs loix humaines, communes à tous peuples") ergeben. Die Unabhängigkeit von innerstaatlichen Mächten zeigte sich in dem Recht, „allen Untertanen ohne deren Zustimmung" Gesetze zu geben, und, zugeschnitten auf die absolute Monarchie, in dem Satz: „Alle Stände sind dem König untertan, der weder ihren Rat sucht, noch sich nach ihrem Willen richtet". Auch durch seine eigenen Gesetze könne der Souverän sich seiner Entscheidungsfreiheit für die Zukunft nicht berauben (I Kap. 8). Der Ordnungs- und Befriedungsfunktion der Souveränität entsprach es, daß Bodin sie nicht nur als absolute, sondern auch als perpetuierliche Gewalt bestimmte (aaO.), gegen die auch kein aktives Widerstandsrecht zulässig sei (II Kap. 5).

Vom Begriff einer zentralen, höchsten Entscheidungsgewalt ausgehend, behauptete Bodin die Unteilbarkeit der Souveränität und bestritt die Möglichkeit gemischter Verfassungen. Wer einen „imperii socium" habe, entbehre der höchsten Gewalt (I Kap. 10). Es gebe demnach nur folgende Möglichkeiten: „Wenn die Souveränität bei einem Fürsten allein liegt, sprechen wir von einer Monarchie; hat das ganze Volk an ihr teil, nennen wir diesen Staat eine Demokratie; verfügt nur ein Teil dieses Volkes darüber, wird der Staat als Aristokratie bezeichnet" (II Kap. 1). Aber es regen sich Zweifel: Hat nicht auch der einzelne Bürger einer Demokratie „imperii socios"? Entsprechendes gilt für die einzelnen Machthaber einer Aristokratie. Bodin meinte, man könne sich wohl in diesen Fällen „als Träger der Souveränität auch eine Körperschaft aus mehreren Aristokraten oder aus dem Volk vorstellen"; allerdings fehle dann „doch ein Oberhaupt mit souveräner Gewalt, um alle miteinander zu einen". Die einzig konsequente Lösung scheint klar zu sein: „Das hervorstechende Merkmal des Staates, das Souveränitätsrecht, kann es im strengen Sinne nur in einer Monarchie geben, denn niemand als nur ein einziger kann im Staat souverän sein" (VI Kap. 4).

Das Problem, wie ein demokratischer Staat möglich sei, war so nicht lösbar. Hierzu mußte man den von Bodin nur halbherzig angedeuteten Korporationsgedanken weiterdenken, um schließlich zu dem Ergebnis zu gelangen, daß Inhaber der Souveränität – nicht nur in der Demokratie, sondern grundsätzlich in jedem Staate – dieser selbst, d. h. die rechtlich „organisierte Macht- und Wirkungseinheit" (Heller) als solche ist.

b) Homo homini lupus

Für Thomas Hobbes (1588–1679) bildeten die kriegerischen Auseinandersetzungen zwischen dem englischen Parlament und der englischen Krone den historischen Hintergrund seiner Staatstheorie, die Rechtsfrieden und innerstaatliche Ordnung für die Hauptzwecke des Staates hielt.

Schon in jungen Jahren kam Hobbes in geistige Berührung mit Francis Bacon, dem philosophischen Begründer des modernen Empirismus. Er übersetzte den Thukydides, befaßte sich mit Mathematik, vor allem mit der Geometrie Euklids, interessierte sich für die Methode Galileis, dem er auf einer seiner ausgedehnten Reisen auch persönlich begegnete, und teilte die empirische Grundeinstellung der modernen Naturwissenschaft.

Von dieser war auch seine methodische Konzeption angeregt. Er wollte in Gedanken die sozialen Erscheinungen in ihre Elemente zerlegen und eine Mechanik des Staates und des Rechts darauf aufbauen: „Denn aus den Elementen, aus denen eine Sache sich bildet, wird sie auch am besten erkannt. Schon bei einer Uhr, die sich selbst bewegt, und bei jeder etwas verwickelten Maschine kann man die Wirksamkeit der einzelnen Teile und Räder nicht verstehen, wenn sie nicht auseinandergenommen werden und die Materie, die Gestalt und die Bewegung jedes Teiles für sich betrachtet wird. Ebenso muß bei der Ermittlung des Rechtes des Staates und der Pflichten der Bürger der Staat zwar nicht aufgelöst, aber doch gleichsam als aufgelöst betrachtet werden, d. h. es muß richtig erkannt werden, wie die menschliche Natur geartet ist, wie weit sie zur Bildung des Staates geeignet ist oder nicht, und wie die Menschen sich zusammentun müssen, wenn sie eine Einheit werden wollen" (De cive, 1642, Vorwort). So führt die analytische Betrachtung auf die Frage nach der anthropologischen Grundlage jeder Gemeinschaft.

Das Grundelement jeder Gemeinschaft sind die Menschen. Nach deren Naturanlage wird sich die Struktur des Staates bemessen. Um diese natürliche Anlage der Menschen aufzudecken, stellt Hobbes ein Gedankenexperiment an: Er nimmt an, daß die Staatsgewalt aufgehoben sei. In einem solchen, nur hypothetisch gemeinten Zustand kämen die natürlichen Grundanlagen des Menschen vollends zum Vorschein: nämlich die Eigennützigkeit und die Furcht. Die nicht lange zurückliegenden Hugenottenkriege in Frankreich und der Bürgerkrieg, der seit 1618 Deutschland verwüstete, mochten ihm als Lehrstücke zu dieser Ansicht dienen. Auch das Erlebnis der englischen Verfassungswirren – Hobbes selbst hatte sich beim Parlament mißliebig gemacht und floh 1640 nach Frankreich – mochte ihn darin bestärken, daß der Mensch von diesen zwei Antrieben beherrscht sei. Es zeigt sich, „daß der Zustand der Menschen außerhalb der bürgerlichen Gesellschaft (den ich den Naturzustand nennen möchte) nur der Krieg aller gegen alle ist, und daß in diesem Kriege alle ein Recht auf alles haben" (De cive, Vorwort und Kap. I 12). In diesem Naturzustand ist der Mensch dem Menschen ein wildes Tier; homo homini lupus (De cive, Widmung).

Das sagt Hobbes nicht mit erhobenem Zeigefinger, nicht als Moralist. Es sei einfach eine Tatsache, daß auch der Mensch zu den Lebewesen gehört, die einerseits „alles, was ihnen gefällt, sogleich begehren" und andererseits danach trachten, „drohenden Übeln in Furcht zu entfliehen oder sie im Zorn von sich abzuwehren" (De cive, Vorwort).

Auch die tägliche Erfahrung bestätige dieses Menschenbild: „Wir sehen, daß alle Staaten, selbst wenn sie mit ihren Nachbarn Frieden haben, ihre Grenzen durch militärische Besatzungen oder ihre Städte durch Mauern, Tore und Wächter sichern. Wozu geschähe das, wenn sie die Nachbarn nicht fürchteten? Selbst in den Staaten, in denen Gesetze bestehen und Übeltätern Strafen drohen, gehen die Bürger nicht auf Reisen, ohne Waffen zu ihrer Verteidigung mitzunehmen, und begeben sich nicht zur Ruhe, bevor sie die Türen gegen ihre Mitbürger und die Kisten und Kasten gegen ihre Hausgenossen verschlossen haben. Können wohl die Menschen deutlicher zeigen, daß sie einander, daß alle allen nicht trauen" (De cive, Vorwort; Leviathan, 1651, XIII)?

Die alte Theorie von der geselligen Natur des Menschen ist falsch. Auch die Gesellung sucht man aus Eigennutz. Schließt man sich zum Handel zusammen, so will man dadurch nicht für den Genossen, sondern für sein eigenes Vermögen sorgen. Auch eine Amtsbruderschaft enthält mehr Eifersucht als Liebe und Wohlwollen. Und selbst im geistigen Verkehr sucht man die eigene eitle Ehre und das Vergnügen; hat man doch seine Freude dran, „jemanden zu finden, im Vergleich zu dem man sich selber hochschätzen kann"; in geselligen Zusammenkünften zieht man über die Abwesenden her, und auch die Teilnehmer werden nicht geschont, sobald sie zur Tür hinaus sind. „Somit wird jede Verbindung nur des Vorteils oder des Ruhmes wegen, d.h. aus Liebe zu sich selbst und nicht aus Liebe zu den Genossen eingegangen" (De cive, I 2, 5).

Shaftesbury hat bald darauf eingewandt, daß Hobbes aus der Fülle der menschlichen Affekte nur einen Teil ausgewählt habe. Zum Beispiel seien Mitleid, Mitfreude und Wohlwollen Affekte von gleicher Ursprünglichkeit wie die Selbstsucht und die Furcht. Wenn aber Hobbes die menschliche Natur zu einseitig gesehen hätte, wäre auch das darauf gegründete Staatsmodell mit Vorsicht zu betrachten.

Die spätere Soziologie hat auch am „methodologischen Individualismus" grundsätzliche Kritik geübt. Diese richtet sich gegen alle Versuche, soziale Erscheinungen dadurch zu begreifen, daß man sie aus isolierten Individuen konstruiert. Der Mensch sei von vornherein als ein gruppengebundenes Wesen zu begreifen. Jede Zurückführung geschichtlich-sozialen Geschehens auf das Handeln isoliert vorgestellter Individuen führe zu einem verzerrten Bild. Vor allem habe die Frage nach dem Menschen diesen nicht nur als Natur-, sondern auch als Kulturwesen ins Auge zu fassen (Kap. 18 d, 19 c).

c) Der Staat

Im natürlichen Zustand hat jeder das verlockende „Recht auf alles". Jeder, der die Macht dazu hat, kann alles tun, was er will und gegen wen er will. Die Kehrseite ist, daß auch er kein geschütztes Recht und keine gesicherte Freiheit gegen die Übergriffe der anderen hat. Unter diesen Verhältnissen würde kaum einer alt werden und eines natürlichen Todes sterben. Das Leben wäre friedlos, roh und armselig. Schon das eigene Interesse drängt also die Menschen, jenen friedlosen Zustand zu verlassen (De cive, I 10 ff.). Das aber ist nur möglich um den Preis jener ungehemmten Freiheit. Hier schlägt Hobbes eines der großen Themen der Staatstheorie an: Es gilt, eine rechtlich gesicherte Ordnung zwischenmenschlicher Beziehungen einzutauschen gegen die Unbeschränktheit der individuellen Willkür.

Um eine solche Friedensordnung zu gewährleisten, genügt nicht die bloße Übereinstimmung oder irgendein Übereinkommen der Menschen. Vielmehr muß eine gemeinsame Macht begründet werden, „welche die Einzelnen durch Furcht vor Strafe leitet". „Verträge ohne das Schwert sind bloße Worte." Folglich müssen die Einzelnen ihren Willen dem Willen „eines Menschen oder einer Versammlung in der Weise unterwerfen, daß dieser Wille für den Willen aller Einzelnen gilt, soweit er über das bestimmt, was zum gemeinsamen Frieden notwendig ist". Ist eine Versammlung Träger dieser Zentralgewalt, so gilt als ihr Wille der Wille der Mehrheit. Jeder Bürger hat sein Recht auf Widerstand gegen diesen Inhaber der höchsten Gewalt aufgegeben. Dadurch hat dieser „eine so große Macht, daß er durch den Schrecken, der in ihr liegt, die Einzelnen zur Einheit und Einigkeit bestimmen kann". Die so gebildete Vereinigung ist der Staat, der große Leviathan (vgl. Hiob 40, 25 ff.; 41), der sterbliche Gott (s. zu all dem De cive, V 5 ff.; Leviathan, XVII).

Gewiß ist es kein Vergnügen, als Untertan von der Willkür und den Launen der Machthaber abzuhängen. Aber alles hat seinen Preis; und jene Unannehmlichkeit ist bei weitem das kleinere Übel im „Vergleich zu dem Elend und den Schrecken eines Bürgerkrieges oder der Bindungslosigkeit herrenloser Menschen ohne Gesetz und ohne eine Zwangsgewalt, die ihre Hand von Raub und Rache zurückhielte" (Leviathan, XVIII).

Trotz allem bleibt der Staat ein sterblicher Gott. In dem Maße, wie die Staatsgewalt sich auflöst und nicht mehr den Schutz und den Rechtsfrieden gewährleistet, um dessentwillen sie besteht, verliert sie auch den Anspruch auf Gehorsam (Leviathan, XXI). Der Staat ist krank, wenn seine Kraft schwindet, den Bürgern Schutz und Sicherheit zu geben.

d) Das Recht

Die Unentbehrlichkeit einer zentralen Ordnungsmacht läßt sich gerade auch am Problem von Recht und Gerechtigkeit demonstrieren. In einem Zeitalter religiöser Bürgerkriege, in dem man sich im Namen „ewiger Wahrheiten" und heiligster Güter den Schädel einschlug, mußten solche „Wahrheiten" an Kredit verlieren, zumal „keine Kriege heftiger geführt werden als die zwischen den verschiedenen Sekten einer Religion und zwischen den verschiedenen Parteien des Staates, wo nur über Glaubenssätze oder Fragen politischer Klugheit gestritten wird" (De cive, I 5). Die zwitterhaften Lehrsätze der Moralphilosophie werden zur Ursache des Streitens und Mordens. Um in dem Streit der Meinungen Ordnung und Frieden zu stiften, bedarf es der verbindlichen Entscheidung des Gesetzgebers darüber, was als Recht und Unrecht, als gut und böse zu gelten habe (De cive, Vorwort). „Auch wenn etwas von Natur aus vernünftig ist, wird es doch nur durch die Macht des Souveräns zum Gesetz" (Leviathan, XXVI); oder in der berühmten lateinischen Version (1668): „authoritas, non veritas, facit legem." Das Schwert muß den verworrenen Knoten lösen, den die Meinungen über Recht und Unrecht miteinander bilden.

Hier werden die Wurzeln des Gesetzespositivismus sichtbar: Eine davon ist der ethische Relativismus und Skeptizismus, der all denen mißtraut, die mit dem Anspruch auftreten, sie hätten die wahre Gerechtigkeit gepachtet. Dieser Anspruch verliert schon dadurch an Glaubwürdigkeit, daß andere von ihren abweichenden Gerechtigkeitsvorstellungen das gleiche behaupten. Die andere Wurzel des Positivismus ist das Bedürfnis nach Ordnung und Rechtssicherheit. Ordnung, Rechtsfrieden, Verläßlichkeit bilden eine wesentliche Grundlage jeder Gemeinschaft. Sie sichern dem Tätigen die Früchte seines Fleißes und schaffen eine Grundlage, auf der man für die Zukunft planen und disponieren kann. Wenn aber die bloße Gerechtigkeitserkenntnis nicht schon eine verläßliche Grundlage der Gemeinschaftsordnung bildet, wenn die Menschen immer wieder über Recht und Unrecht streiten, dann muß einer da sein, der um des Rechtsfriedens willen einfach bestimmt, was Rechtens ist. Damit der Rechtsfrieden gesichert ist, muß diese Entscheidung über Recht und Unrecht von der Autorität des Staates ausgehen; denn er hat die Macht, das, was er festsetzt, auch durchzusetzen.

Zur Souveränität gehört auch das Recht, „darüber Richter zu sein, welche Meinungen und Lehren dem Frieden abträglich sind". Eine gute Lenkung der menschlichen Handlungen, die Frieden und Eintracht bewirken soll, besteht zunächst einmal „in einer guten Lenkung der Meinungen" (Leviathan, XVIII). Auch über die rechte kirchliche Lehre hat nicht der Streit der Gelehrten oder das individuelle Gewissen Einzelner zu befinden; auch über sie ist kraft eines Amtes zu entscheiden. „Es bleibt nur übrig, daß als maßgebender Interpret ein Mensch gelte, dessen rechtmäßiges Amt es ist, entstandene Streitigkeiten durch Auslegung des Wortes Gottes in seinen Urteilssprüchen zu beenden; seiner Autorität hat man sich deshalb ebenso zu fügen wie der Autorität jener, welche die Heilige Schrift selbst uns zuerst als das Richtmaß des Glaubens empfohlen haben. Dieser Mensch muß der Interpret der Heiligen Schrift und zugleich der höchste Richter über alle Lehren sein" (De cive, XVII 18). Das erinnert an den Grundsatz der katholischen Kirche, die Entscheidungen über die rechte Lehre einer höchsten Instanz, nämlich dem Papst, anzuvertrauen; es erinnert auch an die marxistische Praxis, die politische Generallinie durch eine Zentralinstanz festzulegen. Auch hier spricht aus den Sätzen von Hobbes die Sorge, daß die Ordnung Schaden nehmen könnte, wenn jeder Einzelne sich die Befugnis zur Auslegung anmaßt und dadurch sich selber die höchsten Normen seines Handelns sucht.

Jedenfalls soviel hat Hobbes nachdrücklich zum Bewußtsein gebracht: daß im Staat ein starkes Element organisierter Herrschaft wirksam ist. Und doch läßt sich die Gemeinschaftsordnung nicht gänzlich auf die Entscheidungsgewalt einer obersten Autorität zurückführen. Um Bestand zu haben, muß die Gemeinschaftsordnung auch vom Konsens des überwiegenden Teiles der Gemeinschaft getragen sein, wie auch immer dieser „überwiegende Teil" abzugrenzen sein mag.

13. Die Idee der Demokratie

a) *Althusius*

In den germanischen Gemeinwesen war der Gedanke lebendig, daß Adel und Volkskönig von der Zustimmung und Gefolgschaft des Volkes getragen seien. Ein bescheidenes Reservat solcher demokratischen Vorstellungen erhielt sich noch in einigen mittelalterlichen Lehren vom Herrschaftsvertrag und vom Widerstandsrecht gegen den ungerechten Herrscher (Kap. 7 c). Auch Gedanken der Antike fanden Eingang in die Lehren von der Demokratie; nicht zuletzt war die Vorstellung des Marsilius, daß politische Herrschaft mit Willen und Zustimmung der Regierten geübt werden sollte (Kap. 8 b), von Aristoteles beeinflußt. Auch in der politischen Wirklichkeit des ausgehenden Mittelalters fanden sich Elemente demokratischer Ordnung. So führten die Zunftkämpfe des 14. Jahrhunderts in vielen Städten zu einer wenn auch unvollkommenen „Demokratisierung" der Stadtverfassungen. Um die gleiche Zeit wuchsen in der Schweiz aus alten Gerichtsversammlungen und Almendegenossenschaften von neuem demokratische Landsgemeinden heraus.

Zu Beginn der Neuzeit belebte dann Johannes Althusius (Althaus, 1557–1638) den Vertragsgedanken und die Vorstellung, daß die politische Gewalt bei einem – vielfältig gegliederten – Volk ruhe (die folgenden Zitate aus der Politica methodice digesta, 3. Auflage, 1614). Für diese Ideen mochte er in der Schweiz, in der er studiert hatte, ein Vorbild finden, ähnlich wie Calvin (für das kirchliche Gemeindeprinzip) und ebenso wie später Rousseau. Vor allem aber war er als Herborn-Nassauischer Professor und später als Emdener Ratssyndikus mit den Gedanken vertraut geworden, die den Abfall der Niederlande von Spanien begleiteten: den Ideen nämlich, daß die staatliche Autorität beim Volke und den Ständen liege, daß die Regierenden nur eine anvertraute Gewalt besäßen und daß grundlegende Bürgerfreiheiten zu achten seien, vor allem im Bereich der religiösen Gewissensüberzeugungen. Es waren Ideen, wie sie auch in den „Vermaninghe" Wilhelms von Oranien von 1572 und in der niederländischen „Unabhängigkeitserklärung" vom 26.7. 1581 zum Ausdruck kamen.

Die Natur drängt den Menschen zur Lebensgemeinschaft mit anderen; denn niemand ist von Geburt aus so ausgestattet, daß er für sich allein ein menschenwürdiges Dasein führen könnte (I 3 und 4). So schließen sich die Menschen durch ausdrückliches oder stillschweigendes Übereinkommen zusammen (I 2). Auf diese Weise bilden sich Ehen und Familien (II 14 und 37 f.), sodann die kirchlichen und weltlichen Genossenschaften, so z. B. die Zünfte von Handwerkern und Kaufleuten (IV 1 ff., 24, 30), ferner die politischen Gemeinden und Provinzen (V 1, 6–8, VII 1) und letzten Endes die umfassende staatliche Gemeinschaft (IX 1, 3, 5).

Anders als Bodin und Hobbes lehrt Althusius: Die Majestätsrechte kommen „der Lebensgemeinschaft der Gesamtheit zu". Er hält den Herrscher, dem das Volk die höchste Gewalt anvertraut, nur für deren „Verwalter, Geschäftsführer und Steuermann; für den Eigner und Nutznießer der Majestät aber niemand anderen als das gesamte Volk, das sich aus vielen kleineren Gemeinschaften zu einer Lebensgemeinschaft verbunden hat". Selbst wenn es wollte, könnte es sich dieser höchsten Gewalt nicht begeben, könnte sie nicht übertragen und veräußern (Vorrede; vgl. auch XIX 2). Diejenigen, die das Volk zur Herrschaft bestellt, repräsentieren „das gesamte Volk, das sie berufen hat" (XVIII 26). Ihnen wird „nur die

Macht übertragen, nach gerechten Gesetzen zu verwalten und zu regieren" (XVIII 28). Überschreiten sie die Schranken der ihnen verliehenen Macht, so „hören sie auf, im Dienste Gottes und der politischen Gesamtheit zu stehen; sie werden zu bloßen Privatleuten, denen niemand dort Gehorsam schuldet, wo sie ihre Befugnis überschreiten" (XVIII 41).

Die Amtsträger sollen durch Ephoren überwacht werden. Diese sind Hüter von Recht und Gerechtigkeit und vertreten im Namen des Volkes die Rechte der politischen Gesamtheit (XVIII 48 f.). Sie haben darauf zu achten, daß die von ihnen bestellte Regierung sich in den Grenzen ihrer anvertrauten Amtsgewalt hält, daß das Ganze keinen Schaden nimmt und seine Rechte nicht verletzt werden (XVIII 65). Zu diesem Zweck können sie auch gegen „ungerechte Beschlüsse der Regierung einschreiten" und sie abmildern oder suspendieren (XVIII 68). Einem Machtmißbrauch haben sie Widerstand zu leisten, einen Tyrannen abzusetzen (XVIII 63, 84 f.; XXXVIII). Ansonsten dürfen sie selber aber ohne die Zustimmung der Regierung keine Staatsgeschäfte (der umfassenden Gemeinschaft) führen (XVIII 81, 90). „Auch soll die Regierung Sorge tragen, daß keiner der Ephoren seine beschränkte Gewalt zum Verderben der ihm Unterstellten oder des Reiches mißbrauche." Diese gegenseitige „Korrektur, Aufsicht und Überwachung zwischen dem, der regiert, und ... den Ephoren" soll den Staat in guter Ordnung halten (XVIII 91). Schon hier ist also der Gedanke der Gewaltenkontrolle, wenigstens in seinem Grundprinzip, erfaßt. Dabei sind die eigentlichen Kontrollfunktionen der Ephoren denen eines modernen Verfassungsgerichts, als eines „Hüters der Verfassung", entfernt vergleichbar.

Althusius nimmt auch den Gedanken einer organischen Gliederung des politischen Gemeinwesens wieder auf (s. o. Kap. 3 a). Der Staat wird von vornherein nicht als homogene Masse einzelner Menschen gedacht, sondern als eine „symbiotische Universalgesellschaft"; diese solle sich aus politischen Gemeinden, Provinzen und Regionen bilden (IX 1, 3, 5), die ihrerseits aus Familien und kirchlichen und weltlichen Gemeinschaften bestünden (V 1, 8; VII 1). Diese „föderative" Struktur könne auch über die staatliche

Gemeinschaft hinausgreifen und zu lockeren oder engeren Konföderationen der Staaten führen (XVII 25 ff.). Das bietet die Möglichkeit, zu größeren Verbänden zu gelangen und trotzdem die einzelnen Staaten auf einer mittleren Größe zu halten, die für sie am besten ist (IX 11; vgl. Aristoteles, Politik, 1326 a, b; Montesquieu, De l'esprit des lois, IX 1).

John Locke hat den von Althusius formulierten Gedanken wieder aufgenommen, daß die höchste Gewalt des Staates beim Volke ruhe. Seine Repräsentanten übten nur eine anvertraute Macht aus und könnten daher abberufen werden, wenn sie das in sie gesetzte Vertrauen enttäuschen (Kap. 14 a). Auch in Montesquieus Staatstheorie findet sich als nun schon geläufige Vorstellung die Gedankenverbindung: Freiheit, Selbstregierung des Volkes, Betrauung von Repräsentanten durch das Volk (De l'esprit des lois, XI 6).

b) Spinoza

Auf einem anderen Wege, nämlich von den „Naturgegebenheiten" ausgehend, gelangte Baruch Spinoza (1632–1677) zu einem „demokratischen" Staatsmodell.

Er nimmt an, daß alles nach bestimmten Gesetzen der Natur geschehe. Diese Natur sei eine durchgöttlichte Ordnung (Ethik, 1677, I 15). Ja, Gott ist geradezu die Natur, „deus sive natura" (IV praef., IV 4). Alles natürliche Geschehen ist daher zugleich immanentes Wirken Gottes (I 18, 26). Dieses Wirken vollzieht sich gemäß der göttlichen Vollkommenheit in strenger Notwendigkeit (I 33). Die „allgemeinen Naturgesetze sind nichts anderes als Gottes Ratschlüsse, die aus der Notwendigkeit und Vollkommenheit der göttlichen Natur folgen" (Theologisch-politischer Traktat, 1670, VI). Wohl nehmen die Menschen an, daß es auch eine Zweckbestimmtheit der Naturvorgänge und eine Entscheidungsfreiheit gebe; das beruht aber nur darauf, daß ihre Erkenntnis der naturgesetzlichen Zusammenhänge Lücken hat, die sie mit ihrer Einbildung ausfüllen (Ethik, I Anhang).

Wenn Gott in allem Geschehen wirkt, so ist alles, was ist und geschieht, auch legitim. Daher akzeptiert Spinoza den Menschen so, wie er ist: „Da die Vernunft nichts gegen die Natur verlangt, fordert sie also selbst, daß jeder sich selber liebt, seinen Nutzen sucht, soweit es wahrhaft sein Nutzen ist, und daß er alles erstrebt, was ihn zu größerer Vollkommenheit führt; daß überhaupt jeder darauf aus ist, nach bestem Vermögen sein Sein zu erhalten" (Ethik IV 18). Auch erstreckt sich „das Recht der Natur so weit, wie ihre Macht reicht. Denn die Macht der Natur ist Gottes Macht; der aber hat das vollste Recht zu allem". So folgt, daß sich von Natur aus „das Recht eines jeden so weit erstreckt, wie gerade seine Macht reicht" (Theologisch-politischer Traktat, XVI; hieraus auch die folgenden Zitate).

Für uns Menschen ist es am zweckmäßigsten, „nach den Gesetzen und sicheren Richtlinien unserer Vernunft zu leben, die … nichts anderes als den wahren Nutzen der Menschen anstreben", nämlich: Jeder will „sicher und ohne Furcht leben. Das aber ist ausgeschlossen, solange jeder alles nach seinem Belieben tun darf". Ferner bedürfen wir wechselseitiger Hilfe.

Deswegen haben wir uns zusammengeschlossen. „Das Recht, das von Natur aus jeder zu allem hatte," besitzen von nun an alle gemeinsam. Es wird jetzt „nicht mehr von dem Vermögen und der Begierde des Einzelnen, sondern von der Macht und dem Willen der Gesamtheit bestimmt". Dieser Gesamtwille kann nicht den Begierden der Menschen folgen; denn sie ziehen jeden nach einer anderen Seite. So muß die Gesamtheit sich nach der Vernunft richten. Diese folgt der Goldenen Regel und gebietet, anderen nichts zuzufügen, was man selber nicht erleiden will.

Man begibt sich also in staatliche Gemeinschaften und gehorcht ihren Geboten, weil dies das kleinere Übel ist. Das entspricht einem allgemeinen Gesetz der menschlichen Natur: daß jeder unter zwei Übeln das kleiner erscheinende wählt.

Zu dem natürlichen Recht auf alles Erreichbare steht eine Staatengründung nicht in Widerspruch. Jeder überträgt eben die Macht, die er von Natur aus besitzt, auf die Gesellschaft. Diese erwirbt „damit das höchste Naturrecht auf alles". Auch die Demokratie ist ein Staat mit rechtlich unbegrenzter Machtfülle. Sie ist „eine allgemeine Vereinigung von Menschen, die in ihrer Gesamtheit das höchste Recht zu allem hat, was sie vermag. Daraus folgt, daß die höchste Gewalt an kein Gesetz gebunden ist, daß ihr vielmehr alle in allen Beziehungen zu gehorchen haben." – Die Staatsgewalt ist also ein Kind der Macht. Und sie bleibt es: Das Recht, alles zu gebieten, steht darum den Herrschenden „nur solange zu, wie sie wirklich die höchste Gewalt haben. Entgleitet sie ihnen, so verlieren sie zugleich das Recht, alles zu befehlen. Es fällt nun dem oder denen zu, die dieses Recht errungen haben und zu behaupten wissen." Viel mehr weiß auch die moderne Theorie der Revolution nicht zu sagen. Staatliches Recht lebt immer nur so lange, wie es die Chance der Durchsetzung hat.

Die natürlichste Staatsform ist die Demokratie. Sie kommt der Freiheit, die jeder von Natur aus hat, am nächsten. „Denn in ihr überträgt niemand sein Recht derart auf einen anderen, daß er selbst fortan nicht mehr zu Rate gezogen wird; sondern er überträgt es auf die Mehrheit der gesamten Gesellschaft, von der er selbst ein Teil ist. Auf diese Weise bleiben sich alle gleich, wie sie es vorher im Naturzustand waren." Die Lehre von der Identität der Regierenden mit den Regierten ist hier also schon in den wesentlichen Zügen angelegt. Frühe Wurzeln dieser Idee reichen übrigens bis in die Antike zurück (Aristoteles, Politik, 1317 a, b).

c) Rousseau

Jean Jacques Rousseau (1712–1778), der sich stolz als „Bürger von Genf" tituliert und eben dieser Stadt entflieht, der einen die Pädagogik bewegenden Erziehungsroman schreibt und seine eigenen Kinder eines nach dem anderen ins Findelhaus bringt, der jahrelang als träumerischer Vagant umherzieht und eine politische Theorie mit unerhörter Geschliffenheit formuliert, dieser voll seltsamer Widersprüche steckende Mann ist in der Spätzeit des Absolutismus geboren. Die Staatstheorien eines Bodin und eines Hobbes waren aus dem Unbehagen an der inneren Zerrissenheit politischer Gemeinschaften geboren. Jetzt entstanden die zukunftweisenden Staatstheorien aus dem Unbehagen am Absolutismus. Die polizeistaatliche Bevormundung der Untertanen, die sich bis in persönlichste Bereiche erstreckte, und das System der Privilegien, das wie eine launische Fee Luxus und Armut ungerecht verteilte, weckten den Ruf nach Freiheit, Gleichheit und sozialer Gerechtigkeit.

Gewiß erkennt auch Rousseau, daß Freiheit in der Gemeinschaft niemals ungebundene Freiheit sein kann; daß gesicherte Freiheitsrechte immer nur um den Preis einer wechselseitigen Beschränkung der Willkür erkauft werden können. „Durch den Gesellschaftsvertrag verliert der Mensch seine natürliche Freiheit und das unbeschränkte Recht auf alles, was ihn reizt und er erreichen kann." Aber dafür wird das, was ihm nun von Rechts wegen gehört, sein gesicherter Besitz (Contrat social, 1762, I 8 und 9; aus diesem Werk auch die folgenden Zitate). Der Rechtsakt, der verbindliche Grenzen zwischen Mein und Dein zieht, sichert jedem sein eigenes Gut, indem er jedem den Zugriff auf die Güter anderer verwehrt.

Auch Rousseau sieht, nicht anders als Hobbes und Locke, die Aufgabe des Staates darin, „mit der ganzen gemeinsamen Kraft die Person und das Eigentum eines jeden Mitgliedes" zu schützen und zu verteidigen. Aber er möchte diese Schutz- und Ordnungsfunktion von einem Staat erfüllt wissen, in dem „jeder, obwohl er sich mit allen zusammenschließt, doch nur sich selbst gehorcht und ebenso frei bleibt wie zuvor" (I 6; II 1, 3, 4). Wie kann man also den Wald verkaufen und die Bäume behalten?

Rousseau sieht des Rätsels Lösung in einer Gesellschaftsform, in der das Volk freier Menschen die Staatsgewalt nicht einem Dritten, einem Herrscher überträgt, wie Hobbes das vorschlug, sondern sie selbst ausübt: Die Regierenden sind mit den Regierten identisch. Die Einzelnen beugen sich unter den gemeinsamen Willen, an dessen Bildung jeder von ihnen teilhat (I 6).

Dieser Idee entspricht am ehesten das Programm einer allzuständigen unmittelbaren Demokratie. Ihm stellen sich aber schon technische Schwierigkeiten in den Weg: „Es ist nicht denkbar, daß das Volk unaufhörlich versammelt bleibe, um über die gemeinsamen Angelegenheiten zu beraten." Nur in einem sehr kleinen und unkomplizierten Staat, in dem jeder alle rechtlichen, außenpoliti-

schen, wirtschaftlichen und technischen Probleme völlig über-
schauen könnte, ließe sich eine solche Demokratie wenigstens an-
nähernd verwirklichen. Aber „im strengen Sinne des Wortes hat nie
eine echte Demokratie bestanden und wird auch nie bestehen" (III
4). So gesteht Rousseau zu, daß wenigstens der Gesetzesvollzug
einer Regierung übertragen werde. Die Bildung des allgemeinen
Willens jedoch verbleibe notwendig dem gesamten Volk. Und „da
das Gesetz lediglich die Erklärung des allgemeinen Willens ist,
kann das Volk in der gesetzgebenden Gewalt nicht vertreten werden" (III 15). – Doch auch in dieser Bescheidung ist das Prinzip
unmittelbarer Demokratie in der hochkomplizierten, arbeitsteilig
organisierten Gesellschaft des technischen Zeitalters undurchführ-
bar. Schon die Französische Revolution ist in diesem Punkte ihrem
Propheten untreu geworden und hat sich für den repräsentativ gebildeten Gemeinwillen entschieden. So bekommt die Fahne, auf
der die stolzen Worte stehen „Identität der Regierenden mit den
Regierten", ein Loch nach dem anderen.

Dabei ist ein grundlegendes Bedenken bisher noch gar nicht zur
Sprache gekommen: Wenn die Gemeinschaft ihre Ordnungsfunktion erfüllen und einen einheitlichen Willen bilden soll, muß der
Wille der Mehrheit für alle verbindlich sein. Wie vereinbart sich
das aber mit dem Programm, daß jeder, der in eine staatliche Gemeinschaft eingetreten ist, dennoch so frei bleibe „wie zuvor"?
Können denn „Opponenten frei und zugleich solchen Gesetzen
unterworfen sein, denen sie nicht zugestimmt haben"? Rousseau
bejaht das. Dazu setzt er aber zwei Dinge voraus: erstens, daß der
wahre Wille aller Staatsbürger stets darauf gehe, den allgemeinen
Willen (die volonté générale) zu verwirklichen; zweitens, daß der
Wille der Mehrheit stets „alle Kennzeichen des allgemeinen Willens aufweise" (IV 2).

Diesen Annahmen liegen folgende Gedanken zugrunde: Die
volonté générale repräsentiere das wahre Interesse aller. Dieses
Gesamtinteresse sei der „Punkt, in dem alle Interessen übereinstimmen". Es sei „das Gemeinsame in den verschiedenen Interessen" (II 1), mithin der Sektor, in dem sich die individuellen Interessen decken. Dieser lasse sich dadurch ermitteln, daß man von den

verschiedenen „Willensmeinungen die sich gegenseitig vernichtenden Extreme abziehe". Dann bleibe nämlich „als Summe der Differenzen der allgemeine Wille" (II 3). – Dieses Gesamtinteresse und mit ihm der Gemeinwille werde durch die Stimmenmehrheit ermittelt. Wer dagegen gestimmt hat, habe sich geirrt (IV 2); und er werde durch die Gesamtheit nur dazu „gezwungen, frei zu sein" (I 7).

Wer garantiert aber, daß in dem Punkte, in dem sich die Interessen der Mehrheit decken, auch die wahren Interessen der Minderheit liegen; daß also „die Stimmenmehrheit alle Merkmale des Gemeinwillens aufweise" (IV 2)? Selbst wenn dieses Bedenken aber auszuräumen wäre, bliebe der Minorität nur die „Freiheit" zum Konformismus mit der volonté générale. Wer aber zu solch konformistischer „Freiheit" gezwungen wird, ist unbestreitbar nicht mehr so frei „wie zuvor".

Rousseau hatte sich das Ziel gesetzt, die als notwendig erkannte rechtliche und politische Ordnung mit der Selbstbestimmung aller zu vereinen. Aber dieses Ideal läßt sich nur unvollkommen verwirklichen. Nichtsdestoweniger bleibt es als Leitbild bestehen: Es gilt, der größtmöglichen Zahl eine größtmögliche Mitbestimmung einzuräumen, damit man sich jenem Ideal so weit wie möglich nähert. Auch in der repräsentativen Demokratie sollte deshalb die Gesamtheit der Staatsbürger periodisch in richtungweisenden Entscheidungen vor erhebliche personelle und sachliche Alternativen gestellt werden, die insbesondere die Möglichkeit einschließen, die Mehrheitsverhältnisse im Parlament zu verändern und die gegenwärtige Regierung samt ihrem Programm durch eine andere abzulösen. Dadurch entsteht eine wirksame Rückkoppelung zwischen dem Handeln der Repräsentanten und solchen politischen Vorstellungen und Wünschen des Volkes, die sich längerfristig bei der Mehrheit durchsetzen; andererseits ergibt sich auf diese Weise eine erstrebenswerte Distanz gegenüber emotionalisierten Tagesstimmungen (d).

d) Die Idee der repräsentativen Demokratie

War es nicht überhaupt eine Illusion, zu glauben, daß ausgerechnet die unmittelbare Demokratie die Freiheit am besten verbürge? Gibt es nicht auch eine Tyrannei der Majorität? Und ist eine Volksmenge nicht ziemlich unfähig, ihre „wahren" Interessen zu erkennen und politisch vernünftig zu handeln? Ihre Teilnehmer sind selten informiert, verantwortungsvoll und handlungsfähig genug, um zu einem verständigen Konsens zu gelangen. Gerade aus der Sicht des 20. Jahrhunderts, das wie kein anderes die menschenunwürdigen Schauspiele fanatisierter und dressierter Volksmassen gesehen hat, präsentieren sich Volksmengen als manipulierbare, emotional erregbare, irrational reagierende Werkzeuge in den Händen irgendwelcher großen „Führer".

Einer der ersten, die den Nebel der unmittelbaren, identitären Demokratie durchschauten, war Jean Louis de Lolme (um 1741–1806). Als Siebenundzwanzigjähriger hatte er aus politischen Gründen seine Vaterstadt Genf verlassen, hatte in England Zuflucht gesucht und beschrieb hier nun die Entwicklungslinien und Grundsätze jenes freiheitlichen Verfassungssystems, zu dem England sich gegen Ende des 18. Jahrhunderts entwickelt hatte (La Constitution de l'Angleterre, 1771; die folgenden Zitate aus der letzten vom Verfasser besorgten englischen Ausgabe, The Constitution of England, [4]1784). Vor vielen anderen hat er es ausgesprochen, „daß eine große Menschenmasse nicht handeln kann, ohne … das Werkzeug einer kleinen Anzahl von Personen zu sein, und daß die Gewalt des (unmittelbar engagierten) Volkes nie etwas anderes ist, als die Gewalt einiger Führer, welche … die Mittel gefunden haben, sich der Leitung der Volksgewalt zu bemächtigen" (2, XVIII). Daher hat er dem Ideal der unmittelbaren Demokratie das Modell eines Verfassungsstaates gegenübergestellt, in dem ein Gleichgewicht zwischen den Gewalten des Staates besteht und in welchem die Freiheit der Bürger dadurch gesichert ist, daß die Inhaber der Staatsgewalt durch Gesetze beschränkt und durch öffentliche Kritik kontrolliert werden. Da das Volk in konkreten politischen Entscheidungen stets manipulierbar sei, solle es an solchen Entscheidungen nicht selbst, sondern durch die von ihm bestellten Repräsentanten mitwirken. Dem Volk bleibe die Rolle des kritischen Zuschauers, der seine Folgerungen bei der Neubestellung der Repräsentanten ziehen könne und solle. Das Verfassungsmodell de Lolmes war nicht schon das einer repräsentativen Demokratie; dazu enthielt es zu starke monarchische Elemente. Aber es zeigte in klaren Linien, daß und in welcher Weise das Volk durch Repräsentanten an Staatsgeschäften teilzunehmen habe.

Bei der Entwicklung dieser Gedanken kritisierte de Lolme das Modell einer unmittelbaren Demokratie, nach welchem der Freiheit aller schon genügt zu sein scheint, wenn nur alle am Beschluß der Gesetze teilnehmen: Es sei ein bloßes Spiel mit Worten, zu sagen, wer einem so zustande gekommenen Gesetz gehorche, gehorche nur sich selbst. Denn: „Der Einzelne, der in einer gesetzgebenden Volksversammlung seine Stimme abgab, hat nicht das Gesetz gemacht, das in dieser Versammlung durchging; er hat nur seinen tausendsten oder gar zehntausendsten Teil zu dessen Beschluß beigetragen oder beizutragen geschienen: Er hatte keine Gelegenheit, seine Einwendungen gegen das vorgeschlagene Gesetz zu machen oder es zu prüfen oder Einschränkungen vorzuschlagen; es ist ihm nur gestattet gewesen, seine Zustimmung oder Ablehnung zu äußern" (2 V).

Auch sei eine Menschenmenge als solche „unfähig, zu reifen Entschlüssen zu kommen". Die meisten hätten „weder die Muße, noch den Grad an Informiertheit, wie sie zu solchen Geschäften erforderlich sind". Zudem besäßen nur wenige den Verstand, dessen es für die komplizierten Fragen der Gesetzgebung bedarf. Wo Volk sich versammelt, verläßt sich jeder auf alle anderen. Nur wenige der Versammelten haben vorher über die Gegenstände nachgedacht, über die sie entscheiden sollen. So wird dann die Mehrheit der Versammlung „durch Gründe bestimmt, deren man sich bei viel weniger ernsthaften Veranlassungen schämen würde". Den Nutzen aus der Lenksamkeit und Kopflosigkeit des Volkes ziehen jene, die die Versammlung einberufen, ihr die Vorschläge unterbreiten und Reden an sie halten. Ihnen gegenüber haben die wenigen in der Menge, die über die Fragen nachgedacht haben, keine

Chance; sie „verlieren sich in dem Haufen und können ihrer schwachen Stimme in dem allgemeinen Geräusch und Wirrwarr kein Gehör verschaffen" (2 V).

Den Nachteilen und Gefahren einer unmittelbaren Mitentscheidung der Volksmenge stellte de Lolme die Vorteile gegenüber, die sich ergeben, wenn das Volk durch von ihm bestellte Repräsentanten an den politischen Entscheidungen teilnimmt. Den Regierenden stünden dann erfahrene Männer gegenüber, denen man nicht, wie etwa der altrömischen Volksversammlung, von heiligen Hühnern etwas vorschwatzen könne. Die Repräsentanten würden auch feste Regeln und Verfahren beobachten, die „ihre Beschlüsse wirklich zu einem Ergebnis von Überlegung und Erwägung machen können". Zu solchen Regeln gehöre im englischen Parlament z. B. die Übung, jedes Gesetz dreimal, und zwar an verschiedenen Tagen, zu lesen, sodann die Gewährleistung parlamentarischer Redefreiheit und die Garantie, für parlamentarische Äußerungen nicht zur Verantwortung gezogen zu werden. In solch einer überschaubaren Versammlung von Repräsentanten könne auch jedes Mitglied neue Gegenstände vorschlagen und Fragen zur Erwägung stellen (2 VIII).

Nun darf sicher auch die Rationalität parlamentarischer Verhandlungen nicht überschätzt werden. Unbestreitbar ist aber, daß gegenüber einer „Demokratie versammelter Volksmassen" ein Rationalitätsgewinn eintritt: Im Parlament sitzt eine überschaubare Anzahl politisch informierter und engagierter Persönlichkeiten. Die Verhandlungen spielen sich in einem geordneten Verfahren ab. Die Gliederung in Regierungspartei und Opposition gewährleistet, daß die Willensbekundungen des Gremiums immerhin von der äußeren Form her als Austausch von Argumenten und nicht als „solidarische" Zustimmung strukturiert sind. Für eine wenigstens begrenzte Rationalität der parlamentarischen Entscheidungen sorgen zudem „äußere" Kontrollen, unter ihnen auch die Kontrolle durch eine informierte öffentliche Meinung. Falls die Handlungen der Inhaber öffentlicher Gewalt „den Blicken der Öffentlichkeit ausgesetzt sind, so dürfen diese nicht wagen, solche Parteilichkeiten zu üben oder jene Nachsicht gegen die Unrechtmäßigkeiten bestimmter Leute walten zu lassen oder solche Schikanen anzuwenden, deren sich ein Amtsträger nur allzu leicht schuldig macht", wenn er ohne öffentliche Kontrollen handeln kann (2 XII). Vor allem dadurch, daß die Presse das staatliche Wirken den Blicken des Publikums offenlegt, bildet „die ganze Nation gleichsam einen einzigen reizbaren Körper, von dem man keinen Teil berühren kann, ohne eine allgemeine Erregung hervorzurufen" (2 XII).

Eine öffentliche Information über die Vorgänge der Politik, wie sie zu de Lolmes Zeit im wesentlichen durch die Presse geschah, gestatte auch der Gesamtbevölkerung eine verständige Teilhabe an den öffentlichen Dingen. Sie erlaube es nämlich dem Volk, „zwar langsam ... aber auf eine regelmäßige Weise und zuverlässig", die Dinge zu erwägen. Das sei vernünftiger, als das Volk durch „Redner, die darauf anlegen, es aufzuregen", zu „stürmischen Beschlüssen" zu bringen (2 XIII). Wenn ein Volk sein Recht und seine Freiheit lieben und verteidigen solle, müsse man ihm also „die nötige Zeit lassen, zu erkennen, was Freiheit und Recht sind, und in seinen Ansichten darüber einig zu werden". Die Masse des Volkes dürfe daher nicht selbst in das politische Handeln engagiert werden, sondern müsse gleichsam „bloß Zuschauer des Spieles" sein, wenn es die richtigen Vorstellungen von den Dingen gewinnen solle (2 XIV, XVIII). Ein Volk, das auf solche Weise informiert werde, und zwar besonders auch über die Vorgänge im Parlament, besitze dann auch eine Abrechnungsgrundlage für die Wahlen, in denen es seine Repräsentanten bestelle (2 XIII).

Sieyès hob später vor allem auch die technischen Gründe hervor, aus denen in einem Massenstaat die unmittelbare Demokratie nicht funktionieren kann: „In dem Maße, wie die Zahl der Bürger zunimmt, wird es für sie schwierig, ja unmöglich, sich zu versammeln, um die Einzelwillen einander gegenüberzustellen, sie auszugleichen und den Gemeinwillen zu ermitteln ... Noch viel weniger kann ein großes Volk seinen gemeinschaftlichen Willen oder seine Gesetzgebung selbst direkt ausüben. Es wählt sich daher Stellvertreter und beauftragt sie, statt seiner zu wollen" (Vues sur les moyens d'exécution, 1789, Abschnitt 1; vgl. auch Qu'est-ce que le tiers état, 1789, Kap. 5).

Alexis de Tocqueville (1805–1859) und John Stuart Mill (1806–1873) vertieften die Demokratiekritik: Die Mehrheit des Volkes erliegt nur allzu leicht der Versuchung, Minderheiten zu unterdrücken und zu tyrannisieren. Wie ein Einzelner seine Allmacht gegen einen anderen mißbrauchen kann, um seine Vorteile und Meinungen durchzusetzen, so kann sich auch eine Mehrzahl von Einzelnen gegenüber anderen verhalten, also auch die Majorität einer Gemeinschaft gegenüber der Minorität; denn die Menschen ändern durch ihren Zusammenschluß nicht ihre Wesensart. Die Gewalt, alles zu tun, die man einem Einzelnen verweigert, darf man daher auch einer Mehrzahl von Menschen nicht geben (Tocqueville, Über die Demokratie in Amerika, 1. Buch, 1835, II Kap. 7). „Was man Volkswille heißt, bedeutet praktisch den Willen des zahlreichsten oder rührigsten Teiles des Volkes, der Mehrheit oder derer, denen es glückt, sich als Mehrheit durchzusetzen. Infolgedessen kann das Volk durchaus den Wunsch hegen, einen Teil seiner selbst zu bedrücken". Darum sind Vorkehrungen gegen einen Machtmißbrauch gegenüber dem Mehrheitswillen ebenso nötig wie gegenüber anderen Gewalten (Mill, On Liberty, 1859, Kap. 1). „Technische" Voraussetzung für jede geregelte und organisierte Gewaltenkontrolle und Gewaltenbalance ist es aber, daß aus der Gesamtheit des Volkes verschiedene Entscheidungsinstanzen ausgegliedert werden, die als gesetzgebende, vollziehende und rechtsprechende Gewalten das Volk „repräsentieren" und sich gegenseitig begrenzen und kontrollieren.

14. DIE KONTROLLE DER POLITISCHEN GEWALT UND DIE RECHTE DER EINZELNEN

a) Locke

John Locke (1632–1704), der Sohn eines englischen Anwalts, war ein Kind jener Epoche, in der der englische Parlamentarismus Gestalt gewann. Die englischen Bürgerkriege, die Herrschaft Cromwells, die Restauration, die Glorious Revolution und die vom Parlament beschlossene und mit Kautelen versehene Berufung Wilhelms von Oranien und seiner Gemahlin auf den englischen Thron waren wichtige Etappen, in denen sich dieses komplizierte Verfassungssystem herausbildete mit seinen vielfältigen Balancen, Hemm- und Kontrollmechanismen.

Locke hat sich in der Philosophie und in der Staatstheorie einen Namen gemacht. Für die Philosophie ist seine Erkenntnistheorie wichtig geworden. Auf die Frage, wie jemand zu seinen Bewußtseinsinhalten gelange, gibt er die Antwort: Erst äußere und innere Erfahrung fülle unser Bewußtsein mit Eindrücken und Vorstellungen. Sie wird als ein passives Aufnehmen von Eindrücken verstanden, wenn auch die Seele mit einer gewissen Disposition ausgestattet sei, sie zu empfangen. An diesem Punkte sollte später die Kritik Kants einsetzen.

In der Staatstheorie spricht Locke gleichwohl von einem ungeschriebenen Naturrecht, das „nur in der Seele der Menschen zu finden ist" (Two Treatises of Government, 1690, II § 136; die folgenden nicht näher bezeichneten Zitate stammen aus diesem Werk). Der Widerspruch zwischen dieser These und der empiristischen Erkenntnistheorie ist aber nicht ganz so kraß, wie es scheinen möchte. Denn als Hauptelement dieses Naturrechts nennt Locke die Erfahrungstatsache des Selbsterhaltungstriebes (die freilich theologisch legitimiert wird durch den Gedanken, daß die Menschen als Glieder der Schöpfungsordnung zu erhalten seien). Und wir finden andere empirische Elemente, z. B. biologische Gegebenheiten, aus denen sich die Ordnung der Familie ergeben soll (II §§ 78 ff.).

An das Problem der politischen Gewalt geht Locke mit einem ähnlichen Gedankenexperiment heran, wie Thomas Hobbes: Um die Staatsgewalt „richtig zu verstehen und sie von ihrem Ursprung abzuleiten, müssen wir erwägen, in welchem Zustand sich die Menschen von Natur aus befinden". Es ist ein Zustand vollkommener Freiheit, die nur durch das natürliche Gesetz begrenzt wird. Und es herrscht Gleichheit (II § 4). Jeder hat auch das fundamentale Recht auf Selbsterhaltung. Dieses ist aber ein wechselbezügliches Recht: Denn da alle gleich und unabhängig sind, soll jeder auch das Selbsterhaltungsrecht der anderen respektieren. Also soll niemand dem anderen „an seinem Leben und Besitz, seiner Gesundheit und Freiheit Schaden zufügen" (II § 6).

Zu dem Recht auf Selbsterhaltung gehört auch das Recht, Eigentum zu erwerben, und zwar an solchen Dingen der Schöpfung, die für den Einzelnen notwendig oder nützlich sind (I § 86, II § 26). Im recht eigentlichen Sinn aber gehört von Natur aus jedem das Werk seiner Hände (II §§ 27, 44 f.). Aus der Zweckbestimmung des Eigentums ergeben sich zugleich dessen natürliche Grenzen: Keiner darf sich mehr aneignen, als er zu seiner Erhaltung verwenden kann (II § 31). Auch Grundbesitz wird grundsätzlich durch die eigene Arbeit und Nutzung wahrhaft erworben und zugleich begrenzt. „So viel Land ein Mensch pflügt, bepflanzt, bebaut, kultiviert und so viel er von dem Ertrag verwerten kann, so viel ist sein Eigentum. Durch seine Arbeit hebt er es gleichsam vom Gemeingut ab" (II § 32). Jedenfalls gilt das so lange, wie den anderen ein noch unerschöpfter Vorrat gleichartiger und gleichwertiger Erwerbsobjekte zur Verfügung steht (II § 33) und solange nicht die Geldwirtschaft die Lage ändert (II §§ 47 ff.). – Jeder hat auch „die Macht, sein Eigentum, d. h. sein Leben, seine Freiheit und seinen Besitz gegen Schädigungen und Angriffe anderer Menschen zu schützen" (II § 87).

Diese Grundsätze gelten schon für das unorganisierte Nebeneinanderleben der Menschen. Dieses ist aber „bei aller Freiheit voll von Furcht und ständiger Gefahr". Deshalb schließen sich die Menschen zusammen „zum gegenseitigen Schutz ihres Lebens, ihrer Freiheit und ihres Vermögens" (II § 123). Man gibt also die natürliche Freiheit auf und legt die Fesseln der bürgerlichen Gesellschaft an „mit dem Ziel eines behaglichen, sicheren und friedlichen Zusammenlebens". Eine solche politische Gemeinschaft kommt dadurch zustande, daß eine Anzahl von Menschen einwilligt, „eine einzige Gemeinschaft oder eine Regierung zu bilden". Soll es in dieser Gemeinschaft keinen Zwist geben, dann muß sie so organisiert sein, daß sie einen einheitlichen Willen bilden kann. Dazu ist erforderlich und ausreichend, daß der jeweilige Wille der Mehrheit für die Gesamtheit verbindlich ist, auch für die Minderheit, die anderer Meinung ist (II §§ 95 ff.).

Wenn die Menschen sich in dieser Weise in eine politische Gemeinschaft begeben, retten sie aber einen Grundbestand unveräußerlicher Menschenrechte aus dem vorstaatlichen Zustand in den staatlichen hinüber. Denn die Staatsgewalt ist „nichts anderes als die vereinigte Gewalt aller Mitglieder der Gesellschaft, die man der gesetzgebenden Person oder Versammlung übertragen hat. Daher kann sie nicht größer sein als jene Gewalt, die die Einzelnen von Natur aus hatten, bevor sie in die Gesellschaft eintraten, und die sie zugunsten der Gemeinschaft aufgaben. Denn niemand kann einem anderen eine größere Gewalt übertragen, als er selbst besitzt, und niemand hat eine absolute willkürliche Gewalt über sich selbst oder einen anderen Menschen, sein eigenes Leben zu vernichten oder einem anderen sein Leben oder sein Eigentum zu nehmen." Deshalb können solche Befugnisse auch nicht der politischen Gewalt übertragen sein (II § 135; vgl. auch § 23). In der berühmten Bill of Rights of Virginia (1776) gewannen diese Gedanken Lockes folgende Gestalt: „Alle Menschen sind von Natur aus gleichermaßen frei und unabhängig und besitzen gewisse angeborene Rechte, deren sie, wenn sie den Status der Gesellschaft annehmen, ihre Nachkommenschaft durch keine Abmachung berauben oder entkleiden können, und zwar auf Genuß des Lebens und der Freiheit und darauf, Eigentum erwerben und besitzen und Glück und Sicherheit erstreben und erlangen zu können" (Art. 1).

Schranken der Staatsgewalt ergeben sich aber nicht nur aus dieser Konstruktion des Gesellschaftsvertrages, sondern auch schon unmittelbar aus dem fundamentalen Grundsatz: daß „die Gesellschaft und (soweit es mit dem öffentlichen Wohl vereinbar ist) jede einzelne Person in ihr zu erhalten" ist (II § 134); denn die Menschheit ist ein Teil der Schöpfungsordnung, und diese will erhalten werden. Deshalb ist die Staatsgewalt in ihren äußersten Grenzen „auf das öffentliche Wohl der Gesellschaft beschränkt. Sie ist eine Gewalt, die einzig die Erhaltung zum Ziel hat. Sie kann deshalb niemals das Recht haben, die Untertanen zu vernichten, zu unterjochen oder vorsätzlich auszusaugen." Es „kann keine menschliche Zwangsmaßnahme gut oder gültig sein, die diesem Gesetz widerspricht"; denn sie wäre nicht mit dem „natürlichen Gesetz, das heißt mit dem Willen Gottes, der in ihm zum Ausdruck kommt, vereinbar" (II § 135).

Zu den nachhaltigsten Erwägungen Lockes gehört das Mißtrauen gegen die politische Gewalt und die Frage, wie man deren Mißbrauch verhindern könne. Einer Verhütung des Machtmißbrauchs dient es, wenn die gesetzgebende Gewalt in den Händen solcher Personen liegt, die ihren eigenen Gesetzen in gleicher Weise unterworfen sind, wie jeder andere Bürger auch: Dann müssen sie schon im eigenen Interesse darauf achten, keine unbilligen Gesetze zu erlassen. Deshalb wird in gut geordneten Staaten, in denen man auf das Gemeinwohl achtet, die gesetzgebende Gewalt in die Hände von Leuten gelegt, die „selber den Gesetzen unterworfen sind, die sie erlassen haben" (II § 143). Hinzu kommen demokratische Kontrollen: Das gesetzgebende Organ leitet seine Gewalt vom Volke her. Mißbraucht es seine Macht, so kann das Volk es abberufen. „Denn alle Gewalt, die zu einem bestimmten Zweck anvertraut wird, ist durch diesen Zweck begrenzt; wenn dieser Zweck versäumt oder wenn ihm zuwidergehandelt wird, muß diese Vertrauensstellung verwirkt sein und die Gewalt in die Hände derer zurückfallen, die sie verliehen haben und die sie nun von neuem so vergeben können, wie sie es für ihren Schutz und ihre Sicherheit am besten halten. So behält die Gemeinschaft immer eine höchste Gewalt zurück, um sich vor den Übergriffen und Anschlägen jeder Körperschaft, auch ihrer Gesetzgeber, zu sichern, wenn immer diese so töricht oder so schlecht sind, Pläne gegen die Freiheit und das Eigentum der Untertanen zu schmieden und zu verfolgen" (II § 149; vgl. auch §§ 134, 222, 227 f.). An diese Gedanken und Formulierungen knüpfte noch ein Jahrhundert später die nordamerikanische Unabhängigkeitserklärung (1776) an.

Der Sorge vor einem Mißbrauch der Macht entsprang, wie früher schon bei Polybios (Kap. 4 d), auch die Forderung, die Gewalten im Staate aufzuteilen. In England ist dieser Gedanke einer Gewaltengliederung auf dem Boden der lebendigen politischen Wirklichkeit gewachsen. Im Jahre 1688 hatte man James II. nicht zuletzt wegen seiner Mißachtung der Gesetze und seiner Übergriffe in die Rechtsprechung vom Thron vertrieben. Schon aus den vorausgegangenen Jahren stammt der Entwurf Lockes zu seinem politischen Hauptwerk; in ihm zog er die Folgerungen aus „der Schwäche der menschlichen Natur, die immer bereit ist, nach der Macht zu greifen" (II § 143): Man müsse die Gewalt der Regierung dadurch ausbalancieren, daß man verschiedene Teile von ihr in verschiedene Hände legt (vgl. II § 107). Insbesondere dürften diejenigen, die die Gesetze erlassen, nicht auch die Macht erhalten, diese Gesetze zu vollziehen. Sonst könnten sie „sich selbst von dem Gehorsam gegen die Gesetze, die sie geben, ausnehmen und das Gesetz in seiner Gestaltung und in seinem Vollzug ihrem eigenen persönlichen Vorteil anpassen. Schließlich käme es dazu, daß sie Interessen verfolgen würden, die von denen der übrigen Gemeinschaft abweichen und dem Zweck der Gesellschaft und der Regierung zuwiderlaufen würden" (II § 143). Die Idee der Gewaltenteilung sollte (in der Gestalt, die ihr Montesquieu später gab) zu einem Grundprinzip der rechtsstaatlichen Verfassungen werden.

Die Mutter des liberalen Rechtsstaates heißt also Mißtrauen, Mißtrauen gegen den Machthaber. Nicht von ungefähr haben gerade jene Staatsdenker, die dem Menschen nicht allzuviel Gutes zutrauen, die im Ergebnis menschlichsten Staatsmodelle entworfen: Weil sie die ethische Minderwertigkeit von vornherein einkalkulieren, setzen sie ihr institutionelle Schranken und sorgen für Kontrollen. Die Optimisten dagegen trauen der Macht der Vernunft und dem Gemeinsinn mehr zu, als der nüchterne Betrachter es tun darf; dadurch haben sie, von Platon bis Marx, allemal der Bedrückung den Weg gewiesen.

Ganz im Geiste der Aufklärung setzte sich Locke auch für den Toleranzgedanken ein. Das triste Schauspiel, das die konfessionellen Zwistigkeiten des 17. Jahrhunderts boten, veranlaßte ihn zu seiner „Epistola de tolerantia" (1689): Die Religion ist persönliche Angelegenheit jedes Einzelnen, solange ihre Ausübung nicht Leben und Eigentum der anderen gefährdet. Für das Seelenheil der Bürger zu sorgen, kann nicht Aufgabe der Staatsgewalt sein; schon deshalb nicht, weil sich Glaubensüberzeugungen nie erzwingen lassen. Auch hat die Obrigkeit über den rechten Weg zum Himmelreich keine zuverlässigere Gewißheit als jeder Bürger. – Mit diesen Gedanken war schon das unter Cromwell entworfene Agreement of the People (1647) vorausgegangen, in dem es hieß: „Religionssachen und die Weise, Gott zu verehren, werden von uns durchaus keiner menschlichen Gewalt anvertraut" (IV 1).

b) Montesquieu

Charles-Louis de Secondat, Baron de la Brède et de Montesquieu (1689–1755), der die geistigen Grundlagen des modernen Verfassungsstaates bereiten half, ist im Staate Ludwigs XIV. aufgewachsen. Sein Vater, Mitglied einer standesbewußten Aristokratenfamilie, hat dem Sohn einen gerade vorbeikommenden Bettler zum Paten gegeben, um ihn stets daran zu erinnern, daß die Armen seine Brüder seien. Dieser weltoffene Geist, der auch sehr gegensätzlichen Dingen ihr Recht zu geben weiß, und eine Humanität, die immer darauf bedacht bleibt, nicht das Maß zu verlieren, sollten Montesquieu durch sein Leben begleiten. Mit fünfundzwanzig Jahren wird Montesquieu Rat, zwei Jahre später wird er Präsident am Parlament von Bordeaux. Später, nach dem Verkauf dieses Amtes, übersiedelt er nach Paris und bereist mehrere Länder Europas, vor allem England, mit dessen Regierungssystem er sich während eines zweijährigen Aufenthaltes vertraut macht.

Montesquieu nimmt den Lockeschen Gedanken der Gewaltenkontrolle auf. Das geschieht im Zusammenhang mit seinen Betrachtungen über die Freiheit: Bürge der politischen Freiheit ist nicht schon die Demokratie, sondern die gemäßigte Regierungsform, die dem Machtmißbrauch vorbeugt. Ist es doch eine „ständige Erfahrung, daß jeder, der Macht besitzt, zu ihrem Mißbrauch neigt: Er geht so weit, bis er auf Schranken stößt." Ja „selbst die Tugend hat Schranken nötig. Um den Mißbrauch der Macht zu verhindern, müssen die Dinge so geordnet werden, daß die eine Gewalt die andere im Zaume hält" (De l'esprit des lois, 1748, XI 4; aus diesem Werk auch die folgenden Zitate). Will man also die natürliche Neigung, die jeden zum Machtmißbrauch treibt, unter Kontrolle halten, so muß man eine Mehrzahl von Gewalten im

Staat einander gegenüberstellen und gegeneinander ins Spiel bringen. Um „eine gemäßigte Regierung zu bilden, muß man die verschiedenen Gewalten miteinander verbinden, sie ordnen, mäßigen, zum Einsatz bringen, der einen sozusagen Ballast mitgeben, damit sie der anderen widerstehen kann" (V 14). Das ist das Mittel, dem Volke die Freiheit zu erhalten.

Montesquieu übersetzt diese politische Forderung der Gewaltenkontrolle in ein organisatorisches Schema: Man muß die gesetzgebende, die vollziehende und die richterliche Gewalt in die Hände verschiedener Organe legen: Wenn „die gesetzgebende Gewalt mit der vollziehenden vereinigt ist, gibt es keine Freiheit". „Es gibt ferner keine Freiheit, wenn die richterliche Gewalt nicht von der gesetzgebenden und der vollziehenden getrennt ist" (XI 6).

So aktuell der Grundgedanke der Gewaltenbalance geblieben ist, so fragwürdig ist es, ob das klassische Modell der Gewaltenteilung heute noch eine zureichende Kontrolle verbürgt. Die organisatorische Trennung von Legislative und Exekutive hat viel von ihrer Funktionsfähigkeit eingebüßt, weil im modernen Parteienstaat die stärkste Partei oder Parteienkoalition nicht nur die Parlamentsmehrheit, sondern auch das Kabinett beherrscht. Die machtpolitische Zäsur liegt hier also nicht zwischen dem gesamten Parlament und der Regierung. An ihre Stelle sind subtilere Balancen getreten. So besitzt heute die Ministerialbürokratie ein gewisses Eigengewicht gegenüber Kabinett und Parlamentsmehrheit. Vor allem übt auch die parlamentarische Opposition eine Kontrolle aus; diese erhält dadurch Gewicht, daß in den folgenden Parlamentswahlen über das Wirken von Regierung und Opposition abgerechnet wird. Für eine faktische Gewaltenbalance sorgt heute auch der Pluralismus der im Staate wirksamen sozialen Mächte, einschließlich der weltanschaulichen Einflußgruppen; ein Beispiel dafür bietet etwa das Gegengewicht, das die Gewerkschaften den Arbeitgeberverbänden bilden.

Nicht nur das Prinzip der Gewaltenteilung ist von bleibender Aktualität, sondern auch Montesquieus Lehre von der „Natur der Dinge" (I 1). Hier geht es um folgenden Gedanken: Die Gesetze des Volkes sind durch mannigfaltige natürliche, wirtschaftliche und kulturelle Vorgegebenheiten, kurz, durch die „Natur der Dinge" bestimmt. Sie müssen mit der Regierungsform zusammenstimmen und diese muß wiederum „dem Wesen des betreffenden Volkes" angepaßt sein. Die Gesetze „müssen ferner der Natur des Landes entsprechen, seinem kalten, heißen oder gemäßigten Klima, der Beschaffenheit des Bodens, seiner Lage und Größe, der Lebensweise der Völker, seien sie Ackerbauer, Jäger oder Hirten; sie müssen dem Grade der Freiheit entsprechen, der sich mit der Verfassung verträgt; sodann der Religion der Bewohner, ihren Neigungen, ihrem Reichtum, ihrer Zahl, ihrem Handel, ihren Sitten und Gebräuchen. Schließlich stehen sie auch in Beziehungen zueinander." Alle diese Relationen bilden den „Geist der Gesetze". Sie zu untersuchen ist das eigentliche Ziel von Montesquieus Werk (I 3).

So bestehen z. B. Zusammenhänge zwischen dem Recht und der Geisteshaltung des Volkes und ihren Vorgegebenheiten: „Verschiedene Dinge beherrschen die Menschen: Klima, Religion, Gesetze, Regierungsgrundsätze, Vorbilder der Vergangenheit, Sitten und Gebräuche; aus alldem entspringt und formt sich die Geisteshaltung des Volkes" (XIX 4). Und es ist „die Aufgabe des Gesetzgebers, sich dem Volksgeist anzupassen, wenn dieser nicht den Regierungsgrundsätzen zuwiderläuft; denn nichts tun wir so gut wie das, was unserer Natur entspricht und wir aus freiem Willen tun" (XIX 5).

Auch die Regierungsformen sind in vielfältiger Weise bedingt: durch die Geistesart eines Volkes, durch die Größe des Landes und durch die Natur des Bodens. – Die Demokratie z. B. lebt nicht zuletzt von der Zucht und Sittenstrenge ihrer Bürger (V 7). Sie bedarf auch einer maßvollen Gleichheit. Daher verfällt sie, „wenn der Geist der Gleichheit verlorengeht, aber auch dann, wenn der Gleichheitsgedanke überspannt wird". Der Geist der Ungleichheit führt zur Aristokratie oder zu einer Alleinherrschaft; nicht minder führt der Geist überspannter Gleichheit zum Despotismus eines Einzelnen (VIII 2). – Auch mit der Landesgröße hänge die Regierungsform zusammen. Die Kleinheit des Staatsgebietes begünstige ein republikanisches Staatswesen (VIII 16). Große Reiche bedürften eines energischen Regiments und würden daher eine despotische Herrschaft herausfordern (VIII 19); so habe es z.B. in Asien mit seinen weiten Landschaften und seinen großen Reichen auch immer despotische Regime gegeben (XVII 6). – Es wird angedeutet, daß auch die Landschaft und die Natur des Bodens wenigstens einen mittelbaren Einfluß auch auf die Regierungsform haben könnten. So herrsche z.B. die Freiheit eher in den gebirgigen und ärmeren Gegenden als in den reichen Ebenen (XVIII 2).

Die moderne Theorie von der Natur der Sache griff den Gedanken Montesquieus wieder auf, daß der Inhalt rechtlicher Normierung in hohem Maße von den Vorgegebenheiten bestimmt wird. Radbruch nahm diese, ähnlich wie Montesquieu, in ihrer ganzen Vielfalt und rechnete zu ihnen nicht nur die Naturgegebenheiten, sondern auch die kulturellen Tatsachen und sogar die rechtlich geordneten Zustände (Die Natur der Sache, 1960). Der Marxismus hingegen vereinfacht die Dinge und sieht in den ökonomischen Vorgegebenheiten die schlechthin bestimmende Grundlage jeder Sozialstruktur, auch des Rechts und der Verfassung.

Von dieser Lehre über die Natur der Sache wird man jedenfalls soviel festhalten: Dem Recht sind die Materien, vor allem auch die Interessen vorgegeben, die es zu ordnen hat; durch sie ist der Inhalt des Rechts zu einem guten Teil mitbestimmt. Das Recht kann sich auch über die Tatsachen und ihre gesetzmäßigen Zusammenhänge nicht hinwegsetzen. Es muß sie in seinen Dienst stellen, wenn es seine Zwecke erreichen will. – Andererseits läßt sich aber aus solchen Vorgegebenheiten nicht auch der Maßstab für die richtige Regelung, etwa für die richtige Abwägung der Interessen ableiten. Aus den Realitäten allein ist die eigentliche Gerechtigkeitsfrage nicht zu lösen. Das hat vor allem Kant in aller Schärfe gezeigt (Kap. 16 a, c).

Die mittelalterliche, theologisch fundierte Naturrechtslehre verlor in der Zeit der Renaissance, der Reformation und der Gegenreformation ihre Überzeugungskraft. Das hatte mehrere Gründe.

Einer davon war die Trennung von Wissen und Glauben, die sich bei Duns Scotus und Wilhelm von Ockham angebahnt hatte. Der Unabhängigkeit des Glaubens von aller Vernunfteinsicht, dem „credo quia absurdum", korrespondierte die Lehre, daß das, was die Vernunft erschließt, nicht unbedingt auch theologisch begründbar sein müsse.

Die mittelalterliche Einbettung der Gerechtigkeitsfrage in die Theologie verbrauchte sich vollends in den konfessionellen Auseinandersetzungen der beginnenden Neuzeit. Man kann eben einen Lutheraner, einen Reformierten oder einen Anglikaner nicht mit katholischer Theologie des Irrtums überführen. Also mußte man nach einem überkonfessionellen Standpunkt suchen: nach einem Fundament der Gerechtigkeit, das allen Christen, ja allen Menschen gemeinsam ist.

So stellte sich die Aufgabe, ein in der allgemeinen Natur des Menschen begründetes Recht aufzudecken, sei es, daß man den Grund des natürlichen Rechts im menschlichen Geselligkeitstrieb sah, wie Grotius, oder in dem Begehren nach Macht und Besitz einerseits und der wechselseitigen Furcht andererseits, wie Hobbes, oder aber in dem Bedürfnis nach gegenseitiger Hilfe und Ergänzung, wie Pufendorf, oder sei es, daß man Rechtsregeln aus ewigen Wahrheiten ableiten wollte, die für die Vernunft unverrückbar feststünden.

a) Grotius

Hugo Grotius (1583–1645) hatte schon in jungen Jahren eine glänzende Laufbahn hinter sich. Mit sechzehn Jahren war er bereits erfolgreicher Advokat im Haag und mit vierundzwanzig Jahren Generalfiskal für die Provinz Holland, mit sechsundzwanzig Jahren wurde er zum niederländischen Historiographen ernannt, mit dreißig wurde er Stadtsyndikus von Rotterdam. In den niederländischen Religionsstreit verwickelt, wurde er im Jahre 1619 zu lebenslänglicher Haft verurteilt. Nach der Flucht aus dem Kerker ließ er sich 1621 in Paris nieder. Nach einem mißlungenen Versuch, wieder in Holland seßhaft zu werden, wurde er 1635 schwedischer Gesandter in Paris. Auf einer Rückreise aus Schweden starb er. Seine zahlreichen literarischen, philologischen, theologischen, juristischen und politischen Schriften legen Zeugnis von der Breite seiner Interessen und seiner Gelehrsamkeit ab.

Mit dem Völkerrecht hat er sich schon als junger Jurist befaßt, als aus konkretem Anlaß zu prüfen war, ob es ein natürliches Recht auf freie Schiffahrt im Meer gebe. In seiner Schrift „Mare liberum" (1609) hat er diese Frage bejaht. Der darin untersuchte Meinungsstreit hatte als realen Hintergrund die Konkurrenz zwischen der holländischen, portugiesischen, spanischen und englischen Handelsschiffahrt.

Gerade das Problem des Völkerrechts mußte auf die Frage des Naturrechts führen. Seit dem Entstehen der modernen Territorialstaaten stellte sich die Frage, ob und wie unter der Voraussetzung staatlicher Souveränität Völkerrecht und damit Rechtsbeziehungen zwischen Staaten überhaupt möglich seien. Gibt es ein Recht, das nicht erst kraft positiver staatlicher Satzung gilt, das daher auch die Staaten selber binden kann und nicht zu ihrer freien Verfügung steht?

Dazu kam ein zweites Motiv, sich auf die rechtsphilosophischen Grundlagen der menschlichen Ordnung zu besinnen: nämlich der schon erwähnte Streit der Konfessionen um das bessere Recht. Man brauchte eine Verständigungsbasis außerhalb der unterschiedlichen theologischen Standpunkte. Ja, wollte man auch mit dem Türken kontrahieren, dann mußte eine allen Menschen gemeinsame Grundlage gesucht werden. So wollte Grotius ein Naturrecht finden, „das keinen Unterschied der Religion kennt" (De jure belli ac pacis, 1625, II 15 [VIII]; aus diesem Werk auch die folgenden Zitate).

Grotius suchte das oberste Prinzip des natürlichen Rechts in der Natur des Menschen. Zu dessen Eigenart gehört „der gesellige Trieb zu einer friedlichen und einsichtig geordneten Gemeinschaft mit seinesgleichen" (Vorrede, Nr. 6). Im Dienst dieser geselligen Natur steht nicht nur die Sprache, sondern „auch die Fähigkeit, allgemeine Regeln zu fassen und danach zu handeln" (Vorrede, Nr. 7). Diese „vernunftgemäße Sorge für die Gemeinschaft ist die Quelle dessen, was man im ureigentlichen Sinn als Recht bezeichnet" (Vorrede, Nr. 8). Die Mutter des natürlichen Rechts ist also „die Natur selber, die uns, selbst wenn wir keine Bedürfnisse hätten, doch dazu treiben würde, die Gemeinschaft zu suchen" (Vorrede, Nr. 16).

Zum Naturrecht gehören also alle Regeln, die notwendige Voraussetzungen einer vernünftig geordneten Gemeinschaft sind. Auch das, was alle oder wenigstens alle gesitteten Völker für Naturrecht halten, darf sehr wahrscheinlich dafür gelten; denn einer so allgemeinen Meinung muß wohl der gesunde Menschenverstand zugrunde liegen (I 1 ^{XII}). Was gehört alles zu diesem Naturrecht? „Daß man fremdes Gut respektiert und es zurückerstattet, wenn man es besitzt oder genommen hat, ferner die Pflicht, gegebene Versprechen zu erfüllen, sodann die Wiedergutmachung eines schuldhaft verursachten Schadens und die Vergeltung durch Strafe" (Vorrede, Nr. 8). Vor allem die Pflicht, Verträge zu halten, ist ein zentraler Grundsatz des natürlichen Rechts. Verträge sind der natürliche Weg, um für Menschen Pflichten zu begründen. So ist die obligatio ex consensu letztlich auch die Quelle des bürgerlichen Rechts: „Denn jene, die sich einer Gemeinschaft anschließen und sich einem oder mehreren unterwerfen, haben ausdrücklich oder stillschweigend versprochen, ... daß sie das befolgen, was die Mehrheit der Genossen oder diejenigen, denen die Macht übertragen wurde, festsetzen würden" (Vorrede, Nr. 15 f.).

Grotius stößt auch auf eine alte Kardinalfrage der Rechtstheologie, nämlich auf das Problem des Moralpositivismus: Ist etwas von Natur aus schon deshalb gut, weil Gott es willkürlich so gewollt hat? Oder hat Gott etwas deshalb gewollt, weil es an sich gut ist? Grotius entscheidet sich für die zweite These: „Das natürliche

Recht ist ein Spruch der rechten Vernunft, wonach eine Handlung wegen ihrer Übereinstimmung oder Nichtübereinstimmung mit der vernünftigen Natur selbst moralisch verwerflich oder moralisch notwendig ist und deshalb von Gott, dem Schöpfer der Natur, verboten oder geboten ist." „Das Naturrecht ist so unabänderlich, daß selbst Gott es nicht verändern kann." So wenig „Gott es bewirken kann, daß zweimal zwei nicht vier sind, so wenig kann er machen, daß das von Natur aus Schlechte nicht schlecht sei" (I 1 [X]). Die Grundsätze des natürlichen Rechts würden selbst dann gelten, wenn man annähme, „daß es keinen Gott gäbe oder daß er sich um die menschlichen Dinge nicht kümmere" (Vorrede, Nr. 11). Mehr ist zur Säkularisation des Naturrechts nicht nötig, gleichgültig, ob sie beabsichtigt war oder nicht: Gott kann durch ein Gedankenexperiment ausgeschieden werden, ohne daß sich am Ergebnis etwas ändert. Ähnliche Gedanken fanden sich auch schon bei Gregor von Rimini (gest. 1358) und bei Gabriel Vasquez (gest. 1604).

In seiner Staatstheorie geht Grotius von dem Satze aus: Der Staat „ist eine vollkommene Verbindung freier Menschen, die sich des Rechtsschutzes und des gemeinsamen Nutzens wegen zusammengetan haben" (I 1 [XIV]). Jene, die an dieser Gemeinschaft teilnehmen, haben „ausdrücklich oder stillschweigend versprochen, … das zu befolgen, was die Mehrheit der Genossen oder diejenigen, denen die Macht übertragen wurde, festsetzen würden" (s.o.). „Denn man muß annehmen, daß diejenigen, die sich zusammenschließen, irgend eine Weise der Geschäftserledigung gewollt haben. Nun ist es unnatürlich, daß sich die Mehrheit der Minderheit fügt. Deshalb gilt von Natur aus die Mehrheit als das Ganze, wenn nicht Verträge oder Gesetze eine bestimmte (andere) Form der Geschäftsbehandlung vorschreiben" (II 5 [XVII]). Die höchste Gewalt im Staat ist jene, „deren Handlungen keines Menschen Recht unterstellt sind, und zwar so, daß sie nach dessen Willen oder Belieben unwirksam gemacht werden könnten" (I 3 [VII]).

Die Wahl der Regierungsform stehe im Belieben des Volkes. Dieses könne sich sogar völlig der Gewalt eines Herrschers ausliefern, auch einer Gewalt, die zu dessen Nutzen besteht, ähnlich wie sich ein Einzelner nach freiem Entschluß in Sklaverei begeben könne; denn nicht die Nützlichkeit entscheide darüber, was hier rechtmäßig ist, sondern allein die Vereinbarung (I 3 ^{VIII} Nrn. 1, 2, 13 und 14). Das steht freilich nicht ganz im Einklang mit der späteren Aussage, daß der Herrscher „zur Beachtung des göttlichen, des natürlichen und des Völkerrechts" verpflichtet sei (I 3^{XVI} Nr. 1). Denn der Grund allen Naturrechts sollte ja in dem menschlichen Bedürfnis nach einer vernünftig geordneten Gesellschaft liegen und der gemeinsame Nutzen sollte ein Hauptzweck des Staates sein. Wie wäre damit aber eine Verfassung vereinbar, die nur den Nutzen des Herrschers bezweckt?

Nicht nur die innerstaatliche Ordnung beruht auf der Notwendigkeit eines vernünftig geregelten Zusammenlebens und auf einem naturrechtlich begründeten Zusammenschluß. Auch die Völker selbst können sich nur auf Grund eines Rechts miteinander verbinden, da keine Gemeinschaft ohne Recht bestehen kann (Vorrede, Nr. 23). Insbesondere können die Staaten (auf der Basis des naturrechtlichen Prinzips „pacta sunt servanda", s. o.) „durch Übereinkommen Recht bilden", nämlich das Völkerrecht (Vorrede, Nr. 17). Doch nicht nur die friedlichen Beziehungen zwischen den Staaten haben ihr „Recht"; auch im Kriege gelten bestimmte allgemeine und zeitlose Gesetze des Naturrechts (Vorrede, Nr. 26). – Vom Standpunkt des Naturrechts aus stellt Grotius auch die Frage nach dem gerechten Krieg. Der Hauptgedanke seiner Antwort lautet: Ein Krieg kann gerecht sein, wenn er der Rechtsverfolgung, insbesondere der Verteidigung gegen einen widerrechtlichen Angriff dient (Vorrede, Nr. 25; I 2; II 22 ff.).

b) Pufendorf

Samuel Pufendorf (1632–1694), der in der Mitte des Dreißigjährigen Krieges geborene sächsische Pfarrerssohn, war Professor für Natur- und Völkerrecht in Heidelberg und später in Lund, dann schwedischer und zum Schluß brandenburgischer Hofhistoriograph. Die Epoche des Übergangs, in der er lebte, spiegelt sich auch in seinem Werk.

Die moderne naturwissenschaftliche Methode hatte ihren Siegeszug angetreten. Und wie oft nach einer großen Entdeckung drohte auch jetzt die Gefahr der Überschätzung. So versuchte das naturwissenschaftliche Denken in Gebiete überzugreifen, in denen es nichts zu suchen hatte. Hier war es ein Verdienst Pufendorfs, daß er die Eigenart moralischer Bestimmungsgründe sah und sie von den Gegenständen naturwissenschaftlicher Forschung unterschied. Das Handeln ist kein bloßer Kausalprozeß. Sondern die Menschen können sich nach ihrem Willen in die eine oder andere Richtung wenden. Und in diesen Entscheidungen können sie sich durch Pflichten bestimmen lassen (De jure naturae et gentium, 1672, I 6 §§ 6 und 8). Es gibt also nicht nur die physischen Dinge und Bewegungen, sondern auch moralischen Sinn und Zweck. Diese lenken und zügeln die Freiheit der menschlichen Willensakte und stiften eine gewisse Ordnung und Sittsamkeit des menschlichen Lebens (De jure nat., I 1 § 3).

Galt es auf der einen Seite, den naturalistischen Monismus abzuwehren, so waren auf der anderen Seite noch Nachzügler der Scholastik am Werk, die aus Glaubenssätzen nicht nur ein Naturrecht, sondern sogar das naturwissenschaftliche Weltbild gewinnen wollten. Hier waren die Grenzen zwischen Vernunfteinsicht und Theologie zu finden. Das Naturrecht stellt auf das ab, „was durch die Vernunft ergründet werden kann". Es hält etwas deshalb für geboten, „weil die rechte Vernunft einsieht, daß es für das Zusammenleben unter Menschen notwendig ist". Die Moraltheologie hingegen spricht von Dingen, „die ihre Quelle in der göttlichen Offenbarung haben, zu der unsere Vernunft nicht hinreicht und die insoweit auch das Naturrecht nicht erfaßt". Damit sind die Grenzen bezeichnet, die das Naturrecht von der Moraltheologie trennen. Ist das geschehen, dann hat das Naturrecht „nicht unter einer schlechteren Bedingung anzutreten, als die Rechtswissenschaft, die Medizin, die Naturwissenschaft oder die Mathematik" (De officio hominis et civis, 1673, Vorrede). – Aber Pufendorf hat nur das Messer gewetzt. Am Ende kann er sich doch nicht dazu entschließen, das Naturrecht ganz von der Religion abzunabeln. Denn auf die alte Frage, worin die Verbindlichkeit des Naturrechts ihren Grund habe, weiß er nur eine theologische Antwort: Dazu bedürfe es der Annahme, „daß ein Gott sei und durch seine Vorsehung alles regiere; und daß er es den Menschen auferlegt habe, die Vernunftgebote zu halten, gleichsam als Gesetze, die er durch das angeborene Licht der Vernunft verkündet hat" (De off., I 3 § 10).

War das Naturrecht einerseits von der Moraltheologie abzugrenzen, so andererseits auch vom positiven Recht: Das Naturrecht gibt an, was nach rechter Vernunfteinsicht für ein menschliches Zusammenleben notwendig ist. Die bürgerlichen Rechtsvorschriften hingegen haben ihren letzten Grund „darin, daß der Gesetzgeber etwas so geregelt hat" (De off., Vorrede).

Das Naturrecht hat von zwei anthropologischen Grundtatsachen auszugehen: von der Angewiesenheit des Menschen auf andere (der „imbecillitas") und einer natürlichen Anlage zur Gesellung (der „socialitas"): „Der Mensch ist ein auf Selbsterhaltung bedachtes Wesen; auf sich allein gestellt ist er ein armseliges Geschöpf, unfähig, sich ohne die Hilfe seiner Mitmenschen zu erhalten, ganz auf gegenseitige Förderung der Interessen angelegt; zugleich aber ist er boshaft, mutwillig, reizbar und fähig und geneigt, anderen zu schaden. Deshalb muß er, um sich zu erhalten, gesellig leben, d. h. sich mit seinesgleichen verbinden und sich ihnen gegenüber so betragen, daß diese keinen vernünftigen Grund haben, ihm zu schaden, sondern sogar bereit sind, seine Interessen zu wahren und zu fördern" (De off., I 3 § 7).

Die Gesetze des Naturrechts sind nichts anderes als „die Gesetze dieses Zusammenlebens, d. h. die Regeln, die angeben, wie sich jemand zu verhalten hat, um ein passables Glied der menschlichen Gesellschaft zu sein". Die Grundregel lautet: „Jeder hat, soviel an ihm liegt, die Geselligkeit (socialitatem) zu pflegen und ihr zu dienen." Alles was unerläßliches Mittel zu diesem Zweck ist, ist vom Naturrecht geboten, alles was das Zusammenleben verwirrt oder zerstört, ist verboten. Das ist die Grundregel, der alle anderen Sätze untergeordnet sind (De off., I 3 §§ 8 und 9). Man könnte ebensogut das gesamte Naturrecht auf das christliche Gebot der Gottes- und Nächstenliebe zurückführen (De off., Vorrede).

Im einzelnen ergeben sich daraus folgende Hauptpflichten des

Gemeinschaftslebens: Niemand soll den anderen schädigen; wer für einen Schaden verantwortlich ist, muß ihn ersetzen (De off., I 6). Jeder muß den anderen als ein Wesen achten und behandeln, das ihm von Natur aus gleichgeartet ist; er muß die Menschen als Gleiche gleich behandeln und keinen bevorzugen, der das nicht für den vorliegenden Anlaß verdient hat; er soll sich nicht grundlos überheben, soll aber auch jedem den Rang und die Ehre lassen, die ihm gebühren (De off., I 7). Jeder soll den anderen nach besten Kräften nützen und ihnen auch solche Dinge zukommen lassen oder mit ihnen austauschen, aus denen ein gegenseitiges Wohlwollen keimt; er soll auch seine eigenen Fähigkeiten ausbilden, so daß sie zum Nutzen anderer gebraucht werden können (De off., I 8). Jeder hat schließlich sein gegebenes Wort zu halten, d.h. Versprechen und Verträge zu erfüllen (De off., I 9).

Was aber treibt den Menschen dazu, nicht nur irgendeine freie Gemeinschaft zu suchen, sondern das Joch auf sich zu nehmen und Bürger eines Staates zu werden? Wer Bürger wird, gibt „die natürliche Freiheit auf und unterwirft sich einer Herrschaft, die das Recht über Leben und Tod umfaßt und auf deren Befehl er vieles tun muß, vor dem er sonst zurückscheute, und vieles unterlassen muß, was er sehr gern erstrebte". Was also rechtfertigt es, die natürliche Freiheit aufzugeben? Pufendorf gibt darauf eine ähnliche Antwort wie Hobbes: Die Menschen haben Staaten gegründet, „um sich mit einem Schutz zu umgeben gegen die Übel, die dem Menschen vom Menschen drohen". Denn das Naturrecht allein „kann den Menschen nicht gewährleisten, daß sie in gesicherter natürlicher Freiheit ihres Weges ziehen". Gibt es doch viele, denen alles Recht feil ist, wenn ihnen ein Vorteil lacht und sie darauf vertrauen können, durch Stärke oder List jene schachmatt zu setzen, die den Schaden davontragen (De off., II 5 §§ 4, 7, 8). Gegen diese Gefahren, die von anderen Menschen drohen, sucht man Hilfe bei den Menschen selbst. Zur Abwehr schließt man sich zusammen und ordnet sich einer Staatsgewalt unter (De jure nat., VII 1 §§ 4 ff.; 2 §§ 1 ff.).

Eine solche staatliche Gemeinschaft komme durch Übereinkunft zustande. Und zwar unterscheidet Pufendorf drei Stadien der Staatsgründung: den Zusammenschluß der Einzelnen zum Zwecke der Staatsbildung, dann die Festlegung der Regierungsform und schließlich die Einsetzung der Regierung. Auch wo diese Verträge nicht ausdrücklich geschlossen worden seien, hätten sie wenigstens stillschweigend inmitte gelegen (De jure nat., VII 2 §§ 7 und 8).

c) *Thomasius*

Der Hallenser Professor Christian Thomasius (1655–1728) hat die Trennung von Recht, Sitte und Sittlichkeit ein gutes Stück vorangebracht. Die Absicht hierzu kündigt er schon im Titel seines Hauptwerkes an: „Fundamenta juris naturae et gentium ex sensu communi deducta, in quibus ubique secernuntur principia honesti, justi ac decori" (1705; hieraus die folgenden Zitate).

In naturrechtlicher Manier sucht auch Thomasius einen anthropologischen Ansatz. Er findet ihn in dem menschlichen Streben, lang und glücklich zu leben (I 1 §§ 121 ff.; I 6 § 21). Darin liege also das fundamentale Gut. Ihm haben die Pflichten der Ehrenhaftigkeit (honestum), der Rechtlichkeit (justum) und des Anstandes (decorum) zu dienen, vor allem dadurch, daß sie für innere Zufriedenheit und äußeren Frieden sorgen (I 4 §§ 87, 89).

Diese drei Pflichten will Thomasius in ihrer Eigenart beschreiben und voneinander unterscheiden. Damit führt er das Vorhaben Pufendorfs fort, die Besonderheit der Rechtspflichten herauszuschälen, jene Merkmale nämlich, durch die sie sich von den Pflichten der Ehrenhaftigkeit und der Anständigkeit unterscheiden (Prooem., §§ 11, 12).

Die Ehrenhaftigkeit zielt auf das, was man sich selber schuldig ist: „Was du willst, daß andere sich auferlegen, das auferlege auch dir selbst" (I 6 § 40). Die Anständigkeit richtet sich auf das, was man den anderen erweisen soll: „Alles was du willst, daß dir die anderen erweisen sollen, das erweise ihnen auch" (I 6 § 41). Die Rechtlichkeit schließlich zielt auf das, was man den anderen nicht antun soll, nach der Regel: „Was du nicht willst, das man dir tu', das füg' auch keinem andern zu" (I 6 § 42). – Hierbei bezwecken die Anstandspflichten, das Wohlwollen der Menschen zu gewinnen. Die Rechtspflichten hingegen sollen den äußeren Frieden erhalten oder den gestörten Frieden wiederherstellen (I 4 § 90; I 6 §§ 72 f.). – Schon diese Unterscheidung der Pflichten ist aber nicht subtil genug. Zum Beispiel geht die Unterhaltspflicht unter Ehegatten auf ein positives Gewähren, nicht auf ein Nichtverletzen; gleichwohl ist sie eine Rechtspflicht und nicht nur eine Anstandspflicht. Oder, um ein anderes Beispiel zu nennen: Das Inzestverbot dient nicht dazu, den Frieden unter den Menschen zu sichern, und setzt dennoch eine Rechtspflicht.

Der Verschiedenheit des Zieles entspreche auch ein Unterschied in der Verbindlichkeit dieser Pflichten: Die Ehrenhaftigkeit und die Anständigkeit seien nur innerlich verpflichtende Bindungen, von denen jene das innere, diese das äußere Verhalten leite (I 4 § 90). Die Rechtspflicht hingegen sei eine äußerlich erzwungene Pflicht, d. h. eine Pflicht, die aus Furcht vor äußerem Zwang befolgt werden müsse (I 4 §§ 61 f.; I 5 §§ 21, 24); solcher Zwangspflichten bedürfe es für alle die Narren, die in ihrer eigenen Handlungsfreiheit und Ruhe nicht gestört werden wollen, aber selber die Freiheit der anderen stören (I 4 § 74). Freilich verlangt diese Unterscheidung, ob hinter den Pflichten nur ein innerer Antrieb oder ein äußerer Zwang stehe, nach einer weiteren Präzisierung. Charakteristika des Rechtszwanges seien: die Versagung von etwas Erstrebtem, ein Vermögensnachteil oder eine Strafe (I 5 § 5). – Indessen steht auch hinter vielen außerrechtlichen Pflichten ein recht handfester gesellschaftlicher Zwang, der ebenfalls den einen oder anderen dieser Nachteile bringen kann. Die Eigenart des staatlichen Rechts liegt also nicht schon darin, daß hinter ihm irgend ein äußerer Zwang steht. Worin dann? Daß es die Chance hat, durch organisierten äußeren Zwang durchgesetzt zu werden, d. h. durch einen Zwang, der in normierten, institutionalisierten Verfahren vollzogen wird. Das hat vor allem Max Weber näher dargelegt (Wirtschaft und Gesellschaft, ⁵1976, 17 f., 181 ff.). Die Besonderheit des gewährleisteten Rechts hängt also aufs engste mit der Eigenschaft des Staates zusammen, als der Organisation, die über Einrichtungen und Verfahren zur zwangsweisen Durchsetzung ihrer Normen verfügt. Nicht äußerer Zwang schlechthin, sondern eine spezifische Technik der Erzwingbarkeit ist daher das charakteristische Merkmal des staatlichen Rechts.

Wenn aber die Eigenart des gewährleisteten Rechts in der Erzwingbarkeit liegt, dann unterscheidet es sich auch vom natürlichen und göttlichen Recht: Du darfst nicht glauben, „natürliches und positives, göttliches und menschliches Recht seien von der gleichen Art: Natürliches und göttliches Recht ist eher den Richtlinien (consilia) als den Befehlen zuzurechnen; von menschlichem Recht im eigentlichen Sinn spricht man aber nur, wenn man eine Befehlsnorm meint" (I 5 § 34; vgl. auch I 4 §§ 50 ff.; Prooem., § 9).

Die wahre kulturgeschichtliche Bedeutung dieses freimütigen, lebensvollen, derben Propheten bürgerlicher Aufgeklärtheit liegt aber nicht auf dem Felde rechtsphilosophischer Distinktionen, sondern in seinem wackeren Streit gegen Hexenwahn und Folter. In seiner berühmten Dissertation „De Crimine Magiae" (1701; deutsch: Von dem Laster der Zauberey, 1702) wird geltend gemacht: Den Bund zwischen Mensch und Teufel, den die herrschende Meinung annehme, gebe es nicht; er widerstreite der Erfahrung und der Vernunft (§§ 6 ff.). Die auf der Folter erpreßten Geständnisse der Hexerei hätten demgegenüber wenig Beweiskraft (§§ 21, 41, 48). – Bald darauf wandte er sich in einer anderen Dissertation („De Tortura", 1705) gegen die Folter: Sie sei ein ungerechtes, unbilliges und trügerisches Mittel, ein Verbrechen aufzuklären (I § 1); wegen der mit ihr zugefügten Pein sei sie „eher als Strafe für ein unbewiesenes Verbrechen zu bezeichnen, denn als Mittel, die Wahrheit zu erforschen" (II § 1). – Diese dem Geiste der Aufklärung entsprungenen Ideen verfehlten ihre Wirkung nicht. Das preußische Landrecht von 1721 verwies den Ritt auf den Blocksberg in das Reich der Träume und Phantasien und empfahl die von solchen Wahnvorstellungen Befallenen zuvörderst der Unterrichtung durch den Pfarrer (VI Tit. 5 Art. 4 § 1). Friedrich der Große schaffte gleich nach seinem Regierungsantritt (1740) die Folter ab. – Der von Aloysius Xaverius Wigulaeus von Kreittmayr verfaßte Codex Juris Bavarici Criminalis (1751)ließ sich freilich nicht anfechten, setzte weiterhin den Feuertod auf „Bündnuß, oder fleischliche Vermischung mit dem Teufel" und behielt, wenn auch mit Maßen, die Folter bei (I 7 § 7; II 8 §§ 1 ff.). Und noch die Theresiana von 1768 folgte diesem Beispiel (Art. 38 und 58) – zu einer Zeit, als Goethe schon im zwanzigsten Lebensjahr stand.

d) Leibniz

Gottfried Wilhelm Leibniz (1646–1716) war der Sohn eines Leipziger Professors der Moralphilosophie. Als Fünfzehnjähriger bezog er die Universität Leipzig, um Rechtswissenschaft und Philosophie zu studieren. Mit zwanzig Jahren erwarb er in Altdorf den Doktorgrad. Die ihm angebotene Professur schlug er aus und trat in die Dienste des Kurfürsten von Mainz. Nach Aufenthalten in Paris und London war er dann von 1676 an bis zu seinem Tode in hannoverschen Diensten als Rat und Bibliothekar tätig. Neben seinen Studien zur Mathematik und zur Logik (er erfand unabhängig von Newton und auf eigenem Wege die Infinitesimalrechnung) und neben seinen philosophischen Abhandlungen beschäftigten ihn historische Arbeiten und vor allem das theologische Bemühen, die christlichen Konfessionen miteinander zu versöhnen. Erfolgreicher als dieser Aussöhnungsversuch war sein anderer Plan, der gelehrten Welt durch Akademien eine Organisation zu geben: Auf seine Anregungen hin entstanden die Akademien der Wissenschaften in Berlin, Wien und Petersburg.

Im Mittelpunkt seiner Philosophie stand seine eigenartige Monadenlehre: Die Grundeinheiten der Welt sind nicht tote Materie; sondern sie haben eine sie belebende Entelechie (Monadologie, 1714, § 18). Das Geistige, das wir in unserer eigenen Seele finden, müssen wir auch hinter den uns erscheinenden Dingen suchen, von denen wir nur die Außenansicht kennen. Von „innen her" kennen wir freilich nur eine einzige Monade: den Sitz unseres Bewußtseins. Dieses ist der Reflexion fähig und ist imstande, „das in den Blick zu nehmen, was man Ich, Substanz, Seele, Geist nennt; mit einem Wort, die immateriellen Dinge und Wahrheiten" (Principes de la nature et de la grâce, 1714, § 5). Hinter den Skurrilitäten dieser Monadenlehre (zu denen man insbesondere die Lehre von der „Fensterlosigkeit" der Monaden zählen mag, Monadologie, §7) steckt immerhin eine wichtige Einsicht: In einer Zeit des sich ausbreitenden Materialismus und einer mechanistischen Weltanschauung machte sie deutlich, daß es schon im Ansatz falsch ist, ein Weltbild nur nach der „Außenansicht" der Erscheinungswelt zu konstruieren. Es ist von vornherein auch das einzubeziehen, was wir nur in uns selber unmittelbar erfassen können: Beseeltheit, Fühlen und Denken. Damit verband sich zugleich das Prinzip der Individualität: In meinem Bewußtsein erfasse ich meine Eigenständigkeit gegenüber allen anderen Individuen. Ich begreife mich als eine Individualität neben den anderen.

Auch sonst finden sich bei Leibniz zukunftsträchtige Denkansätze. So nimmt er (Juris et aequi elementa) im Grunde schon den Kantischen Gedanken vorweg, daß es in der Ethik nicht um Tatsachenfeststellungen, sondern um Kriterien der Richtigkeit geht: Zumal in den Fragen der Rechtswissenschaft geht es nicht um Tatsachen, sondern darum, was richtig ist („sunt … juris, non facti"). Daß etwas gerecht sei, läßt sich „unabhängig davon feststellen, ob es jemanden gibt, der Gerechtigkeit übt oder dem gegenüber sie geübt wird, so wie die Logik der Zahlen selbst dann wahr bleibt, wenn weder jemand da ist, der zählt, noch etwas, das gezählt wird. Und über ein Haus, eine Maschine, einen Staat kann man urteilen, daß sie, wenn sie bestünden, schön, wirksam, glücklich wären, auch wenn sie tatsächlich nie existieren werden. Es ist daher nicht verwunderlich, daß die Sätze dieser Wissenschaften von ewiger Wahrheit sind." Sie nehmen auch „nicht von den Sinnen ihren Ausgang, sondern von einer klaren und bestimmten Anschauung, die Plato als Idee bezeichnet hat, was dem Wortlaut nach dasselbe bedeutet wie Definition".

Mit dieser Bemerkung nehmen Leibnizens Gedanken eine Wendung zu sprachanalytischen Erwägungen: Sollen in der Rechtstheorie Folgerungen „aus einer klaren und distinkten Vorstellung" über das Recht gezogen werden, so ist einsichtig, „daß vor allem die Definition der Worte: ‚Recht‘, ‚Gerechter‘, ‚Gerechtigkeit‘ festgestellt werden muß, d.h., daß wir die klaren Ideen zum Ausdruck bringen, nach welchen wir, auch ohne es zu wissen, die Wahrheit unserer Aussagen und die Richtigkeit des Sprachgebrauchs zu bemessen pflegen. Diese Untersuchung geht so vor, daß wir die wichtigsten und hervorstechendsten Beispiele aus dem Sprachgebrauch zusammenstellen und nun danach fragen, was ihnen in diesen und allen übrigen Fällen gemeinsam ist."

An anderer Stelle (Méditations sur la notion commune de la justice) führt er diese Gedanken fort: Wenn „Gerechtigkeit" ein Ausdruck mit einer bestimmten Bedeutung ist, wenn also „dieses Wort nicht ein einfacher, sinnloser Schall ist, wie ‚blitiri‘, dann wird sich dieser Ausdruck oder dieses Wort ‚Gerechtigkeit‘ doch irgendwie definieren oder durch einen verständlichen Begriff erläutern lassen". Hat man aber erst einmal diesen Begriff, dann kann man aus ihm nach unbestreitbaren logischen Regeln sichere Folgerungen ziehen. Und genau das tut man in den „streng beweisenden Wissenschaften, die nicht von den Tatsachen, sondern allein von der Vernunft abhängen, wie das für die Logik, die Metaphysik, die Arithmetik, die Geometrie, die Lehre von den Bewegungen und auch die Rechtswissenschaft zutrifft. Sie alle gründen sich nicht auf Erfahrungen und Tatsachen, sondern dienen dazu, von den Tatsachen selbst Rechenschaft zu geben und sie im voraus zu regeln."

Gerechtigkeit ist also etwas ganz anderes als Macht. Diese ist bloßes Faktum und bewirkt, wenn sie zur Gerechtigkeit hinzutritt, lediglich dies: „daß aus dem Rechten eine Tatsache wird, und daß, was sein soll, auch wirklich existiert, wenigstens insoweit, als die Natur der Dinge es erlaubt".

Welches sind die Kriterien der Gerechtigkeit? An diesem Punkte kommt Leibniz über Bekanntes nicht hinaus. Die Gerechtigkeit geht auf das Gute, d. h. darauf, „was der Vervollkommnung der vernunftbegabten Substanzen dient. Demnach sind offenbar Ordnung, Zufriedenheit, Freude und Güte und Tugend ihrem Wesen nach etwas Gutes." Dem dienen die Grundsätze der Gerechtigkeit. Sie gebieten in den „drei Stufen des strikten Rechts, der Billigkeit und der Frömmigkeit": „niemandem Unrecht zu tun" (neminem laedere), „am rechten Platz Gutes zu tun . . ., jedem das zukommen zu lassen, was ihm gebührt" (suum cuique tribuere);

und „in Ehren, d. h. anständig und gottgefällig zu leben" (honeste vivere).

Auch die Frage des theologischen Moralpositivismus hat Leibniz wieder aufgenommen: Verfügt Gottes Allmacht frei darüber, was gerecht oder ungerecht sein soll, wie Duns Scotus und Ockham glaubten (Kap. 8 a)? Oder ist die Meinung von Grotius richtig, daß bestimmte Grundsätze der Gerechtigkeit unabhängig von Gott gelten und selbst von Gott nicht geändert werden könnten (Kap. 15 a)? Leibniz hat zunächst der ersten Ansicht zugeneigt, später aber (aaO.) den zweiten Standpunkt verfochten: „Es ist allgemein zugestanden, daß alles, was Gott will, gut und gerecht ist. Die Frage ist nur, ob es gut und gerecht ist, weil Gott es will, oder ob Gott es will, weil es gut und gerecht ist, d. h. ob die Gerechtigkeit oder die Güte etwas Willkürliches sind, oder ob sie in den notwendigen und ewigen Wahrheiten der Natur der Dinge ihren Bestand haben, so wie die Zahlen und die Relationen." Jene Auffassung, die alles in die Willkür Gottes stellt, würde „Gottes Gerechtigkeit vernichten. Denn warum soll man Gott dafür loben, daß er gerecht handelt, wenn der Begriff der Gerechtigkeit bei ihm nichts zu dem der Handlung hinzufügt? Sagte jemand: ‚stat pro ratione voluntas!‘, mein bloßer Wille genügt als Grund, so wäre dies geradezu der Wahlspruch eines Tyrannen. Außerdem ließe sich bei dieser Definition Gott kaum mehr vom Teufel unterscheiden. Denn wäre der Teufel, d. h. eine verstandesbegabte, unsichtbare, gewaltige und böswillige Macht der Herr der Welt, so würde dieser Teufel oder dieser Gott trotz allem böse sein … So haben denn manche, die allzu sehr von dem absoluten Recht Gottes überzeugt waren, geglaubt, daß er mit Recht die Unschuldigen verdammen könne, ja daß dies vielleicht tatsächlich der Fall sei; eine solche Annahme aber geschieht zum Schaden jener Eigenschaften, die Gott liebenswert machen, und läßt, indem sie die Liebe zu Gott vernichtet, nichts als die Furcht vor ihm übrig … Dadurch verletzt man, ohne sich dessen bewußt zu werden, gerade den Kern der Religion."

e) Christian Wolff

Christian Wolff (1679–1754) war Professor in Halle und Marburg. Wegen seiner eingängigen, weitläufigen und mittelmäßigen Philosophie wurde er von den gebildeten Zeitgenossen gefeiert. Friedrich Wilhelm I. hat ihn aus dem Lande gejagt. Friedrich der Große hat ihn geschätzt und mit Ehren zurückberufen.

Auch Wolff hat versucht, ein Naturrecht auf anthropologischer Grundlage zu entwickeln. Die Absicht hierzu kündigt er schon im Titel seines zweiten, zusammenfassenden juristischen Hauptwerkes an: „Institutionen des Natur- und Völkerrechts, in denen aus der menschlichen Natur selbst in fortlaufendem Zusammenhang alle Pflichten und Rechte abgeleitet werden" („Institutiones juris naturae et gentium, in quibus ex ipsa hominis natura continuo nexu omnes obligationes et jura omnia deducuntur", 1752; hieraus die folgenden Zitate).

„Natürlich" nennt er eine Pflicht dann, wenn sie ihren „zureichenden Grund im Wesen und in der Natur des Menschen und der Dinge selbst hat: Und weil diese unwandelbar und notwendig ist, ist auch die natürliche Pflicht unwandelbar und notwendig" (§ 38). Das gleiche gilt für die Naturrechtsnorm, der gemäß diese natürliche Pflicht besteht (§§ 39 f.). Auch die theologische Prämisse dieses Naturrechts wird offengelegt: Gott selbst sei der Urheber und die Quelle seiner Verbindlichkeit (§ 41). Es bindet alle Menschen; und von dieser Bindung kann niemand befreit werden (§ 42). Einer widerstreitenden obrigkeitlichen Anordnung soll man nicht gehorchen, sondern lieber Strafe dulden (§ 1079).

Hinsichtlich des Inhalts der naturrechtlichen Grundpflicht knüpft Wolff im wesentlichen an die aristotelische Tradition an: Der Mensch findet sich von Natur aus dazu gedrängt, sich selbst und seine Lebensumstände zu vervollkommnen (§ 36). Darauf zielt also auch die naturrechtliche Grundnorm (§ 43). Diese Vervollkommnungspflicht bekommt eine soziale Wendung: Niemand kann sich und seine Verhältnisse als Einzelner zur Vollkommenheit bringen, sondern man braucht dazu die Hilfe der anderen. Daher muß jeder nach besten Kräften auch zur Vervollkommnung des anderen beitragen, sofern das möglich ist, ohne die Pflicht gegen sich selbst zu vernachlässigen (§§ 44, 133).

Aus dieser naturrechtlichen Grundnorm möchte Wolff in rationalistischer Weise eine Fülle naturrechtlicher Konsequenzen ableiten („ratiocinationis filo deducuntur omnia", § 43). Vor allem habe jeder die Freiheit zu allem und ein Recht auf alles, was unumgänglich ist, um jene natürliche Pflicht zu erfüllen (§§ 45, 46).

Auch die natürliche Gleichberechtigung der Menschen leitet Wolff anthropologisch daraus ab, daß die Natur und das Wesen aller Menschen gleich seien (§§ 69 ff.). Darauf gründet er auch die Goldene Regel in ihrer negativen und ihrer positiven Fassung, samt den Pflichten der Menschlichkeit (§ 73). Zu der natürlichen Gleichheit tritt eine natürliche Freiheit: Von Natur aus hängen die Handlungen eines Menschen nicht vom Willen irgendeines anderen, sondern nur von ihm selbst ab (§ 77). Jeder hat ferner ein natürliches Recht auf Sicherheit, d. h. darauf, daß er nicht von anderen in seinem Recht verletzt wird (§ 89). Folglich hat er auch ein Recht auf Notwehr (§ 90). Und er hat ein Recht auf Bestrafung dessen, der ihn verletzt hat (§ 93). All das seien angeborene Rechte, die dem Menschen nicht entzogen werden könnten (§§ 74, 95).

Aus der natürlichen Pflicht, niemanden zu verletzen, und aus dem natürlichen Recht, Unrecht abzuwehren, ergibt sich auch eine Pflicht, Frieden zu halten, die nur dort eine Ausnahme hat, wo es gilt, geschehenes oder bevorstehendes Unrecht abzuwehren (§§ 98 f.).

Die Lehre von Herrschaft und Gemeinschaft knüpft an den Gedanken an, daß der Mensch von Natur aus frei ist. Seine Handlungen hängen also von keines anderen Willen ab, und keinem steht Herrschaft über andere Menschen zu (§§ 834 f.). Durch Vertrag können sich aber die Menschen zu einer Gemeinschaft verbinden, um einen bestimmten Zweck (die Vervollkommnung jedes Einzelnen) mit vereinten Kräften zu verfolgen. Daraus erwächst dann dem Einzelnen die Pflicht, nach besten Kräften zur Erreichung des Zieles beizutragen, und die Genossen erhalten das Recht, ihn zur Erfüllung dieser Pflicht zu zwingen (§ 836). Bezeichnet man jene

Erreichung des Gemeinschaftszweckes als das gemeine Beste (commune bonum), dann muß also jeder Genosse nach Kräften und in der vereinbarten Weise zum gemeinen Besten beitragen und alles unterlassen, was diesem zuwiderläuft (§ 837).

Um alle Lebensbedürfnisse zu befriedigen und den ungestörten Rechtsgenuß und den Rechtsfrieden zu sichern, reichen nun aber die privaten Hausgemeinschaften nicht aus. Deshalb muß man eine bürgerliche Gemeinschaft (civitas) eingehen, um mit vereinten Kräften das zu erlangen, was die einzelnen Hausgemeinschaften allein nicht erreichen können: Verfügung über einen zureichenden Lebensbedarf, Ruhe und Sicherheit (§ 972). Eine solche politische Gemeinschaft hat das Recht, nach Gutdünken zu bestimmen, auf welche Weise das Gemeinwohl zu verfolgen und mit welchen Mitteln jener Zweck der Gemeinschaft zu erlangen ist (§ 978). Freilich findet die politische Gewalt in ihrem Zweck, dem gemeinen Besten zu dienen, auch ihre Grenze; für Handlungen, die jenen Zweck nicht berühren, behalten die Einzelnen also ihre natürliche Freiheit (§ 980).

Die Herrschaftsgewalt liegt von Haus aus beim Volk, das seine Vorschriften durch Zustimmung aller oder wenigstens der Majorität erläßt (§§ 978 f.). Es kann seine Herrschaftsbefugnis aber auch einem oder mehreren übertragen, und zwar in sehr unterschiedlicher Weise (§§ 982 f.). Die Gesetze, welche die Ausübung dieser Staatsgewalt binden, sind die Grundnormen der Gemeinschaft. Sie kommen durch den Konsens des Volkes zustande (§ 984).

Mit den Einzelstaaten ist noch nicht die höchste Stufe menschlicher Vergesellschaftung erreicht. Von Natur aus verhalten sich die verschiedenen staatlichen Gemeinschaften ebenso zueinander, wie freie Menschen, die im Naturzustand leben (§ 977). So haben sie untereinander die gleichen natürlichen Pflichten und Rechte, die auch die Menschen von Natur aus gegeneinander haben (§§ 1088 f.). Dazu gehört auch die Pflicht, mit vereinten Kräften ihren Zustand der Vollkommenheit anzunähern. So hat die Natur selbst eine Gemeinschaft unter den Völkern geschaffen (§ 1090).

In dieser Weise entwirft Wolff ein imponierendes System menschlicher Vergesellschaftung. Auf allen ihren Stufen dient sie

jenem elementaren Zweck, der in der menschlichen Natur angelegt ist: den Menschen und seine Lebensbedingungen vollkommener zu machen. Und doch darf dieses eindrucksvolle Gedanken-
spiel über eines nicht hinwegtäuschen: Seine Prämisse ist eine
Leerformel, die sich mit vielerlei Inhalt füllen läßt. Denn die entscheidende Frage ist ja gerade, welches das präzise Leitbild des
vollkommenen menschlichen Lebens sei. Damit verbindet sich der
Zweifel, ob es grundsätzlich überhaupt möglich sei, aus einem allgemeinen Prinzip im Wege bloßer Deduktion zu einer inhaltser-
füllten rechtlichen Normenordnung zu gelangen, ein Bedenken,
dessen sich besonders die moderne Systemkritik angenommen hat.

IV. DIE STAATS- UND RECHTSPHILOSOPHIE
SEIT KANT

16. Das Recht als vernünftige Ordnung der Freiheit
(Kant)

Immanuel Kant (1724–1804), der in Königsberg geborene Sohn eines ehrbaren Sattlermeisters, sollte zu einem Angelpunkt in der Geschichte des Denkens werden. Gewiß hat auch er in dem unerbittlichen Fortgang der Geschichte nicht das letzte Wort. Aber die auf ihn folgende philosophische Diskussion hat sich zu einem guten Teil in Auseinandersetzung mit seinen Gedanken abgespielt und sich an ihnen hochgerankt. – Das äußere Leben Kants ist völlig undramatisch, sogar das Drama der Ehe fehlt darin: sittenstrenge Erziehung in einem pietistischen Elternhaus, Besuch des vorbildlich geleiteten Collegium Fridericianum, wo Kant schon als Schüler den Vorsatz faßte, später gelehrte Werke zu schreiben, dann Besuch der Königsberger Universität. Nach dem Universitätsstudium war Kant Hauslehrer in der Nähe von Königsberg. Mit dreißig Jahren habilitierte er sich und las bald darauf über Logik, Metaphysik, Moralphilosophie, Physik und Mathematik. Aber auch Naturrecht, Moraltheologie, Anthropologie und physikalische Geographie gehörten zu seinem reichhaltigen Repertoire. Als Lehrer war er beliebt und als Gesellschafter gern gesehen. Nach fünfzehnjähriger Lehrtätigkeit wurde ihm endlich eine Professur zuteil. Im Alter von siebenundfünfzig Jahren veröffentlichte er sein erstes Hauptwerk, die Kritik der reinen Vernunft (1781), vier Jahre später erschien die Grundlegung zur Metaphysik der Sitten (GMS), 1788 dann die Kritik der praktischen Vernunft (KpV) und schon zwei Jahre darauf die Kritik der Urteilskraft; erst 1797, Kant war damals bereits dreiundsiebzig Jahre alt, folgte die Metaphysik der Sitten (MdS).

Das Zeitalter Kants sah sich Erkenntnistheorien gegenüber, die den Anteil der Vernunft an der Erkenntnis teils über-, teils unterschätzten. Nach der rationalistischen Lehre sollten angeborene Vernunftwahrheiten bis zur Erkenntnis Gottes und bis zu spezifischen Grundsätzen über den Staat und das Naturrecht reichen. Andererseits wollte der Sensualismus die Sinneseindrücke als Quelle der Erkenntnis genügen lassen; in seiner extremsten Fassung hielt er die Erkenntnis für einen bloß passiven Vorgang, durch den die „tabula rasa" des menschlichen Geistes sich allmählich mit Konturen füllt.

Kant versuchte, den Anteil der Vernunft am Erkenntnisprozeß kritisch zu bestimmen: Einerseits entsteht unsere Erkenntnis nicht bloß aus dem Verstand, sondern auch aus der Anschauung. Andererseits ist sie aber kein bloß passiver Vorgang; sondern das Bewußtsein ist an der Erfahrung aktiv beteiligt, es „macht" seine Erfahrungen. Die Sinnesempfindungen werden durch die Anschauungsformen räumlich und zeitlich geordnet. Zu Erkenntnissen werden sie erst dadurch, daß unser Verstand sie begreift: Er faßt sie zu Gegenständen zusammen und setzt diese in Beziehung zueinander, beispielsweise in das Verhältnis von Ursache und Wirkung. Der Verstand hat also eine konstitutive Funktion: Er ordnet die Empfindungen zu einer Erscheinungswelt, zu der Welt, wie sie meinem Bewußtsein erscheint. Alles, was Ordnung, Verbindung, Gesetzesmäßigkeit in den Erscheinungen ist, mit anderen Worten alles Formale, stammt also aus dem Verstand, ist apriorischer Gehalt der Erkenntnis.

a) Das Sittengesetz

Nicht nur die Gesetzlichkeiten unserer Erfahrungswelt stammen aus unserem Bewußtsein, sondern auch das Sittengesetz liegt in uns selbst: Die reine Vernunft gibt unserer Erscheinungswelt die Ordnung; die praktische Vernunft liefert das Richtmaß, nach dem wir in der Fülle der Neigungen und Motive die sittlich richtige Entscheidung „treffen" können.

Dieses Richtmaß kann nicht aus irgendwelchen äußeren Erfah-

rungstatsachen stammen. Daraus allein, daß etwas tatsächlich geschieht, folgt nicht schon, daß es so auch richtig ist. Die Tatsache
z.B., daß die Menschen hier und heute in Monogamie zu leben
pflegen, besagt nicht schon, daß das auch richtig ist; aber auch das
Gegenteil läßt sich nicht aus Fakten entnehmen, etwa daraus, daß
die Menschen früher vielleicht polygam lebten. „Man könnte auch
der Sittlichkeit nicht übler raten, als wenn man sie von Beispielen
entlehnen wollte. Denn jedes Beispiel, was mir davon vorgestellt
wird, muß selbst zuvor nach Prinzipien der Moralität beurteilt
werden, ob es auch würdig sei, zum ursprünglichen Beispiele, d.i.
zum Muster zu dienen, keineswegs aber kann es den Begriff derselben zuoberst an die Hand geben" (GMS, 2. Abschn.).

Auch Begehren und Lust, auf denen die hedonistische Ethik
fußt, sind bloße Erfahrungstatsachen. Es ist aber ein Unterschied,
ob wir etwas begehren oder ob wir es für moralisch richtig halten.
Ja, die moralische Nötigung drängt oft gerade darauf, aus Pflicht
gegen die Neigung zu handeln. Daß wir solcherart überhaupt moralisch urteilen, daß wir das Bewußtsein eines Sittengesetzes haben, hält Kant für ein nicht weiter zu diskutierendes „Faktum der
Vernunft" (KpV, § 7). Dieses Sittengesetz unterscheidet sich insbesondere von den Regeln hedonistischer Lebensklugheit: Sie sind
bloße Erfahrungsregeln; sie sagen uns, wie wir es anstellen müssen,
um unser Begehren zu befriedigen; aber sie sagen uns nicht, ob es
moralisch richtig ist, dem Begehren zu folgen.

Nach dem Sittengesetz beurteilen wir die Tatsachen als gut oder
schlecht. Der Maßstab, an dem wir die Tatsachen messen, kann
aber nicht aus diesen selber stammen. Die moralische Verbindlichkeit ist daher „nicht in der Natur des Menschen oder den Umständen der Welt" zu suchen (GMS, Vorrede), sondern nur in der Vernunft, die über die Tatsachen urteilt. Also muß sie „völlig a priori in
der Vernunft ihren Sitz und Ursprung haben" (GMS, 2. Abschn.).
Deshalb sucht Kant ein rein aus der Vernunft entspringendes Prinzip richtigen Handelns. Solch ein reines Vernunftprinzip darf nicht
von irgendwelchen Tatsachen abhängen und nicht durch irgendwelche faktischen Bedürfnisziele bedingt sein. Folglich muß es ein
unbedingter, ein kategorischer Imperativ sein.

Alle Handlungsmaximen, die uns lehren, wie wir einen begehrten Gegenstand oder Zustand erlangen können, sind bloße Klugheitsregeln. Sie sagen nur über Tatsachen und faktische Zusammenhänge etwas aus, aber nichts über die Richtigkeit des Handelns. Kant nimmt nun kurzerhand an, daß alle materialen, d. h. alle inhaltlich bestimmten Verhaltensregeln von dieser Art seien. Sie alle liefen letztlich auf das bloße Faktum der eigenen Glückseligkeit hinaus. Daraus schließt er: Ob etwas moralisch richtig sei, lasse sich überhaupt nicht dem Inhalt nach bestimmen. Wonach dann also? Bloß nach der Form der Verhaltensregel (KpV, §§ 2–4): Eine Verhaltensregel ist dann richtig, wenn man sie zu einem Gesetz verallgemeinern kann. Auf diese Weise gelangt Kant zu seinem formalen kategorischen Imperativ. In ihm „bleibt nichts als die Allgemeinheit eines Gesetzes überhaupt übrig". Es bleibt nur der Grundsatz, nach einer Maxime zu handeln, die zugleich als allgemeines Gesetz gelten könne. Das ist der oberste Leitfaden des individuellen Gewissens (GMS, 2. Abschn.) und auch des Rechts (s. u. c).

Daß eine Verhaltensregel nur dann richtig sei, wenn sie sich verallgemeinern lasse: diesen Gedanken hat man immer wieder aufgegriffen. Noch in jüngster Zeit hat das etwa Hare mit seinem Prinzip der universalizability getan (R. M. Hare, Freedom and Reason 1963, §§ 2.2 ff.). Auch in dem rechtsstaatlichen Vertrauen in das allgemeine Gesetz steckt etwas von dieser Idee.

Nun mag man wohl zugeben, daß damit ein notwendiges, d. h. unerläßliches Merkmal ethischer Richtigkeit gefunden sei. Aber für sich allein genügt es nicht schon als Richtschnur. Der Formalismus scheitert immer wieder, wenn man ihm konkrete ethische Entscheidungen abverlangt. Der kategorische Imperativ läßt sich geduldig mit mancherlei Inhalt füllen. „Quäle nie ein Tier zum Scherz", läßt sich als allgemeines Prinzip formulieren; „Quäle, so du kannst, jedes Tier zum Scherz", aber auch. Hegel meinte sogar, nach dem bloßen Kriterium der Verallgemeinerungsfähigkeit lasse sich geradezu alles zu einem Sittengesetz machen; selbst der Satz, daß ein bestimmtes Volk oder auch die ganze Menschheit nicht existieren sollte, enthalte in sich keinen Widerspruch (Rechtsphilosophie, § 135). Wie dem auch sei, jedenfalls reicht das formale

Prinzip allein nicht aus, um die Freiheitsbereiche der Einzelnen in all den konkreten Fällen, die das Leben bringt, eindeutig und richtig gegeneinander abzugrenzen.

b) Moralität und Legalität

Bestimmungsgründe richtigen Handelns können entweder die eigenen Gewissensentscheidungen des Handelnden sein oder sie können aus anderen Quellen stammen. Es können also entweder „autonome" oder „heteronome" Bestimmungsgründe sein. Die zunehmende Berührung mit fremden Kulturen führte die Vielfalt möglicher Weltanschauungen und Moralen vor Augen. Die selbstverständliche Hinnahme vorgegebener, „heteronomer" Grundlagen sittlichen Handelns war aber vor allem auch durch die konfessionellen Bürgerkriege zutiefst erschüttert worden. Im Widerstreit der Weltanschauungen blieb das individuelle Gewissen der letzte Richter. Kant dachte diese historische Erfahrung zu Ende und erklärte das moralische Bewußtsein des Einzelnen für die letzte Instanz, zu der unser Bemühen um moralische Einsicht überhaupt vordringen kann.

Er unterschied verschiedene Bestandteile dieses Bewußtseins: Der praktische Verstand gebe die Regel, also das moralische Gesetz; die Urteilskraft rechne eine Tat zu: als einen unter dem Gesetz stehenden Fall; auf diese Beurteilung folge ein Vernunftschluß, der wie ein Gerichtsspruch die Handlung verurteile oder den Handelnden lossprecht. Dieses Bewußtsein eines inneren Gerichtshofes im Menschen, vor welchem seine Gedanken einander sich verklagen oder entschuldigen, sei das Gewissen (MdS II, § 13). Anders ausgedrückt: „Gewissen ist die dem Menschen . . . seine Pflicht . . . vorhaltende praktische Vernunft" (MdS II, Einl. XIIb). Die sittliche Autonomie besteht darin, daß der Einzelne sich dem von ihm erkannten moralischen Gesetz unterwirft und es zur Triebfeder seines Handelns macht. Darauf, daß eine Handlung aus diesem Antrieb geschieht, beruht ihr moralischer Wert.

„Autonomie" und „Moralität" bedeuten aber nicht, daß jeder „autonom" auch die Inhalte seiner moralischen Einsichten herstellen müsse; vielmehr gibt es auch ein billigendes „Zugreifen" auf Vorstellungen und Normen, die dem individuellen Gewissen zur Prüfung vorgelegt werden. So können z. B. auch Rechtsnormen neben ihrer Rechtsgeltung zugleich auch moralische Geltung erlangen, dann nämlich, wenn sie aus Gewissensgründen gutgeheißen und aus bloßem Pflichtbewußtsein befolgt werden (MdS I, 1. Einl. III).

Die bloße Übereinstimmung einer Handlung mit einem Gesetz, ohne Rücksicht auf die Triebfeder, z. B. aus bloßer Furcht vor Strafe, nennt Kant hingegen „Legalität" (aaO.). Der wesentliche Unterschied zwischen moralischem und legalem Handeln liegt also in der Triebfeder der Handlung, nämlich darin, ob ein – als vernünftig erkanntes – Gebot um seiner selbst willen oder ob ein Gebot aus anderen Gründen befolgt wird. Hingegen ist nicht entscheidend, ob das Gebot auf ein äußeres oder auf ein inneres Verhalten hinausläuft: Auch die Sittlichkeit kann „Verbindlichkeiten zu äußeren Handlungen" auferlegen, z. B. einen Hungrigen zu speisen. Andererseits ist nicht jedes normgemäße innere Verhalten auch schon moralisch; wenn jemand den Entschluß zu einem Mord nur deshalb aufgibt, weil er sich beobachtet fühlt und die Strafe fürchtet, so ist diese Sinnesänderung bloß legal, nicht aber moralisch.

c) Das Prinzip des Rechts

Das moralische Gesetz sagt dem Gewissen des Einzelnen, wie er von der Freiheit den richtigen Gebrauch zu machen habe. Das Recht hingegen regelt den richtigen Gebrauch der Freiheit im äußeren Verhältnis der Menschen zueinander: Die Freiheit des einen kollidiert mit der Freiheit der anderen. Das Recht hat die Freiheitsbereiche aller in richtiger Weise gegeneinander abzugrenzen. Hierbei stellt die rechtliche Gesetzgebung Handlungen, die geschehen sollen, lediglich objektiv als notwendig vor; sie läßt aber beliebige Triebfedern für die Befolgung ihrer Gebote zu (MdS I, 1. Einl. III).

Nach welchem Kriterium sollen aber die Freiheiten der Menschen äußerlich richtig gegeneinander abgegrenzt werden? Auch dafür verwendet Kant das schon genannte Vernunftprinzip, das nur eine formale Richtschnur liefert (a). Denn es gibt für ihn gar kein anderes Kriterium richtigen Handelns. Also lautet das allgemeine Rechtsgesetz: „Handle äußerlich so, daß der freie Gebrauch deiner Willkür mit der Freiheit von jedermann nach einem allgemeinen Gesetze zusammen bestehen könne" (MdS I, 2. Einl. § C).

Wie verhält sich nun das moralische Prinzip der Freiheit zum rechtlichen? Auch das Gewissen soll ja nach einer Maxime richten, die als allgemeines Gesetz gelten kann. Was geschähe, wenn alle Menschen eine eindeutige und übereinstimmende individuelle Vernunfteinsicht in das richtige Handeln besäßen? Dann würden schon die Gewissensgrundsätze der verschiedenen Menschen miteinander übereinstimmen. – Das Rechtsgesetz hätte gleichfalls die Grenzen der individuellen Freiheiten vernunftgemäß nach einem allgemeinen Gesetze zu bestimmen. Es hätte also den gleichen Zustand herbeizuführen, „nach welchem zu streben uns die Vernunft durch einen kategorischen Imperativ verbindlich macht" (MdS I, § 49). Demnach wäre es ein Verhaltensschema, das die Koexistenz individueller Sittlichkeit gewährleistet.

Geht aber diese Rechnung auf? Die individuellen Gewissenseinsichten decken sich weder untereinander noch auch notwendig mit dem Recht. Der eine hält nach bestem Wissen und Gewissen die Abtreibung eines durch Notzucht erzeugten Kindes für gerechtfertigt – der andere nicht. Die Angehörigen bestimmter religiöser Sekten lehnen aus Gewissensüberzeugung jede Bluttransfusion ab, auch wenn sie das einzige Mittel ist, das Leben des Patienten zu retten – die herrschende Meinung ist anderer Ansicht. Die Mormonen billigten aus Gewissen die Polygamie – während das Recht und die herrschende Meinung sie verurteilten. Und in jedem dieser Beispiele könnte jede Maxime widerspruchsfrei zur allgemeinen Norm erhoben werden. – So finden wir in der Rechtsphilosophie Kants zwar einen imponierenden Anlauf, das Recht als System vernünftig geordneter individueller Freiheit zu begreifen. Aber die Hoffnung, auf diesem Wege ein Schema der Koexistenz individueller Sittlichkeit zu finden, erfüllt sich nicht ganz. Was bleibt, ist eine Leitidee: Das Recht sollte den Rechtsgenossen die größtmögliche Freiheit lassen, nach ihrem Gewissen zu handeln.

Da weder gewährleistet ist, daß das Recht mit jedermanns Gewissen übereinstimmt, noch, daß jeder nach seinem Gewissen handelt, kann das Recht sich nicht auf die innere Triebfeder verlassen. Deshalb hält es als äußere Triebfeder den Zwang bereit. „Das Recht ist mit der Befugnis zu zwingen verbunden." „Recht und Befugnis zu zwingen bedeutet also einerlei" (MdS I, 2.Einl. § E).

d) Der Staat

Der Staat ist eine rechtlich verfaßte Gemeinschaft. Er ist „die Vereinigung einer Menge von Menschen unter Rechtsgesetzen" (MdS I, § 45). In der Idee des Staates wird der Gedanke der rechtlich geordneten und verfaßten Freiheit weitergesponnen: Es war das Prinzip des Rechts, eine Gemeinschaftsordnung zu schaffen, in der die Freiheit eines jeden mit jedermanns Freiheit nach einem allgemeinen Gesetze zusammenbestehen kann. Damit stimmt das Ideal einer Staatsverfassung überein, die jedem Freiheit und Gleichheit gewährt. Eben darin sieht Kant die Eigenart der von ihm geforderten republikanischen Verfassung (Zum ewigen Frieden, 1795/1796, 1.Definitivartikel).

Die Staatsgewalt umfaßt: die souveräne gesetzgebende Gewalt; die vollziehende Gewalt, die nach dem Gesetz ausgeübt wird; und die rechtsprechende Gewalt, die nach dem Gesetze jedem das Seine zuzuerkennen hat (MdS I, § 45). Die grundlegende „gesetzgebende Gewalt kann nur dem vereinigten Willen des Volkes zukommen" (MdS I, § 46). Welches ist aber das Richtmaß dieses Volkswillens? Bei Rousseau war es das Gesamtinteresse (Contrat social, II 1, 3). Bei Kant ist es ein Vernunftprinzip: Es fordert die Koexistenz individueller Freiheit nach einem allgemeinen Gesetz.

Aber nicht nur in der Allgemeinheit (dem Normgehalt nach), sondern auch im allgemeinen Gesetzesbeschluß sieht Kant eine Bürgschaft für die Richtigkeit staatlichen Rechts: Denn es ist, „wenn jemand etwas gegen einen anderen verfügt, immer möglich, daß er ihm dadurch unrecht tue, nie aber in dem, was er über sich selbst beschließt ... Also kann nur der übereinstimmende und vereinigte Wille aller, sofern ein jeder über alle und alle über einen jeden ebendasselbe beschließen, mithin nur der allgemein vereinigte Volkswille gesetzgebend sein" (MdS I, § 46).

Freilich ist auch eine Gesetzgebung, in welcher der (vernünftige) Wille aller konvergiert, nur ein ideales Modell, nur eine Leitidee dafür, wie die Staatsgewalt gebildet werden sollte. Kant will zeigen, wie der Staat „in der Idee, wie er nach reinen Rechtsprinzipien sein soll, welche jeder wirklichen Vereinigung zu einem gemeinen Wesen ... zur Richtschnur ... dient" (MdS I, § 45). „Es ist eine bloße Idee der Vernunft, die aber ihre unbezweifelte (praktische) Realität hat: nämlich jeden Gesetzgeber zu verbinden, daß er seine Gesetze so gebe, als sie aus dem vereinigten Willen eines ganzen Volks haben entspringen *können,* und jeden Untertan, sofern er Bürger sein will, so anzusehen, als ob er zu einem solchen Willen mit zusammengestimmt habe" (Über den Gemeinspruch usw. 1793, II, Folgerung).

Dieses ideale Richtmaß staatlicher Gesetzgebung hat wenig zu tun mit der empirischen Wirklichkeit einer unmittelbaren und allzuständigen Mehrheitsdemokratie, die den Einzelnen majorisiert, nicht durch Repräsentativorgane der Vernünftigkeit nähergebracht und nicht durch Gewaltenteilung gemäßigt ist. Eine solche Demokratie sei eigentlich, sagt Kant, ein despotischer Staat, weil in ihr „alle über und allenfalls auch wider Einen (der also nicht miteinstimmt), mithin alle, die doch nicht alle sind, beschließen" (Zum ewigen Frieden, 1. Definitivartikel).

Hat aber jene „Idee der Vernunft" eine Chance, sich in der Staatswirklichkeit durchzusetzen? Wie steht es, wenn die Idee einer vernünftigen Ordnung und die Wirklichkeit miteinander in Konflikt geraten? Hier stellt Kant der Idee das Armutszeugnis aus: In einem solchen Konflikt habe die Stabilität der staatlichen Ordnung den Vorrang. Alle Widersetzlichkeit gegen die oberste gesetzgebende Gewalt sei das höchste und strafbarste Verbrechen im Gemeinwesen: „weil es dessen Grundfeste zerstört. Und dieses Verbot ist unbedingt, sodaß, es mag auch jene Macht oder ihr

Agent, das Staatsoberhaupt, sogar den ursprünglichen Vertrag verletzt und sich dadurch des Rechts, Gesetzgeber zu sein, nach dem Begriff des Untertans verlustig gemacht haben, indem sie die Regierung bevollmächtigt, durchaus gewalttätig (tyrannisch) zu verfahren, dennoch dem Untertan kein Widerstand als Gegengewalt erlaubt bleibt". Als „Palladium der Volksrechte" bleibt nur die „Freiheit der Feder", nämlich die Befugnis des Staatsbürgers, „seine Meinung über das, was . . . ihm ein Unrecht gegen das gemeine Wesen zu sein scheint, öffentlich bekannt zu machen", kurz, es bleibt nur das Vertrauen auf die Überzeugungskraft des besseren Arguments und der offenen Information (Über den Gemeinspruch usw., aaO.).

e) Die geschichtliche Hoffnung

So bleibt nicht mehr als die Hoffnung, das richtige Recht möge sich allmählich durchsetzen: Die Menschheit möge sich im Laufe der Geschichte zu größerer Vernünftigkeit und allgemeiner Freiheit entwickeln. Angelegt ist dieser Gedanke schon in der „Idee zu einer allgemeinen Geschichte in weltbürgerlicher Absicht" (1784): Es sollen sich fortschreitend jene Naturanlagen des Menschen entfalten, „die auf den Gebrauch seiner Vernunft abgezielt sind". Die vernünftige Natur treibt die Menschen zu einer Rechtsgemeinschaft, „in welcher Freiheit unter äußeren Gesetzen im größtmöglichen Grade, mit unwiderstehlicher Gewalt verbunden, angetroffen wird" (1., 2. und 5. Satz).

Ein wichtiger Antrieb, sich gegenseitig vernünftig zu arrangieren, liegt in der „ungeselligen Geselligkeit" der Menschen. Diese leben ständig in Widerstreit miteinander und kommen doch nicht voneinander los, sondern bleiben aufeinander angewiesen (4. Satz).

Dieser Ansporn, den wechselseitigen Widerstreit in einer rechtlichen Gemeinschaft aufzuheben, zwingt aber nicht nur die einzelnen Menschen in eine staatliche Ordnung. Er treibt ebenso die einzelnen Staaten an, ihre internationalen Beziehungen vernünftig und rechtlich zu ordnen, „die brutale Freiheit aufzugeben und in einer gesetzmäßigen Verfassung (einer Völkerrechtsgemeinschaft) Ruhe und Sicherheit zu suchen" (7. Satz). Dieser Gedanke wurde später in der Schrift „Zum ewigen Frieden" (2. Definitivartikel) weitergesponnen.

Doch auch in historischer Perspektive mischt sich die Skepsis in die Fortschritts- und Vernunftgläubigkeit. Vollgültig bleibt nur die Forderung, die Wirklichkeit dem Ideal zu nähern. Aber die Herrschenden, die ihrerseits durch keine Ordnungsgewalt kontrolliert werden, werden stets Menschen sein, die immer wieder ihre Freiheit mißbrauchen. So bleibt als letztes Wort wohl doch der Seufzer Kants: „Aus so krummem Holze, als woraus der Mensch gemacht ist, kann nichts ganz Gerades gezimmert werden" (Idee zu einer allgemeinen Geschichte, 6. Satz).

17. Der Staat als Institution objektiver Vernünftigkeit

a) Fichte

Johann Gottlieb Fichte (1762–1814), Professor in Jena, Erlangen und Berlin, war der Sohn eines Bandwirkers aus der Oberlausitz; wegen seiner auffallenden Begabung hatte der Gutsherr ihn auf der Fürstenschule zu Pforta ausbilden lassen. Das Feuer und die Gewaltsamkeit seines Denkens, die aus seinen Werken sprechen, haben ihn zum großen Lehrer gemacht, der sich nicht scheute, in Berlin unter den Augen der französischen Besatzung seine Reden an die deutsche Nation zu halten. Sie ließen ihn aber auch zum Kathedertyrannen werden und haben ihm Zeit seines Lebens reichlich Händel beschert.

In seiner Philosophie geht er, wie Kant, davon aus, daß unser Bewußtsein eine aktive Rolle im Erkenntnisprozeß spielt; daß unser Erkennen nicht bloß ein passiver Vorgang ist. Kant hatte geglaubt, daß aller Zusammenhang in unseren Bewußtseinsinhalten durch diese Aktivität des Bewußtseins zustandekomme. Dieses würde hiernach „äußere Eindrücke" ungeklärter Herkunft nach vorgegebenen Verstandesregeln zu unserer Erscheinungswelt zusammenfügen.

Diese Lösung des Erkenntnisproblems gefällt Fichte nicht. Nach seiner Meinung ist die konstitutive Funktion des Bewußtseins viel umfassender: Das Ich setzt nicht nur die Welt mit Hilfe der Kategorien zusammen, sondern es schafft sich überhaupt seine Vorstellungswelt, jene Welt also, die es im Bewußtsein hat (1. und 2. Einleitung in die Wissenschaftslehre, 1797). Fichte hält diese überhaupt für das Produkt eines Bewußtseinsaktes, einer „Tathandlung". „In aller Wahrnehmung nimmst du lediglich deinen eigenen Zustand wahr"; das heißt, „daß alles Wissen lediglich ein Wissen von dir selbst ist, daß dein Bewußtsein nie über dich selbst hinausgeht". Das bedeutet, „daß das Bewußtsein eines Dinges außer uns absolut nichts weiter ist, als das Produkt unseres eigenen Vorstellungsvermögens" (Die Bestimmung des Menschen, 1800, II). – Heidegger wußte dem Gedanken der ursprünglichen Einheit von Ich und Welt eine verständigere Fassung zu geben: Zum Dasein des Subjekts gehört von vornherein, daß es sich in der Welt befindet, die es „je schon entdeckt" hat. Aber diese ursprüngliche Bewußtseinssituation darf man nicht auf eines ihrer Momente, also auch nicht auf das Subjekt zurückführen wollen, so, als ob dieses der wesentliche „Urgrund" wäre (Sein und Zeit, 1927, §§ 13, 28).

Wenn für Fichte die schöpferische Produktivität des Bewußtseins schon die Grundlage der Erkenntnis sein sollte, so mußte die „Tathandlung" erst recht der Zentralbegriff der Ethik und der Rechtsphilosophie sein.

In einer Gemeinschaft wollen sich aber mehrere Menschen handelnd entfalten. Daher müssen ihre Handlungsfreiheiten gegeneinander abgegrenzt werden. Wenn sich mehrere nebeneinander betätigen wollen, muß jeder seine Freiheit einschränken, und zwar „durch den Begriff der Freiheit aller übrigen". Eine Gemeinschaftsordnung muß also „das Beisammenstehen der Freiheit mehrerer . . . nach einer Regel" ermöglichen (Grundlage des Naturrechts, 1796 = GNR, § 8).

Auch das Eigentum dient der Freiheit: Durch das Eigentum ist dem Einzelnen „eine gewisse Sphäre der Objekte zugestanden worden ausschließend für einen gewissen Gebrauch". Das soll es jedem ermöglichen, von seiner Arbeit zu leben. Fichte sieht also, daß die Freiheit eine ökonomische Komponente hat. Wenn „jemand von seiner Arbeit nicht leben kann, ist ihm das, was schlechthin das Seinige ist, nicht gelassen". Dann müssen alle „abgeben von dem Ihrigen, bis er leben kann". Freilich hat diesen Anspruch nur, wer nicht die Chance hatte, sich durch seine eigene Arbeit zu erhalten (GNR, § 18).

Aufgabe des Staates ist es also nicht nur, den Einzelnen in seinem Eigentum zu schützen; sondern er hat auch die Güter richtig zu verteilen; er hat „jedem erst das Seinige zu geben, ihn in sein Eigentum erst einzusetzen". Als Richtschnur für diese Verteilung der Güter gilt der Grundsatz: „Jeder will so angenehm leben, als möglich: und da jeder dies als Mensch fordert, und keiner mehr oder weniger Mensch ist, als der andere, so haben in dieser Forderung alle gleich recht. Nach dieser Gleichheit ihres Rechts muß die Teilung gemacht werden, so, daß alle und jeder so angenehm leben können, als es möglich ist." Mithin soll jeder die gleiche äußere Chance bekommen, angenehm zu leben; und „es muß nur an ihm selbst liegen, wenn einer unangenehmer lebt". So muß jeder zusehen, daß er seine Chancen nützt. – Fichte sucht also die goldene Mitte zwischen einem Wohlfahrtsstaat, „der unbeschränkter Vormünder der Menschheit für alle ihre Angelegenheiten" ist, und einem bloßen Nachtwächterstaat, der es damit genug sein läßt, „jeden bei seinen persönlichen Rechten und seinem Eigentume zu erhalten und zu schützen" (Der geschloßne Handelsstaat, 1800 = GHSt, I Kap. 1). Diese Mitte finden zu müssen, ist bis heute die Crux des freiheitlichen Sozialstaates geblieben.

Fichte hat versucht, durch sein Staatsmodell das Problem zu lösen. Aber das rechte Maß zu finden, ist nie seine Stärke gewesen: Er entwirft ein planwirtschaftliches System, in dem nach den Berechnungen des Staates „die zum Leben nötigen Arbeitszweige . . . verteilt werden". Jeder wird streng an die Grenzen seines Berufes gebunden. Vor allem werden die drei Hauptstände der Nation (nämlich die Urproduzenten, die Verarbeiter und die Händler)

„gegeneinander berechnet, und jeder auf eine bestimmte Anzahl von Mitgliedern eingeschränkt". Jedem Bürger wird „sein verhältnismäßiger Anteil an allen Produkten und Fabrikaten des Landes gegen seine ihm anzumutende Arbeit . . . zugesichert". Hierzu wird von Staats wegen „der Wert aller Dinge gegeneinander, und ihr Preis . . . festgesetzt" (GHSt, I Kap. 7). Damit in dieses ausgeklügelte System keine Einflüsse einbrechen, die nicht unter der Kontrolle und Berechnung des Staates stehen, muß den Untertanen „aller Verkehr mit dem Ausländer . . . verboten sein und unmöglich gemacht werden" (GHSt, I Kap. 2); denn das ginge an den Lebensnerv eines zentral geplanten und gelenkten Wirtschaftssystems.

Bisher ging es darum, wie eine Ordnung rechtlich geregelter Freiheit richtigerweise auszusehen habe. Eine andere Frage ist: wodurch der Einzelne unter eine solche Ordnung gerate und aus welchem Grunde sie für ihn verbindlich werde. Zunächst meint Fichte, die Verbindlichkeit der Rechtsgesetze entstehe daraus, daß die Einzelnen sich ihnen unterstellen. „Kein Mensch kann verbunden werden, ohne durch sich selbst: keinem Menschen kann ein Gesetz gegeben werden, ohne von ihm selbst." Die Verbindlichkeit der bürgerlichen Gesetze entstehe also „aus der freiwilligen Übernahme derselben durch das Individuum" (Beitrag zur Berichtigung der Urteile über die französische Revolution, 1793, Kap. 1; vgl. auch GNR, § 16 III; GHSt, I Kap. 1 Abschn. II). Hier finden wir also die Idee einer individualistisch begründeten Rechts- und Verfassungsordnung.

An ihre Stelle setzt sich später immer stärker ein anderer Gedanke: Es gebe eine „objektive gemeingültige" Vernünftigkeit. In sie habe sich der Einzelne zu fügen. Zu ihr habe der Staat die Menschen zu bilden, ja notfalls zu zwingen. Es sei das Ziel der Menschheit (als Gattung), daß sie im Laufe der Geschichte „alle ihre Verhältnisse mit Freiheit nach der Vernunft einrichte" (Grundzüge des gegenwärtigen Zeitalters, 1806, 1. Vorl.). So wird der Rechtszwang zuletzt nicht mehr auf die Zustimmung der Untertanen, sondern auf die objektive Vernünftigkeit, auf die bessere Einsicht gegründet: „Zur rechtlichen Verfassung die Menschen zu zwingen, dem Rechte sie durch Gewalt zu unterjochen, hat jeder, der die Erkenntnis hat und die Macht, nicht nur das Recht, sondern die heilige Pflicht." Selbst einer allein dürfte die ganze Menschheit zum Rechten zwingen; „denn zum Rechtswidrigen haben sie gegen ihn kein Recht und keine Freiheit". Das Rechte erscheint nunmehr als „absolut bestimmter gemeingültiger Begriff . . ., den sie alle haben sollen, den sie auch alle haben werden, sobald sie zu seiner Bildung sich erheben". Letzte Instanz ist jetzt nicht mehr, was der Einzelne wirklich als recht einsieht, sondern was er einsehen sollte und einsehen würde, wenn er verständig wäre. Indessen: Wer darf als Repräsentant des „objektiven, gemeingültigen Verstandes" gelten? „Antwort: Wer andere zu objektiver Erkenntnis zu bringen vermag." Der Herrscher wird aus einem Lehrstand bestellt. Diese geistige Elite ergänzt sich ihrerseits aus einem System breitester allgemeiner Volksbildung. „Die im Unterrichte gezeigte angeborne Verstandesanlage bestimmt die Stelle, die jeder im Reiche einnimmt" (Staatslehre, 1813/1820, 3. Abschn., Voraussetzungen des Vernunftreiches).

Wenn aber die Menschheit erst einmal auf der sittlichen Stufe steht, daß jeder freiwillig seiner vernünftigen Gewissenseinsicht folgt, wird der Staat entbehrlich werden und von selber „ruhig absterben". Ja, es erscheint geradezu als die Aufgabe des Staates, sich selbst überflüssig zu machen, dadurch nämlich, daß er die Menschen vervollkommnet. Denn wenn die Menschen erst einmal zur Vernünftigkeit und Sittlichkeit gebildet sind, werden alle schon freiwillig das tun, was der Staat zu gebieten oder zu verbieten hätte, sodaß „die Zwingenden und Regierenden ohne alle Beschäftigung" bleiben. Durch die Entwicklung des Menschengeschlechts zu allgemeiner Vernünftigkeit und Sittlichkeit verwirklicht sich das Reich Gottes auf Erden: „Das von der Vernunft geforderte Reich des Rechts und das vom Christentume verheißene Reich des Himmels auf der Erde, ist Eins und dasselbe" (Staatslehre, 3. Abschn., Neue Welt, III). Angelegt waren diese Gedanken schon in Fichtes zweiter Vorlesung über die Bestimmung des Gelehrten (1794).

In diesen Gedanken kehrt die Hoffnung Kants wieder, die Menschheit werde sich zu allgemeiner Vernünftigkeit und Freiheit entwickeln (Kap. 16 e) und so das „Reich Gottes auf Erden" verwirklichen (Kant, Akademieausgabe XV, 608). Mit anderem Vorzeichen tauchte dann in der marxistischen Staatslehre die Idee wieder auf: daß der Staat überflüssig werde, wenn erst das Ich aus seiner Besonderung herausgeführt, die sozialistische Arbeitsmoral allgemein geworden und die kommunistische Gesellschaftsordnung verwirklicht sei.

b) Hegel

Georg Wilhelm Friedrich Hegel (1770–1831) war der Sohn eines Stuttgarter Verwaltungsbeamten. Als Student war er gleichzeitig mit Hölderlin und Schelling im Tübinger Stift, mit beiden befreundet, von beiden Anregungen empfangend. In diese Zeit fiel die Französische Revolution, die den Sinn des jungen Hegel mächtig gefangennahm. Nach einigen Hauslehrerjahren ging er als Dreißigjähriger nach Jena, wo Schelling bereits eine Professur hatte, und betrieb seine politischen und philosophischen Studien weiter. Ein Jahr darauf entstand seine Schrift über die Verfassung Deutschlands (1802). In ihr sah er ein wesentliches Merkmal des Staates darin, daß dieser die Macht besitze, sich gegen innere und auswärtige Gewalten wirksam zu verteidigen; daher sei Deutschland kein Staat mehr. Von 1801 bis 1806 las Hegel zunächst als Privatdozent, dann als außerordentlicher Professor in Jena. Wegen der Kriegswirren gab er diese Professur auf, redigierte dann die Bamberger Zeitung, wurde anschließend Direktor eines Nürnberger Gymnasiums und verfaßte hier seine „Wissenschaft der Logik". 1816 wurde er ordentlicher Professor an der Universität Heidelberg. Zwei Jahre später wurde er nach Berlin berufen.

Ein immer noch aktueller Zugang zu Hegels Philosophie ist dessen Lehre vom objektiven Geist. Daß der Einzelne in einen bestimmten Zeitgeist hineingeboren wird, dieser Gedanke war schon vielfach angeklungen. Montesquieu hatte die Vielfalt der Faktoren aufgezeigt, die die Geisteshaltung eines Volkes bestimmen, und hatte auf die Notwendigkeit hingewiesen, die Gesetze dem Volksgeist anzupassen (Kap. 14b). Bei Voltaire fand sich die Überzeugung, daß der „Geist der Zeiten … die großen Ereignisse der Welt lenkt" und daß „jeder Mensch durch sein Jahrhundert geformt wird" (Essay sur les moers et l'esprit des nations, 1756/69, Kap. 80, 82). Nach Herders Vorstellung ist „unsere Vernunft und Lebensweise, unsere Gelehrsamkeit und Kunsterziehung, unsere Kriegsund Staatsweisheit ein Zusammenfluß fremder Erfindungen und Gedanken, die ohne unser Verdienst aus aller Welt zu uns kamen, und in denen wir uns von Jugend auf baden oder ersäufen" (Ideen zur Philosophie der Geschichte der Menschheit, 1784/91, IX 3). Friedrich Carl v. Savigny hatte seine „Volksgeistlehre" entwickelt, nach welcher „der eigentliche Sitz des Rechts das gemeinsame Bewußtsein des Volkes" ist; und „dieser organische Zusammenhang des Rechts mit dem Wesen und Charakter des Volkes bewährt sich auch im Fortgang der Zeiten" (Vom Beruf unserer Zeit für Gesetzgebung und Rechtswissenschaft, 1814, S. 8 ff.).

Hegel hat das geistige Milieu, das zumal in Sitte und Sittlichkeit, im Recht und in der Verfassung lebendig ist, als objektiven Geist dargestellt (Enzyklopädie, [3]1830, §§ 483 ff.). Dieser schwebt nicht losgelöst, wie eine Wolke, über der Gemeinschaft; sondern er verwirklicht sich im menschlichen Wissen, Wollen und Handeln. Der Geist eines Volkes wird erst darin wirklich, daß z. B. die Sitte geübt wird und die Rechtsgenossen sich an die herrschenden Rechtsauffassungen halten. Es besteht also ein ständiges Wechselspiel zwischen objektiven Sinngehalten und ihrer Verwirklichung durch die Einzelnen.

Hier erschließt sich der Sinn der Hegelschen Dialektik, die so oft in ein dürres Schema von Thesis, Antithesis und Synthesis veräußerlicht wird: Man könnte z. B. zwei gegensätzliche Begriffe der Sittlichkeit einander gegenüberstellen: einerseits die objektiv-allgemeinen ethischen Normen, andererseits die subjektive moralische Gesinnung. Aber in der lebendigen Sittlichkeit liegt beides zugleich: daß nämlich die Einzelnen sich allgemeine vernünftige Grundsätze in ihrer Gesinnung zu eigen machen und sie verwirklichen (Rechtsphilosophie, 1821, § 152; Enzyklopädie, § 513). Die objektiv-allgemeinen Normen und die subjektive Gesinnung erscheinen dann nurmehr als verschiedene, gegensätzliche und dennoch zusammengehörige Momente eines Ganzen. Hier, wie überall, liegt in den einzelnen Momenten, abstrakt für sich allein genommen, nur eine Teilwahrheit. „Das Wahre ist das Ganze" (Phänomenologie des Geistes, 1807, Vorrede). Auch die konkrete Sittlichkeit läßt sich nicht auf eines ihrer Momente allein zurückführen. An diesem Beispiel zeigt sich die Dialektik als eine sehr sinnvolle Methode: Sie legt das Ganze in die spannungsreiche Vielfalt seiner verschiedenen Teilmomente auseinander und begreift es zugleich als Zusammenhang dieser einzelnen Momente.

Auch der Staat läßt sich nicht auf eine abstrakte Normenordnung zurückführen. Objektiv-allgemeine Normen, die nicht auch von der Zustimmung und Gesinnung der Rechtsgenossen getragen sind, sind eine Halbheit. Ihr Gegenstück, die bloß gutwillige Gesinnung ohne inhaltlich bestimmte objektive Norm ist es ebenfalls: Das bloße Prinzip, Pflichten um ihrer selbst willen zu erfüllen, führt noch zu keinem konkreten Pflichtinhalt. – Auch hier liegt also die ganze Wahrheit nicht in dem einen oder dem anderen der abstrakten Momente: Eine nach sittlichen und rechtlichen Prinzipien geordnete Gemeinschaft kommt erst dadurch zustande, daß objektiv-allgemeine Normen in der individuellen Gesinnung zur Geltung kommen. Das Wesentliche ist „die Vereinigung des subjektiven und des vernünftigen Willens: es ist das sittliche Ganze – der Staat, welcher die Wirklichkeit ist, worin das Individuum seine Freiheit hat und genießt, aber indem es das Wissen, Glauben und Wollen des Allgemeinen ist." „Der subjektive Wille ... ist das Betätigende, Verwirklichende; ... der Staat ist das vorhandene, wirklich sittliche Leben." Kurz, „das Wahre ist die Einheit des allgemeinen und subjektiven Willens; und das Allgemeine ist im Staate in den Gesetzen, in allgemeinen und vernünftigen Bestimmungen" (Vorlesungen über die Philosophie der Geschichte, 1822 ff. ed. Suhrkamp, 1970, Einleitung, B, c).

Ohne Zweifel hat Hegel damit etwas Wichtiges gesehen. Der Staat ist kein abstraktes Gebilde, sondern er konstituiert sich als lebendige, fortwährend verwirklichte Rechts- und Verfassungsordnung, die auch von der inneren Zustimmung der Rechtsunterworfenen getragen ist. Er ist, wie später die Integrationslehre sagte, vorhanden in den einzelnen Lebensäußerungen, „sofern sie Betätigungen eines geistigen Gesamtzusammenhanges sind" (R. Smend, Verfassung und Verfassungsrecht, 1928, I 4).

Der Mißgriff Hegels liegt darin, daß er das subjektive Gewissen entmündigt – zugunsten des objektiv-allgemeinen Prinzips: Nach seiner Meinung „sind Recht, Sittlichkeit, Staat, und nur sie, die positive Wirklichkeit und Befriedigung der Freiheit"; „und nur der Wille, der dem Gesetze gehorcht, ist frei" (aaO.). Die Freiheit wird zum Konformismus. In Hegels System ist daher kein Platz für ein Gewissen, das sich aus innerster Überzeugung gegen die objektiv-allgemeinen Prinzipien stellt und sich mit ihnen auseinandersetzt. Hier ist also „das eigene Gewissen des Einzelnen, das für sich wäre und einen Gegensatz gegen sie machte, verschwunden" (Rechtsphilosophie, § 152). Maßgebend ist nicht mehr, wie in Rousseaus volonté générale, etwas Gemeinsames, das seinen letzten Ursprung im Bewußtsein und Interesse Einzelner hätte, sondern „das in seinem Begriffe Vernünftige", das unabhängig davon gelten soll, „ob es von einzelnen erkannt und in ihrem Belieben gewollt werde oder nicht" (Rechtsphilosophie, § 258).

Hier kommt ein zweiter Hauptgedanke der Hegelschen Philosophie zum Tragen: seine Vernunftmetaphysik. Im Geist eines Volkes, wie er sich im Laufe der Geschichte entwickelt, und damit auch im völkischen Recht, entfalte und enthülle sich eine überindividuelle Vernunft. Diese Meinung ist begründet in der allgemeinen Grundthese Hegels: Das eigentlich Wirkliche, d.h. zur Wirkung kommende, sei die objektive Vernunft; sie entfalte sich insbesondere im Fortgang der Weltgeschichte. „Was vernünftig ist, das ist wirklich; und was wirklich ist, das ist vernünftig" (Rechtsphilosophie, Vorrede). Darin liegt, „daß die Vernunft die Welt beherrsche, daß es also auch in der Weltgeschichte vernünftig zugegangen sei" (Vorlesungen aaO., Einleitung, A, c). Diese Vernunft verwirkliche sich im Geist eines Volkes. „Er allein ist es, der in allen Taten und Richtungen des Volkes sich hervortreibt, der sich zu seiner Verwirklichung zum Selbstgenuß und Selbsterfassen bringt" (aaO., C, c). In dieser Weise treibt nicht nur das einzelne Volk, sondern die ganze Menschheit ihrem Ziele zu: Die „Weltgeschichte ist die

Darstellung des göttlichen, absoluten Prozesses des Geistes in seinen höchsten Gestalten, dieses Stufenganges, wodurch er seine Wahrheit, das Selbstbewußtsein über sich erlangt. Die Gestaltungen dieser Stufen sind die welthistorischen Volksgeister, die Bestimmtheit(en) ihres sittlichen Lebens, ihrer Verfassung, ihrer Kunst, Religion und Wissenschaft. Diese Stufen zu realisieren, ist der unendliche Trieb des Weltgeistes, sein unwiderstehlicher Drang; denn diese Gliederung sowie ihre Verwirklichung ist sein Begriff" (aaO., B, c). So werden Gesinnung und Handeln der einzelnen Menschen und ganzer Völker zum bloßen Vehikel der objektiven Vernunft; sie dienen dem Weltgeist als bloße „Werkzeuge und Glieder" seines Geschäfts (Rechtsphilosophie, § 344; vgl. Enzyklopädie, §§ 548 ff.).

Im Laufe der Weltgeschichte trägt einmal dieses, einmal jenes Volk die Fackel weiter. Ein Volk, das „Träger der gegenwärtigen Entwickelungsstufe des Weltgeistes" ist, ist das für diese Epoche herrschende. Ihm gegenüber „sind die Geister der anderen Völker rechtlos". Völker, „deren Epoche vorbei ist, zählen nicht mehr in der Weltgeschichte" (Rechtsphilosophie, § 347).

Welches wäre aber das genaue Kennzeichen der Vernünftigkeit? Woran wäre etwa zu erkennen, ob das positive Recht auch „an sich" Recht oder ob es der Ausdruck bloßer Zufälligkeiten ist (Rechtsphilosophie, § 212)? Worin läge vor allem ein praktikables Kriterium, um in den historischen Gegebenheiten das Wahrhafte und Vernünftige von der „faulen Existenz" zu unterscheiden? Hegel antwortet: Die Weltgeschichte ist das Weltgericht (Rechtsphilosophie, § 340; Enzyklopädie, § 548). Nun läßt sich aber schon darüber streiten, welche Prinzipien im Gang der allgemeinen Weltgeschichte zu nachhaltiger Wirkung gelangt sind: Ist diese wirklich „nichts als die Entwicklung des Begriffes der Freiheit" (Hegel, Vorlesungen aaO., S. 539)? Oder ist sie vielmehr als eine Aufeinanderfolge von Klassenkämpfen zu begreifen, die in eine klassenlose Gesellschaft münden (Kap. 18 b)? Oder vielleicht als sozialdarwinistischer Ausleseprozeß? Hinzu kommt ein weiteres Bedenken: Wollte man das Vernünftige nur an der nachhaltigen historischen Wirksamkeit erkennen, so entnähme man, wie das Naturrecht,

Kriterien der Legitimität letztlich aus Fakten; damit schwände die kritische Distanz, sich mit der historischen Wirklichkeit aus individueller moralischer Einsicht (Kap. 16 b) auseinanderzusetzen.

Einen weiteren Einwand legt Hegels Philosophie selbst nahe: Besteht nicht eine tiefe Unversöhnlichkeit zwischen dieser Vernunftmetaphysik und dem anderen Grundsatz: „Das Wahre ist das Ganze"? Das „Sinnlose", „Zufällige", nicht als vernünftig Einsichtige – ist es nicht auch ein Moment des Ganzen? Schon an der Fortbildung der sittlichen und rechtlichen Vorstellungen, die in einem Volke herrschen, haben augenscheinlich auch „existentielle" Entscheidungen Anteil, die sich nicht in erkennbarer Weise in ein objektives vernünftiges Prinzip einfügen. Wenn sich in einem Volk im Laufe der Geschichte eine völkisch-geistige Eigenart, ein bestimmtes Rechtsethos, eine Rechtsordnung bestimmten Gepräges herausbildet, so sind daran die verschiedenartigsten Faktoren beteiligt, die sich nicht als bloße Werkzeuge eines Vernunftprinzips durchschauen lassen.

18. Der Staat als gesellschaftliche Tatsache

a) Comte

Auguste Comte (1798–1857) entstammt einer Beamtenfamilie in Montpellier. Nach glänzend bestandener Aufnahmeprüfung wird er Schüler der angesehenen Ecole polytechnique in Paris. Mit achtzehn Jahren läßt er sich in dieser Stadt als Privatlehrer für Mathematik nieder. Im folgenden Jahr schließt er Bekanntschaft mit Saint Simon, wird dessen Privatsekretär, entzweit sich aber nach einigen Jahren mit ihm. Als Achtundzwanzigjähriger beginnt er, seine Vorträge über die positive Philosophie zu halten. 1832 wird er zunächst als Repetitor an der Ecole polytechnique angestellt; später bekommt er eine Stelle als Examinator; seine Bewerbungen um einen Lehrstuhl bleiben erfolglos. Nach der Veröffentlichung seines sechsbändigen Cours de philosophie positive (1830 ff.) muß er den Dienst an dieser Schule quittieren. In den letzten Jahren seines Lebens halten die „Subsidien" seiner Anhänger den „Meister" über Wasser.

Comte stellt der Philosophie nicht die Aufgabe, Erkenntnisse jenseits der Erfahrung zu finden. Sie hat vielmehr die gesetzmäßigen Zusammenhänge zwischen den Erfahrungstatsachen aufzudecken und das Erfahrungswissen systematisch zu ordnen. Von Turgot übernimmt er wohl den Gedanken, daß die geschichtliche Entwicklung des menschlichen Geistes sich in drei Stadien vollzogen habe (Discours sur l'esprit positif, 1844, Nrn. 2 ff.). Auf den beiden ersten Entwicklungsstufen wird über das Erfahrungswissen hinausgegriffen: Im theologischen Zeitalter sucht man den Grund der Weltereignisse im Walten von Göttern und Dämonen. Das metaphysische Zeitalter fragt nach dem Wesen der Dinge, nach der Substanz, die hinter den bloßen Erscheinungen verborgen sei. Erst in der dritten, positivistischen Epoche werden die Grenzen des Erfahrungswissens eingehalten. Zweck der Erkenntnisbemühungen ist es jetzt nicht mehr, das „Wesen" der Dinge, das Absolute, irgendwelche jenseits der Erfahrung liegenden „letzten Ursachen" einer Erscheinung zu erfassen. Einen „wirklichen und verständlichen Sinn" haben nur solche Aussagen, die „genau auf die einfache Aussage einer besonderen oder allgemeinen Tatsache zurückführbar" sind. Es geht nurmehr darum, zwischen den Erscheinungen die Ähnlichkeiten und die schlichten gesetzmäßigen Zusammenhänge aufzudecken. Das gestattet uns, künftige Ereignisse vorauszusehen, sie zu unseren Gunsten abzuändern oder wenigstens unser Verhalten ihnen anzupassen (Discours, Nrn. 12, 15, 18, 22; Cours, Lekt. 1 und 28). „Savoir pour prévoir, prévoir pour prévenir", heißt jetzt die Parole.

Da alle Erkenntnis von wahrnehmbaren Erscheinungen ausgeht, läßt sich das System der Wissenschaften als monistisches System konstruieren, das von den einfachsten Gegebenheiten und den allgemeinsten Gesetzen zu immer komplexeren Tatbeständen fortschreitet: Die Soziologie läßt sich in eine Linie mit Astronomie, Physik, Chemie und Biologie stellen (Discours, Nr. 73).

So entsteht das Programm einer „sozialen Physik": Auch sie habe die Einbildungskraft den Beobachtungen unterzuordnen. Auch sie habe sich darauf zu beschränken, die „beobachtbaren Tatsachen genau zu verknüpfen" und hierfür Forschungsmethoden zu entwickeln. Sie enthalte sich jeder Bewertung der Tatsachen und jeder Spekulation, die hinter die Erscheinungen greifen möchte. Auch die sozialen Erscheinungen unterlägen „wirklichen Naturgesetzen" (Cours, Lekt. 48). Dabei bleibt Comte sich der Besonderheit des jeweiligen Forschungsgegenstandes durchaus bewußt, will also das soziologische Geschehen nicht etwa als physikalischen Prozeß darstellen (Discours, Nrn. 19, 77). – Freilich nahm er sich selber nicht allzusehr beim Wort und sparte die Mühe, den vermeintlich naturgesetzlichen Ablauf sozialer und historischer Prozesse einer soliden empirischen Überprüfung zu unterziehen.

Die drei Stadien des Weltverständnisses lassen sich auch in der Rechts- und Staatsphilosophie wiederfinden: Der ersten Stufe gehört die Lehre vom göttlichen Ursprung des Rechts und des Staates an. Zur zweiten Stufe gehört das säkularisierte Naturrecht, das hinter der konkreten Gesellschaftsordnung ewig gültige Prinzipien des Rechts erspekulieren möchte. Das positive Zeitalter aber fragt lediglich nach den schlichten Gesetzmäßigkeiten des sozialen Geschehens. An die Stelle des priesterlichen Herrschers und Richters und an die Stelle des Rechtsmetaphysikers tritt jetzt der Soziologe, der aus den Erfahrungen über das menschliche Zusammenleben die Regeln des gesellschaftlichen Lebens ableitet.

Diese sozialen Gegebenheiten kann man in einer statischen und in einer dynamischen Betrachtungsweise sehen. Jene erforscht, nach welchem Prinzip sich Menschen zusammenschließen: Der Einzelne kann sich nur durch die Gattung erhalten. So muß er sich ihr möglichst vollständig eingliedern und sich „gründlich mit ihrer gegenwärtigen, vergangenen und zukünftigen kollektiven Existenz verbinden, um dadurch die ganze Intensität des Lebens zu gewinnen", die von Fall zu Fall aus den gesamten Umständen und ihren Gesetzmäßigkeiten zu gewinnen ist. – Die dynamische Betrachtung hingegen interessiert sich für das Entwicklungsgesetz der Menschheit: Es bestehe für den Einzelnen und für die Gattung darin, daß Intelligenz und Soziabilität, also die spezifisch menschlichen Züge, zunehmend die Oberhand über die animalische Natur gewinnen. Das behauptet Comte nicht nur als Tatsache, sondern verkündet es auch als Leitbild, dem all unser Bemühen uns näherbringen soll (Discours, Nrn. 45, 56; Système de politique positive, 1851 ff., II und III). So finden wir hier eine neue Variante der Kantischen Hoffnung, zu guter Letzt werde sich doch die Vernunft durchsetzen.

Alle Erkenntnis dient einem praktischen Zweck: „Alle unsere Theorien sind als Erzeugnisse unserer Intelligenz aufzufassen, die dazu bestimmt sind, unsere verschiedenen Grundbedürfnisse zu befriedigen, indem sie sich stets nur vom Menschen entfernen, um desto besser auf ihn zurückzukommen" (Discours, Nr. 20). Im positivistischen Zeitalter gibt es nicht nur eine mechanische und chemische Technik, sondern auch eine Technik der Politik und Moral (Discours, Nr. 22): Zum Beispiel gibt es Erfahrungsregeln darüber, welche realen Folgen bestimmte Handlungen, Gewohnheiten und Neigungen haben. Daraus kann man dann Verhaltensregeln ableiten, „die mit der Gesamtordnung am besten übereinstimmen und die folglich dem individuellen Glück regelmäßig am besten dienen" (Discours, Nr. 53). So wird auch die Vorstellung einer wissenschaftlich begründeten Politik geweckt – ein Gedanke, der vor allem im Marxismus eine wichtige Rolle gewann.

Das Projekt einer auf Erfahrungsgesetze gegründeten wissenschaftlichen Politik hat aber eine Lücke. Max Weber hat sie in aller Klarheit gesehen: Erfahrungsregeln liefern immer nur ein technisches Wissen, das in den Dienst sehr verschiedener Zwecke gestellt werden kann. Die Grundentscheidung für diese politischen und ethischen Zwecke selbst entzieht sich aber dem Zugriff einer Wissenschaft, die nur auf Tatsachen der Erscheinungswelt und logische Gesetzmäßigkeiten gegründet ist.

b) Marx

Es ist vor allem Karl Marx (1818–1883) zuzuschreiben, daß die vielfältige und weitreichende Bedeutung der ökonomischen Verhältnisse ins allgemeine Bewußtsein gedrungen ist: die Bedeutung der ökonomischen Gegebenheiten auch für die Rechts- und Verfassungsordnung, für die herrschenden Rechtsauffassungen und für das in der Gemeinschaft herrschende Sozialethos. Nicht der Geist sei das bewegende Moment der Geschichte, wie Hegel gelehrt hatte; sondern die ökonomische Struktur der Gesellschaft sei der wahre Träger des geschichtlichen Prozesses. – Und doch haben die Gedanken von Karl Marx die Welt verändert und legen dadurch selber das beredteste Zeugnis ab von der Macht des Geistes.

Der große Revolutionär wurde im freundlichen Trier geboren als Sohn eines hochgebildeten Rechtsanwalts, der zum protestantischen Glauben übergetreten war. Die Vorfahren des Vaters und der Mutter waren viele Generationen hindurch Rabbiner gewesen. Zum Bekanntenkreise des Vaters gehörte der preußische Geheime Regierungsrat Baron von Westphalen, dessen Tochter Jenny Marxens Frau und aufopferungsvolle Lebensgefährtin wurde.

Marx studiert Rechtswissenschaft und Philosophie, erst in Bonn, dann in Berlin, wo kurz nach Hegels Tod der Hegelianismus blüht. Er spielt mit dem Gedanken, Philosophieprofessor zu werden. Nach seiner Promotion in Jena tritt er dann aber als Vierundzwanzigjähriger in die Redaktion der „Rheinischen Zeitung" ein, aus der er freilich schon nach einigen Monaten ausscheidet, weil er sich in seiner Wirkungsmöglichkeit zu sehr beengt fühlt. Anschließend geht er nach Paris, wo er die Deutsch-Französischen Jahrbücher zusammen mit Ruge herausgibt und sich näher mit dem französischen Sozialismus befaßt. In dieser Zeit schließt er auch Freundschaft mit dem zwei Jahre jüngeren Friedrich Engels, dem Sproß einer rheinischen Fabrikanten- und Kaufmannsfamilie, der im väterlichen Geschäft tätig ist und nebenher ökonomische und philosophische Studien treibt. Marxens journalistische Angriffe gegen den preußischen Staat führen zu seiner Ausweisung aus Frankreich. Er geht nach Brüssel. Hier entsteht im Auftrage des Londoner Bundes der Kommunisten das Kommunistische Manifest, das Anfang 1848 erscheint. Nach Ausbruch der Februarrevolution geht Marx nach Köln und gibt dort zusammen mit Engels die „Neue Rheinische Zeitung" heraus, die aber bald unterdrückt wird. Marx wird ausgewiesen und läßt sich nun 1849 endgültig in

London nieder, wo er sich und seine Familie mit finanzieller Unterstützung seines Freundes Engels mehr schlecht als recht durchbringt. Von hier aus leitet er die Internationale Arbeiterorganisation. Hier entsteht auch sein Hauptwerk, „Das Kapital" (Bd. I, 1867), dessen zweiter und dritter Band nach seinem Tode von Engels herausgegeben werden.

In seiner philosophischen Grundeinstellung geht er, in betontem Gegensatz zu Hegel, von der These aus: „Nicht das Bewußtsein bestimmt das Leben, sondern das Leben bestimmt das Bewußtsein." „Es wird von den wirklich tätigen Menschen ausgegangen und aus ihrem wirklichen Lebensprozeß auch die Entwicklung der ideologischen Reflexe und Echos dieses Lebensprozesses dargestellt . . .: Die Moral, Religion, Metaphysik und sonstige Ideologie und die ihnen entsprechenden Bewußtseinsformen . . . haben keine Geschichte, sie haben keine Entwicklung, sondern die ihre materielle Produktion und ihren materiellen Verkehr entwickelnden Menschen ändern mit dieser ihrer Wirklichkeit auch ihr Denken und die Produkte ihres Denkens" (Marx-Engels, Werke = MEW 3, 26 f.; ähnlich MEW 4, 480; 13, 9; 23, 27).

Von dieser Grundlage aus werden insbesondere die Probleme der menschlichen Freiheit und der gesellschaftlichen Entwicklung durchdacht:

Die Freiheit des Menschen leidet unter der Arbeitsteilung und darunter, daß sich dem Einzelnen das Produkt seiner Arbeit entfremdet. Schon Hegel hatte erkannt, daß die Arbeitsteilung eine zweischneidige Sache ist: Sie gestattet es einerseits, über den Naturzustand hinaus spezifische und gehobene Bedürfnisse unbegrenzt zu entwickeln und zu befriedigen, aber sie ist zugleich „eine ebenso unendliche Vermehrung der Abhängigkeit und Not" (Rechtsphilosophie, § 195). Die Arbeitsteilung fördert zwar die Geschicklichkeit für den begrenzten („abstrakten") Arbeitszweig und hebt die Produktion. Aber sie vervollständigt auch „die Abhängigkeit und die Wechselbeziehung der Menschen" und macht die Arbeit immer mehr mechanisch. Allerdings wird diese dadurch auch geeignet, „daß der Mensch davon wegtreten und an seine Stelle die Maschine eintreten lassen kann" (§ 198). – Bleibt die Gesellschaft ungehindert sich überlassen, so führt das System arbeitsteiliger Bedürfnisbefriedigung dazu, daß einerseits Reichtümer angehäuft werden und andererseits die spezialisierte Arbeit immer isolierter und bornierter wird und daß die an diese Arbeit gebundene Klasse in Abhängigkeit und Not gerät (§ 243). So entsteht einerseits ein Pöbel, während andererseits unverhältnismäßige Reichtümer sich in wenigen Händen konzentrieren (§ 244).

Diese Erwägungen Hegels übersetzt Marx in seine eigene Vorstellungsweise. Was bedeutet persönliche Entfaltungsfreiheit, wenn ich sie in Begriffen der Produktivität denke? Antwort: daß ich in der Produktion eine individuelle Lebensäußerung genieße und vergegenständliche; daß der andere, dem ich das Produkt meiner Arbeit überlasse, mich als eine Ergänzung seines eigenen Wesens empfindet und bestätigt; unsere Produktionen wären also „ebensoviele Spiegel, woraus unser Wesen sich entgegenleuchtet" (MEW Erg. Bd. 1, 462 f.).

Sobald aber die Arbeitsteilung eingeführt wird, hat jeder nur noch „einen bestimmten, ausschließlichen Kreis der Tätigkeit, der ihm aufgedrängt wird, aus dem er nicht heraus kann; er ist Jäger, Fischer oder Hirt oder kritischer Kritiker und muß es bleiben, wenn er nicht die Mittel zum Leben verlieren will" (MEW 3, 33).

Zu dieser Beschränkung des Tätigkeitsfeldes kommt hinzu, daß sich dem tätigen Menschen das Produkt seiner eigenen Arbeit entfremdet. Es tritt ihm „als eine von dem Produzenten unabhängige Macht gegenüber" (MEW Erg. Bd. 1, 511, 515). Nicht dem Arbeiter gehört das Produkt seiner Arbeit, sondern einem anderen, ihm fremd gegenüberstehenden Menschen. Es wird der „Genuß und die Lebensfreude eines anderen" (aaO., 519). Dem Einzelnen entfremden sich auf diese Weise aber nicht nur die Produkte seiner Tätigkeit, sondern auch die anderen Menschen (aaO., 517 f.). Diese dienen sich nicht mehr wechselseitig zur Ergänzung und Bereicherung ihrer Individualität, sondern stehen sich als Fremde (in ihrer „Vereinzelung") gegenüber; der eine beutet den anderen einseitig aus.

Die Handhabe, sich das Arbeitsprodukt des anderen anzueignen, liegt im Privateigentum. Mit seiner Aufhebung verschwindet auch die Entfremdung, und der Mensch kehrt „in sein menschliches, das heißt gesellschaftliches Dasein" zurück (aaO., 537).

In der kommunistischen Gesellschaft ist auch die Borniertheit der Arbeitsteilung verschwunden. In ihr ist Raum für die totale Entfaltung des Menschen. Hier regelt die Gesellschaft die allgemeine Produktion und macht es mir möglich, „heute dies, morgen jenes zu tun, morgens zu jagen, nachmittags zu fischen, abends Viehzucht zu treiben, nach dem Essen zu kritisieren, wie ich gerade Lust habe; ohne je Jäger, Fischer, Hirt oder Kritiker zu werden" (MEW 3, 33, 74, 424). Wieder einmal ist der alte Menschheitstraum formuliert, daß jeder die Bildung und die Muße haben sollte, seine Anlagen nach allen Seiten zu entfalten (s. zu Aristoteles Kap. 3 a und b). – Der bedächtiger werdende ältere Marx sieht aber ein, daß die totale Betätigungsfreiheit des Menschen eine Utopie ist. So verlegt er „das wahre Reich der Freiheit" in die Freizeit. Es gilt also, die Arbeitszeit zu verkürzen und die materielle Produktion selber mit dem geringsten Kraftaufwand und unter den menschlichsten Bedingungen zu vollziehen (MEW 25, 828).

Eine solche Gesellschaft frei sich entfaltender Menschen sei das Ziel und der Endzustand der historischen Entwicklung. Motor dieses historischen Prozesses seien wiederum die ökonomischen Verhältnisse. Sie brächten die Veränderungen auch der politischen und rechtlichen Strukturen hervor:

Dem jeweiligen Stand der Produktion entspricht nämlich eine bestimmte Rechtsordnung und Verfassungsstruktur. Insbesondere hat der Staat, als politische Gewalt verstanden, eine ökonomische Grundlage: Er ist „die organisierte Gewalt einer Klasse zur Unterdrückung einer anderen" (MEW 4, 482).

Im Schoße der Gesellschaftsordnung entstehen aber durch technischen Fortschritt neue Produktionsweisen. So entwickelte sich innerhalb der feudalen Eigentums- und Gesellschaftsordnung die kapitalistische Produktionsweise: zunächst die Manufaktur, später, nach der Erfindung der Dampfmaschine, die industrielle Produktion. Sie verlangte eine Anhäufung von Arbeitnehmern und Kapital, also Mobilität von Menschen und Eigentum. Dem waren die feudalistischen Eigentumsverhältnisse und Sozialstrukturen nicht mehr angemessen. „Sie hemmten die Produktion, statt sie zu fördern. Sie verwandelten sich in ebenso viele Fesseln. Sie mußten gesprengt werden, sie wurden gesprengt." In der bürgerlichen Revolution wurden sie durch eine neue, den damaligen ökonomischen Verhältnissen entsprechende Eigentums- und Verfassungsstruktur ersetzt. An die Stelle der alten Ordnung „trat die freie Konkurrenz mit der ihr angemessenen gesellschaftlichen und politischen Konstitution, mit der ökonomischen und politischen Herrschaft der Bourgeoisklasse" (MEW 4, 467).

Wie in diesem Beispiel, so entsteht immer wieder ein Widerspruch zwischen der überkommenen Sozialordnung und der sich wandelnden Produktionsweise. Und immer wieder wird dieser Widerspruch durch eine Revolution gelöst, mit dem Ergebnis, daß die Rechts- und Gesellschaftsordnung dem gegenwärtigen Stand der gesellschaftlichen Produktion angepaßt wird. So schreitet die Geschichte in einem dialektischen Prozeß vom Widerspruch zur Synthese und zu neuem Widerspruch und zu neuer Synthese voran.

Marx faßt zusammen: Die Gesamtheit der Produktionsverhältnisse „bildet die ökonomische Struktur der Gesellschaft, die reale Basis, worauf sich ein juristischer und politischer Überbau erhebt... Auf einer gewissen Stufe ihrer Entwicklung geraten die materiellen Produktivkräfte der Gesellschaft in Widerspruch ... mit den Eigentumsverhältnissen, innerhalb deren sie sich bisher bewegt hatten. Aus Entwicklungsformen der Produktivkräfte schlagen diese in Fesseln derselben um. Es tritt dann eine Epoche sozialer Revolution ein. Mit der Veränderung der ökonomischen Grundlage wälzt sich der ganze ungeheure Überbau langsamer oder rascher um" (MEW 13, 8 f.).

Dieser Prozeß personifiziert sich in den Klassen und ihren Gegensätzen: Diese sind einerseits durch die bestehende Produktionsweise bedingt und sie bestimmen andererseits das politische Geschehen und damit auch die Veränderungen der Staats- und Rechtsordnung. „Die Geschichte aller bisherigen Gesellschaft ist die Geschichte von Klassenkämpfen. Freier und Sklave, Patrizier und Plebejer, Baron und Leibeigener, Zunftbürger und Gesell, kurz, Unterdrücker und Unterdrückte standen in stetem Gegensatz zueinander, führten einen ununterbrochenen, bald versteckten, bald offenen Kampf, einen Kampf, der jedesmal mit einer revolutionären Umgestaltung der ganzen Gesellschaft endete oder mit dem gemeinsamen Untergang der kämpfenden Klassen" (MEW 4, 462).

Marx glaubte, daß auch zu seiner Zeit, im Arbeiterelend des frühindustriellen Kapitalismus, eine Spannung erreicht sei, die einen revolutionären Ausgleich verlange. Die moderne industrielle Produktion sei in einen unerträglichen Widerspruch zu der bürgerlichen Rechts- und Gesellschaftsordnung geraten. Diese gibt einzelnen Bürgern das Eigentum an den Produktionsmitteln. Die rechtlichen Möglichkeiten, die in diesem frei verfügbaren Eigentum liegen, haben dazu geführt, daß sich die Produktionsmittel in den Händen einiger Großkapitalisten konzentrieren; die großen Unternehmen saugen die kleineren auf; immer mehr Kapital ballt sich in den Händen von immer weniger Leuten zusammen. Und auf der anderen Seite wächst die Masse des Proletariats. Die arbeitende Bevölkerung, also der eigentliche Produzent, kommt immer weniger in den Genuß der von ihr geschaffenen wirtschaftlichen Werte und verelendet. Aber mit der Masse des Elends wächst auch die Empörung der anschwellenden und durch den Produktionsprozeß „geschulten, vereinigten und organisierten Arbeiterklasse. Das Kapitalmonopol wird zur Fessel der Produktionsweise." Die kapitalistische Hülle wird gesprengt. „Die Stunde des kapitalistischen Privateigentums schlägt" (MEW 23, 790 f.).

Hat das Proletariat erst einmal die politische Herrschaft erlangt, dann wird es zunächst die Produktionsmittel „in den Händen des Staats, d. h. des als herrschende Klasse organisierten Proletariats" zentralisieren. Hierzu bedient es sich durchaus „despotischer Eingriffe in das Eigentumsrecht und in die bürgerlichen Produktionsverhältnisse". Sind aber im Laufe dieser Entwicklung erst einmal „die Klassenunterschiede verschwunden und ist alle Produktion in den Händen der assoziierten Individuen konzentriert, so verliert die öffentliche Gewalt ihren politischen Charakter". An die Stelle der Klassengegensätze und der Klassenherrschaft „tritt eine Assoziation, worin die freie Entwicklung eines jeden die Bedingung für die freie Entwicklung aller ist" (MEW 4, 481 f.).

Inzwischen ist das Experiment des kommunistischen Staates mehrfach durchgeführt worden. In keinem der Fälle ist aber im kommunistischen Gemeinwesen die politische Gewalt abgestorben. Die Macht bedient sich in diesen Staaten zwar nicht des Privateigentums, dafür aber der organisatorischen Mittel. Die Macht der Funktionäre ist nur rechtstechnisch anders gefügt als die der Plutokraten, aber sie ist nichtsdestoweniger politische Macht. Es besteht auch keine Hoffnung, daß sich in einer Industriegesellschaft oligarchische Herrschaftsstrukturen umgehen ließen; denn in allen komplizierten Gesellschaften ist eine Teilung der Funktionen unvermeidlich, und sie erfaßt notwendigerweise auch die Herrschaftsfunktion. Das „eherne Gesetz der Oligarchie" (Robert Michels) hat sich bisher noch allemal verwirklicht.

Ist die herrschaftsfreie Gesellschaft eine Utopie, so bleibt als realistische Alternative nur eine Regulierung der Macht: eine Dezentralisierung der politischen und gesellschaftlichen Funktionen, soweit die Bedürfnisse der Koordination sie zulassen (Kap. 3 a, 13 a); eine organisatorische Gewaltenteilung und ein Pluralismus der sozialen Gewalten (Kap. 14); eine Rückbindung der Repräsentanten an den Willen der Gesamtheit dadurch, daß diese periodisch in richtungweisenden Entscheidungen vor echte personelle und sachliche Alternativen gestellt wird (Kap. 13 c); und eine breite Streuung des Volksvermögens (Kap. 3 a), das gleichwohl gesellschaftsrechtlich auch für eine industrielle Produktion organisierbar ist.

Behält Marx aber nicht wenigstens mit seiner ökonomistischen Grundposition recht? Niemand wird bestreiten wollen, daß die ökonomischen Gegebenheiten den Gang der Geschichte, das Recht, die Verfassung und das Sozialethos in hohem Maße beeinflussen. Aber: Ist es die ganze Wahrheit, wenn Marx alles auf den ökonomischen Produktionsprozeß zurückführt? Können nicht geistige Faktoren ihrerseits die ökonomischen Bedingungen beeinflussen? Dieser Frage hat sich vor allem Max Weber angenommen. Aber die Beispiele für solche geistigen Einflüsse liegen ohnedies auf der Straße: Die Wirkung der marxistischen Ideen auf das politische und gesellschaftliche Geschehen ist das nächstliegende Exempel. Ferner: Das technisch-naturwissenschaftliche Zeitalter hat den ganzen Produktionsprozeß umgestaltet; es selber hat aber nicht nur ökonomische, sondern auch geistesgeschichtliche Wurzeln. Andererseits bietet Indien noch immer ein Beispiel für den hemmenden Einfluß weltanschaulicher Traditionen und eines überkommenen Kastengeistes auf den ökonomischen Prozeß.

Also besteht offenbar eine Wechselwirkung zwischen ökonomischen und geistigen Faktoren. Schon Engels hat das eingeräumt. Kann man dann aber behaupten (wie Engels das tut), daß dennoch eine dieser Komponenten – die ökonomische – die grundlegende und in letzter Instanz bestimmende sei (MEW 37, 463 ff.)? Ja, ist es überhaupt eine sinnvolle Rede, einerseits von Wechselwirkung zu sprechen und andererseits einen Faktor als den letztlich bestimmenden zu bezeichnen?

c) Max Weber

Max Weber (1864–1920) war nach seiner beruflichen Herkunft Doktor der Rechtswissenschaft und Privatdozent an der Berliner Juristischen Fakultät, nach seinen Interessen und seiner vielfältigen Bildung zugleich Historiker und (auch seiner späteren Laufbahn nach) Nationalökonom, nach dem Schwerpunkt seiner wissenschaftlichen Entfaltung aber vor allem Soziologe.

In einem gewissen Anklang an Comtes Drei-Stadien-Gesetz lehrt Weber, daß die Menschheit seit Jahrtausenden einem Prozeß zunehmender Intellektualisierung und Rationalisierung unterliege. Dieser Prozeß sei so weit gediehen, daß es für den heutigen Menschen „prinzipiell keine geheimnisvollen unberechenbaren Mächte gebe, die da hereinspielen, daß man vielmehr alle Dinge – im Prinzip – durch Berechnen beherrschen könne. Das aber bedeutet: die Entzauberung der Welt. Nicht mehr, wie der Wilde, für den es solche Mächte gab, muß man zu magischen Mitteln greifen, um die Geister zu beherrschen oder zu erbitten. Sondern technische Mittel und Berechnung leisten das" (Ges. Aufsätze zur Wissenschaftslehre, ^{3}1968 = WL, 594).

Wenn sich auch Webers Wissenschaftsbegriff streng den Tatsachen verpflichtet weiß, so verengt er doch nicht das Blickfeld auf die bloß materiellen Gegebenheiten. Diese spielen zwar eine wichtige, aber nicht die alleinige Rolle. Der historische Materialismus wollte den Geschichtsprozeß einseitig von den ökonomischen Bedingungen her deuten. Aber Religion und Weltanschauung, Moral und Recht sind nicht nur ein Reflex der ökonomischen Situation, sind kein bloßer Überbau, der sich über die ökonomische Basis wölbt, sondern sie sind selber geschichtsmächtige Faktoren. In eingehenden Untersuchungen hat Max Weber gezeigt, daß und in welcher Weise religiöse Vorstellungen und soziale Leitbilder historische Wirksamkeit entfalten und ihrerseits gerade auch die ökonomische Entwicklung und die Sozialstruktur mitbestimmen können (GesAufszReligionssoziologie, [5]1963). Beispiele bieten etwa der Einfluß calvinistischer Anschauungen auf den pflicht- und erfolgsorientierten Kaufmannsgeist des modernen Kapitalismus oder die retardierende Wirkung der Kastenvorstellungen in Indien.

Die Sinnorientiertheit des menschlichen Verhaltens erscheint geradezu als das charakteristische Element, durch das sich das soziale Geschehen von bloßen Naturereignissen unterscheidet: Liegt doch die Eigenart menschlichen Handelns und Zusammenwirkens darin, daß es durch verständliche Sinngehalte motiviert wird. Dieser Faktor ist also in die Bestimmungsgründe des sozialen Geschehens einzubeziehen (Wirtschaft und Gesellschaft, [5]1976, 1 ff.). Dadurch verwandelt sich die „soziale Physik" in eine „verstehende" Soziologie. Wertvorstellungen und andere motivierende Sinngehalte interessieren den Soziologen freilich nur als Komponenten des von ihm untersuchten Geschehens. Er selbst hat diese Vorgänge aber nicht zu bewerten („Wertfreiheit" der Soziologie; WL, 500, 502).

Denn für Max Weber ist die Reichweite wissenschaftlicher Erkenntnis eng begrenzt. Wissenschaftliche Aussagen, auch solche, die einer verstehenden Soziologie entstammen, können nur Erfahrungsregeln darüber liefern, welche Bedingungen zu welchen Konsequenzen führen. Sie sagen aber nichts darüber, ob diese Konsequenzen selbst erstrebenswert sind. Oder anders gewendet:

Sie können uns darüber belehren, welche Mittel geeignet sind, einen vorausgesetzten Zweck zu erreichen. Aber die Wahl der Zwecke selbst und jede Bewertung liegen außerhalb des Feldes wissenschaftlicher Erkenntnis (WL, 149 f., 500 f.).

Die Wissenschaft bescheidet sich also mit bloß instrumentalen Aussagen: Man treibt sie „zu rein praktischen, im weiteren Wortsinn: technischen Zwecken: um unser praktisches Handeln an den Erwartungen orientieren zu können, welche die wissenschaftliche Erfahrung uns an die Hand gibt" (WL, 593). Aber sie versagt, wenn wir nach dem wahren Sinn, der wahren Natur, dem wahren Gott oder dem wahren Glück fragen. Insofern ist sie, wie Tolstoj sagt, „sinnlos, weil sie auf die allein für uns wichtige Frage: ‚Was sollen wir tun? Wie sollen wir leben?' keine Antwort gibt". Sie gibt uns keine Auskunft darüber, was „wichtig im Sinn von ‚wissenswert' sei". Die „Naturwissenschaften geben uns Antwort auf die Frage: Was sollen wir tun, *wenn* wir das Leben *technisch* beherrschen wollen? Ob wir es aber technisch beherrschen sollen und wollen, und ob das letztlich eigentlich Sinn hat: – das lassen sie ganz dahingestellt oder setzen es für ihre Zwecke voraus." Oder die Jurisprudenz: Sie stellt fest, was gilt, *„wenn* bestimmte Rechtsregeln und bestimmte Methoden ihrer Deutung als verbindlich anerkannt sind. *Ob* es Recht geben solle, und *ob* man gerade diese Regeln aufstellen solle, darauf antwortet sie nicht" (WL, 598 ff.).

Über die zu erstrebenden Zwecke, Ziele, Werte, in deren Dienst das technische Wissen zu stellen wäre, sagt demnach die Wissenschaft nichts. Hier streiten Gewissen und persönliche Weltanschauungen miteinander. So tritt neben die wissenschaftliche Aufgabe, „die Wahrheit der Tatsachen zu sehen", eine praktische Pflicht, „für die eigenen Ideale einzutreten" (WL, 155, 601). „Wertfrei" und damit streng wissenschaftlich ist weder die Auswahl der Zwecke, in deren Dienst wir die wissenschaftlichen Erkenntnisse stellen, noch die Auswahl des Fragenbereiches, den wir wissenschaftlich untersuchen; denn auch diese Auswahl ist von dem Standpunkt und den Interessen des Untersuchenden mitbestimmt (WL, 511 f.).

Den Kampf zwischen den letzten, überhaupt möglichen Standpunkten im Leben kann man nicht rational auflösen. Hier bleibt die Not und die Notwendigkeit, sich zu entscheiden (WL, 608). Stets fordern uns verschiedene, oft miteinander unvereinbare Zwecke und Werte in ihren Dienst. „Wie der Hellene einmal der Aphrodite opferte und dann dem Apollon und vor allem jeder den Göttern seiner Stadt, so ist es, entzaubert und entkleidet der mythischen, aber innerlich wahren Plastik jenes Verhaltens, noch heute." Der alte Zwist der Götter ist nicht begraben. Als letzte, miteinander um Gefolgschaft streitende Werte entsteigen sie, „entzaubert und daher in Gestalt unpersönlicher Mächte . . . ihren Gräbern, streben nach Gewalt über unser Leben und beginnen untereinander wieder ihren ewigen Kampf" (WL, 604 f.).

Führt aber die Selbstbescheidung der Wissenschaft, die die Wahl der Zwecke und Werte ausklammert, nicht zu einem erkenntnisblinden Dezisionismus in den Grundentscheidungen der Gerechtigkeit und der Politik? Und gibt es im Bereich der Wertungen wirklich nur Entscheidung und Wagnis? Auch bei der Wahl von Zielen und in anderen Wertungen versuchen wir, über rein individuelle Standpunkte hinauszukommen. Und nicht selten gelingt es auch in diesen Fragen, mit Vernunftgründen zu einem breiteren Konsens zu gelangen. Nicht zuletzt können Erfahrungen des Rechtsgefühls in einer konkreten Gemeinschaft weitgehende Übereinstimmung finden, mögen sie auch nicht die Allgemeingültigkeit physikalischer Einsichten gewinnen. So erheben sich Zweifel, ob ein Wissenschaftsbegriff, der Ziel- und Wertfragen ausklammert, ein Wissenschaftsbegriff also, für den es nur entweder streng allgemeingültige Erkenntnis oder die Resignation des reinen Dezisionismus gibt, nicht einerseits zu streng und andererseits zu eng ist. Ist es nicht verständiger, weniger strenge Anforderungen an die Überprüfbarkeit unserer Aussagen zu stellen und dafür ein sehr viel weiteres Feld einer sinnvollen Suche nach Konsens zu gewinnen? In diesem Sinne hatte immerhin schon Aristoteles auch Sätze für diskussionswürdig gehalten, die „wenn nicht allen, so den meisten oder den Einsichtigen und von den Einsichtigen entweder allen oder den meisten oder den angesehensten glaubwürdig erscheinen, ohne (für die gemeine Meinung) unglaubwürdig zu sein" (Topik, 104 a).

d) Gemeinschaft als Gefüge sinnorientierten Verhaltens

Schon aus sozialwissenschaftlicher Sicht ließ die Gemeinschaft sich nicht auf bloße Tatsachen zurückführen. Der Positivismus, sofern er sich mit sinnlich wahrnehmbaren Gegebenheiten und ihrer logischen Verarbeitung bescheiden will, und der Materialismus können mit ihren Begriffen die Gemeinschaft nicht zureichend erfassen.

Bereits Emile Durkheim (1857–1917) erkannte die soziale Funktion der in einer Gemeinschaft verbreiteten Vorstellungen und wies insbesondere auf die verhaltensleitende Wirksamkeit religiöser Weltbilder hin (Les formes élémentaires de la vie religieuse, 1912, dt. 1981, S. 28, 560 f., 571 ff.). Aber auch andere Denkmuster, Verhaltenstypen, Verständigungs- und Handlungsinstrumente spielen in Kulturgemeinschaften eine Rolle, etwa das „Zeichensystem, dessen ich mich bediene, um meine Gedanken auszudrücken, das Münzsystem, in dem ich meine Schulden zahle, die Kreditpapiere, die ich bei meinen geschäftlichen Beziehungen benütze, die Sitten meines Berufes" (Les règles de la méthode sociologique, 1895, dt. 1961, S. 105 f.). Später beschrieb Max Weber die soziale und die historische Wirksamkeit religiöser Vorstellungen und anderer sozialer Leitbilder (s. o. c).

Auch in der funktionalistischen Gesellschaftstheorie Bronislaw Malinowskis (1884–1942) hat das sinnorientierte Handeln eine zentrale Stellung. Nach dieser Lehre haben alle Einrichtungen, die die Kultur hervorgebracht hat, also nicht nur die technischen Werkzeuge, sondern auch die Satzungen der sozialen Gruppen und deren Ideen, Glaubensvorstellungen und Gebräuche, eine soziale Funktion. Sie dienen der Anpassung des Menschen an seine Umwelt und einer Befriedigung seiner Bedürfnisse (The dynamics of cultural change, 1945, dt. 1951, S. 92). Die von den Kulturen hervorgebrachten Institutionen verschmelzen Naturgegebenes und Anerzogenes miteinander, nicht nur durch die Überlieferung von Fertigkeiten, sondern auch durch die Herausbildung und die Tradition von Sozialnormen und Organisationsformen. Die Entwicklung technischer Fertigkeiten und menschlicher Organisationen beruhen ihrerseits auf der Ausbildung symbolischer Verständigungsmittel, nämlich abstrakter Begriffe und ihrer sprachlichen Ausdrucksformen. Erst durch sie wird „die individuelle Erfahrung einer Lebenszeit in das kollektive Wissen der Menschheit umgeformt"; erst durch sie eine Tradition von Wissen, Glauben, Rechtssystemen und politischen Verfassungen möglich (S. 94 f.). Jede Kultur hat also auch eine normative Seite, insbesondere Regeln, welche die Familienstruktur, die Verfassung der politischen Autoritäten und die Ordnung von Grundbesitz und sonstigem Eigentum bestimmen (S. 97 f.).

Höher organisierte Gemeinschaften bilden sich also durch das Zusammenwirken einer Vielzahl von Determinanten und werden durch sie in ihren Aktivitäten bestimmt: Ökonomische Faktoren wirken ebenso mit wie geistige, insbesondere religiöse Vorstellungen, ethische und rechtliche Normen, überliefertes Wissen, aber auch Willen zur Macht und anderes mehr. Angemessen erscheint also eine Betrachtungsweise, die jene komplexen Tatbestände nicht monokausal auf einzelne Faktoren zurückführt, sondern die Zusammenhänge, das Gefüge der Wirkungsfaktoren erfaßt. Diese Abkehr von vereinfachenden Vorstellungen, die Hinwendung zu komplexen Betrachtungsweisen erscheint als einer der wichtigen wissenschaftlichen Leitgedanken unserer Zeit.

Die Systemtheorie Talcott Parsons (1902–1979) gibt dem Systemgedanken noch eine besondere Wendung: Sie begreift Gemeinschaften als „Interaktionensysteme", nämlich als Zusammenhänge („Systeme") zwischenmenschlichen Verhaltens, die dadurch zustande kommen, daß Handlungen auf Grund bestimmter Verhaltenserwartungen in Wechselbeziehungen stehen und so ein vielfältig verflochtenes Verhaltensgefüge (eine komplexe „Verhaltensstruktur") bilden: So entstehen Familien-, Arbeits-, Dorf- und andere Gemeinschaften in der Weise, daß die Beteiligten ihre Handlungen nach bestimmten gegenseitigen Verhaltenserwartungen aufeinander einstellen. Den verhaltenssteuernden Erwartungsmustern sieht sich der Einzelne in verschiedenen sozialen Rollen (z. B. als Familienvater, Arbeitskollege, Gemeinderatsmitglied) gegenüber, die je einem sozialen Teilsystem zugehören. Diese Teilsy-

steme hängen wiederum zusammen und bilden ein soziales Ge-
samtsystem. Die Erwartungsmuster für richtiges Verhalten dienen
regelmäßig der Stabilisierung und den Bedürfnissen der Gemeinschaft (Essays in Sociological Theory, 1954, dt. ³1973, S. 52 ff.).

19. Anthropologische Theorien

a) Ältere Ansätze

Die Frage nach einer den Menschen angemessenen politischen
Verfassung und rechtlichen Ordnung wurde von alters her zu der
„Natur des Menschen" in Beziehung gesetzt.

So glauben viele, der Mensch sei dazu geboren, in Gemeinschaft
zu leben. Nur in dieser könne er seine Anlagen entfalten. Nur in
ihr finde sich die gegenseitige Hilfe, auf die der Einzelne angewiesen sei. In unterschiedlichen Varianten kam dieser Gedanke bei
Aristoteles, Thomas von Aquin, Grotius, Pufendorf, Christian
Wolff, Marx und anderen zum Ausdruck (Kap. 3 a, 4 d, 7 b, 15 a, b,
e, 18 a).

Die Vorstellungen über den Staat werden auch davon bestimmt,
ob sie von einem optimistischen oder einem pessimistischen Menschenbild ausgehen. Optimistische Einschätzungen der menschlichen Natur werden leicht zur Grundlage radikal-demokratischer
Modelle und anarchistischer Hoffnungen. Ist der Mensch von Natur aus zu einem wohlgeordneten Zusammenleben mit seinesgleichen disponiert und nur durch Fehlentwicklungen der Zivilisation
verdorben, dann ist es die wichtigste politische Aufgabe, diese
Mängel der gesellschaftlichen Struktur zu beseitigen und eine Gesellschaft freier und gleicher Menschen herzustellen. Wenn unter
solchen Umständen das Volk informiert ist und seine Ansichten
nicht durch Parteiungen verzerrt werden, wird es stets zu guten
Beschlüssen kommen. Ist der eigentliche Störfaktor friedlichen
und freien Zusammenlebens das Privateigentum, dann kehrt mit
dessen Aufhebung der Mensch in ein menschliches Dasein zurück.
Sind die durch das Eigentum vermittelten Klassenunterschiede

verschwunden, dann tritt an die Stelle der Klassenherrschaft und der politischen Gewalt eine herrschaftsfreie Assoziation freier Menschen.

Pessimistischere Einschätzungen glauben hingegen, Besitztrieb, Machtstreben und Aggressionsbereitschaft seien in der menschlichen Natur selbst verwurzelt. Dann aber könnten diese unliebsamen Eigenschaften nicht durch Sozialreformen kurzerhand abgeschafft werden; vielmehr müßten dann staatliche Wirksamkeit und staatliches Recht sich auf die Natur des Menschen einstellen. So ging etwa Hobbes von der Annahme aus, die Menschen seien von Natur aus begehrlich, auch neigten sie dazu, drohenden Übeln feige auszuweichen oder wütend auf sie zu reagieren; von hier aus gelangte er dann zu der Forderung nach einem staatlichen Gewaltmonopol (Kap. 12 b). Den Vorschlägen Lockes und Montesquieus, die Staatsgewalt aufzuteilen und dadurch zu kontrollieren, lag die Überzeugung zugrunde, daß die menschliche Natur „immer bereit ist, nach der Macht zu greifen", und „daß jeder, der Macht besitzt, zu ihrem Mißbrauch neigt" (Kap. 14). Machiavelli schließlich gründete seine Ratschläge für den Staatsmann auf die Annahme, die Menschen seien im allgemeinen auf ihren Vorteil bedacht, wankelmütig, feige, heuchlerisch und undankbar und ließen sich vom Erfolg und vom äußeren Schein beeindrucken (Kap. 11 b).

b) Die menschliche Triebstruktur

Politische Programme werden auch davon beeinflußt, ob und in welchem Ausmaß man das menschliche Handeln für vernunftbestimmt oder für triebhaft hält. Auf die Vernunftgläubigkeit der Aufklärung folgte die Gefühlsgläubigkeit des „Sturmes und Dranges" und der Romantik. Die Suche nach den emotionalen und irrationalen Wurzeln menschlichen Handelns setzte sich fort über Schopenhauer und Nietzsche bis zu Freud. Arthur Schopenhauer (1788–1860) meinte, die eigentlich bewegende Kraft in uns sei ein irrationaler Wille zum Leben, ein elementarer Lebensdrang zur Selbst- und Arterhaltung; in dessen Dienst stünden nicht nur unsere Körperorgane, sondern auch unser Intellekt (Die Welt als Wille und Vorstellung, 1859, §§ 20, 27, 29). In eine ähnliche Beziehung setzte später Vilfredo Pareto (1848–1923) die elementaren Grundantriebe unseres Handelns (die „Residuen") zu den argumentativen Formen (den „Derivationen"), in denen wir sie zur Geltung bringen (Traité de sociologie générale, 1917/19, Kap. 6, 9). Suchte Schopenhauer noch nach einem Wege, sich durch Askese von der Leidenschaft des Willens zu erlösen, so bekannte die Ethik Friedrich Nietzsches (1844–1900) sich ganz zu der menschlichen Triebstruktur. Für ihn ist das Leben wesentlich „ein Streben nach Mehr von Macht". „Der Wille zur Macht ist das letzte Faktum, zu dem wir hinunter können. Unser Intellekt ein Werkzeug" (Aus dem Nachlaß, Kröner-Ausgabe, 1964/65, IX Nr. 689, XI Nr. 838). Für ihn war das nicht nur eine analytische Feststellung, sondern zugleich die Grundlage, das Recht des Stärkeren als ein neues „Naturrecht" zu verkünden. Der Herrschende stellt die „Gerechtigkeit" fest, „d. h. er mißt die Dinge nach seinem Maße" (XI Nr. 794). Der „Gute" der neuen Moral ist „der Vornehme, der Mächtige, der Herrschende"; losgelassen von den sozialen Zwängen tritt er „in die Unschuld des Raubtiergewissens zurück" (Zur Genealogie der Moral, 1887, I Nr. 11). Anderes glaubte Sigmund Freud (1856–1939) in der Tiefe der menschlichen Seele zu finden. Schon für Schopenhauer hatte sich der eine Zweig des Lebensdranges als Wille zur Arterhaltung dargestellt; in ähnlichem Sinne spricht die moderne Biologie von einem „Egoismus der Gene". Freud stieß auf den gleichen Sachverhalt, der sich ihm, aus der Sicht des Psychologen, als libido, als sexuelles Begehren darstellte (Drei Abhandlungen zur Sexualtheorie, 1905). Wie nach der Ansicht Schopenhauers das Bewußtsein von der Triebstruktur gegängelt wird und in ihrem Dienste steht, so glaubte auch Freud, daß unser Bewußtsein von den Trieben geleitet werde, die aus der Tiefe des Unterbewußtseins wirken; oft verdränge oder maskiere das Bewußtsein aber auch die Triebe oder es lenke deren Energien auf kulturelle Leistungen um und „sublimiere" sie. Nach den Ereignissen des Ersten Weltkrieges fügte Freud seinem Bild der menschlichen Triebstruktur neben den Sexualtrieben noch die Aggressionstriebe hinzu, deren Ziel die Destruktion sei und die sich als

Todestrieb auch auf die Selbstvernichtung richten könnten (Das Unbehagen in der Kultur, [2]1931, V, VI).

Einen empirisch wichtigen Zugang zu den triebhaften Quellen menschlichen Handelns hat Gustave LeBon (1841–1931) in seiner „Psychologie der Massen" (1895) erschlossen: In einer Menschenmasse schwindet das Verantwortungsgefühl. Unter dem Schutze der Anonymität und durch die Emotionen der anderen angesteckt, aber auch weil er sich im Verein mit den anderen mächtig fühlt, läßt der Einzelne die rationalen Kontrollen des Handelns fahren, und seine Triebhaftigkeit bricht hervor, unberechenbar, wild, zu Gewalttätigkeiten reizbar und zu Heldenmut zu begeistern, in hohem Maße der Suggestion ausgeliefert.

Schon früher hatte sich Shaftesbury mit Recht dagegen gewandt, aus der Vielfalt der menschlichen Affekte nur einzelne in Betracht zu ziehen (Kap. 12 b). So wird auch die moderne Staatstheorie sich vor Einseitigkeiten hüten müssen, wenn sie die Analysen der menschlichen Triebstruktur zur Kenntnis nimmt. Die Tatsachen selbst, die durch diese Analysen ans Licht gefördert wurden, muß sie aber in Rechnung stellen. Daher müssen die staatliche Ordnung insgesamt und die Verhaltensregelungen im einzelnen sich auch auf die irrationalen Antriebe des Handelns, auf den Machttrieb und Selbsterhaltungswillen, die Sexualität und die Aggressionsbereitschaft einstellen. Insbesondere muß die staatliche Ordnung ausreichende Machtkontrollen in der Staatsorganisation und im Bereich der gesellschaftlichen Mächte vorsehen, die Sexualität in gemeinverträgliche Bahnen lenken und der Aggressivität wirksam entgegentreten. Nicht zuletzt wird sie auch den Risiken einer demagogisch lenkbaren direkten Demokratie vorzubeugen suchen (Kap. 13 d).

c) Biologische Vorgegebenheiten

Das Selbstverständnis des Menschen wurde in unserem Jahrhundert nicht zuletzt durch biologische Einsichten vertieft. Die biologische Anthropologie steht heute unter dem Einfluß von Verhaltensforschung (z.B. Konrad Lorenz, Das Wirkungsgefüge der

Natur und das Schicksal des Menschen, 1978) und Soziobiologie (z.B. Edward O.Wilson, On Human Nature, 1978). Sie erforschten das Sozialverhalten der Tiere und die ihm zugrunde liegenden Verhaltensmuster und Verhaltensdispositionen. Als Erklärungshypothese dient das Darwinsche Gesetz: Es seien solche Verhaltensdispositionen „herausgezüchtet" worden, die den mit dieser Veranlagung ausgestatteten Individuen (genauer gesagt, der Verwandtschaftsgruppe, also der „Erbmasse") einen Selektionsvorteil boten. Die Annahme lag nahe, daß auch dem Menschen bestimmte Verhaltensbereitschaften angeboren sind, die Anteil daran haben, das Sozialverhalten zu regulieren, und die daher auch für das Recht eine Rolle spielen können.

Bei den Säugetieren finden wir teils durchgängige Verhaltensmuster, wie das mütterliche Schutz- und Pflegeverhalten gegenüber den eigenen Jungen, teils Verhaltensmuster mit geringerem Verbreitungsgrad. Zu den komplexeren Verhaltensmustern, die der Produktion, dem Schutz und der Aufzucht eines lebenstauglichen Nachwuchses dienen, gehören z.B. der Kampf der Männchen um die Weibchen und die Beschützerhaltung der Herde gegenüber artverwandten Jungtieren. Daneben finden sich konfliktsregelnde Mechanismen, z.B. eine Tötungshemmung gegenüber Artgenossen und die Bereitschaft, eine einmal ausgekämpfte Rangordnung, ein mit Erfolg besetztes Revier oder eine einmal hergestellte Paarbindung einstweilen (wenn auch nicht unbegrenzt) zu respektieren und so den sozialen Frieden nicht permanent zu gefährden.

Welche dieser Verhaltensdispositionen in der natürlichen Anlage des Menschen stecken, ist unbestimmt. Viele von ihnen finden sich schon nicht bei allen Tierarten, was darauf hindeutet, daß sie biologisch ambivalent sein könnten. Fast ganz auf Vermutungen angewiesen bleibt man hinsichtlich solcher Verhaltensdispositionen, die in der spezifischen Lebenssituation der Hominiden und der frühen Menschheitsentwicklung „herausgezüchtet" wurden, also in den Jahrhunderttausenden eines wahrscheinlich in Kleingruppen verbrachten Jäger- und Sammlerdaseins. Möglicherweise wurden in diesem Entwicklungsabschnitt sehr verschiedenartige, zum

Teil auch einander widerstreitende Verhaltensdispositionen begünstigt.

Immerhin finden wir aber weitverbreitete Strukturen menschlichen Zusammenlebens, z. B. Eheformen unterschiedlicher Art, eine Beschützerhaltung gegenüber den Jungen, die Respektierung wenigstens eines minimalen privaten Besitzes, das Akzeptieren mindestens informeller und zeitweiliger Führungsstrukturen, schließlich einen Wettbewerb um Rang, Besitz und sexuelle Partner. Man hat sogar festgestellt, daß selbst in Gruppen, die eine Frauen- und Gütergemeinschaft gezielt verwirklichen wollen, immer wieder informelle Paarbindungen entstanden sind, daß auch privater Besitz, zum mindesten an Sachen des persönlichen Gebrauchs oder an einem persönlichen Schlafplatz, beansprucht und von den anderen Gruppenmitgliedern respektiert worden ist.

Der hohe Verbreitungsgrad solcher Verhaltensstrukturen, die Tatsache, daß sie selbst gegenüber ideologischen Programmen „durchschlagen", und die Parallelen zu tierischen Verhaltensmustern legen es nahe, daß hier von der Biologie her einiges vorgegeben ist.

Auch wenn es sich hier nicht um starre Verhaltensschemata, sondern nur um Verhaltensdispositionen handelt, die mehr oder minder beherrschbar sind, sind sie für das Recht von Bedeutung. Ein Gesetzgeber muß in Rechnung stellen, daß die Wahrscheinlichkeit bereitwilligen Rechtsgehorsams, also die Wirksamkeit seiner Regelungen, um so größer ist, je mehr das Recht inhaltlich mit den angeborenen Verhaltensneigungen in Einklang steht.

Es liegt nahe, daß solche angeborenen Verhaltensdispositionen subjektiv als Wertungsdispositionen in Erscheinung treten. In diesen lassen sich also wenigstens bruchstückhafte Elemente unserer Moral und damit auch unseres „Rechtsgefühls" vermuten. Hier würden dann Elemente eines „Naturrechts" sichtbar, die an die stoische und thomistische Lehre von den inclinationes naturales erinnern.

Andererseits fügen sich aber diese biologisch vorgegebenen Verhaltensneigungen nicht zu einer kompletten und funktionsfähigen Verhaltensordnung zusammen. Es bedarf vielmehr einer normativen Vervollständigung und vielfach auch einer normativen Korrektur der naturgegebenen Anlagen. Eine Korrektur ist dort erforderlich, wo naturgegebene Neigungen in der urbanisierten Gesellschaft dysfunktional wirken, wie etwa der ungehemmte Fortpflanzungstrieb, der heute zu einer Übervölkerung führt, oder eine starke Aggressionsbereitschaft, die in wild lebenden Kleingruppen einen Selektionsvorteil bot, in der urbanisierten Gesellschaft aber als Störfaktor wirkt.

Auf die Notwendigkeit, die fragmentarischen, naturgegebenen Verhaltensdispositionen durch normative Verhaltensstrukturen zu ergänzen, hat besonders Arnold Gehlen (1904–1976) hingewiesen. Institutionen, d. h. normative Verhaltensordnungen, wie z. B. eine bestimmte Familien- oder Eigentumsordnung, sollen „eine Verhaltenssicherheit und gegenseitige Einregelung möglich machen, wie sie von den verunsicherten Instinktresiduen gerade nicht geleistet wird". Erst durch sie leben Menschen „in stabilen Gefügen" (Moral und Hypermoral, [3]1973, S. 96). Sie fungieren „als stabilisierende Gewalten und als die Formen, die ein seiner Natur nach riskiertes und unstabiles, affektüberlastetes Wesen findet, um sich selbst und um sich gegenseitig zu ertragen" (S. 97), was schon Aristoteles wußte (Kap. 3 a). Der Mensch ist also nicht nur Natur-, sondern auch Kulturwesen (vgl. Kap. 7 b). Die bewährten Ordnungen des Zusammenlebens entlasten ihn davon, fortwährend alle Konflikte, mit denen er in einer kompliziert gewordenen Gesellschaft konfrontiert wird, von Grund auf selbst zu verarbeiten und zu entscheiden, wozu er gar nicht imstande wäre. Wenn die kulturell geschaffenen Ordnungen des Verhaltens zerstört werden oder einem allzu raschen Wandel unterliegen, greift Verunsicherung um sich. Dann macht soziale Unordnung Aggression frei (S. 100 f.). Dann kommt es zur Freisetzung des „Chaotischen im Menschen".

Die Frage nach dem Menschen hat diesen also nicht nur als Natur-, sondern auch als Kulturwesen ins Auge zu fassen, also den Blick auch auf die Handlungs- und Gestaltungsspielräume zu richten, die die Natur dem Menschen läßt; insbesondere geht es auch darum, was Menschen in diesen Spielräumen geschaffen haben und schaffen sollten. In dieser Weise hat schon Kant der Anthro-

pologie zwei Aufgaben zugewiesen: „Die physiologische Menschenkenntnis geht auf die Erforschung dessen, was die Natur aus
dem Menschen macht, die pragmatische auf das, was er, als freihandelndes Wesen, aus sich selber macht, oder machen kann und
soll" (Anthropologie, [2]1800, Vorrede).

20. Kritische Theorien

a) Ideologiekritik

Neben der Frage: „Was ist der Mensch?" bewegt auch heute noch
ein anderes Problem die Geister: Auf welche Weise und unter welchen Bedingungen bilden sich unsere Vorstellungen; wie können
diese überprüft und verbessert werden? Ein Teil dieser Fragen läßt
sich unter dem Thema der Ideologiekritik zusammenfassen.

Das Erkenntnisstreben drängt nach einem umfassenden Weltbild, in welches das fragmentarische Wissen einzuordnen ist. Wir
benützen immer wieder umfassende Vorstellungsschemata, mit denen wir versuchen, unsere Welt, auch den Staat und das Recht, uns
faßlich zu machen, d. h. sie zu „begreifen". Auf diese Weise bemühen wir uns, die Vielfalt gedanklich beherrschbar zu machen. Darin liegt eine wichtige Funktion unserer „Weltanschauungen". Sie
vermitteln eine Weltorientierung, liefern ein Vorverständnis der
Ereignisse, damit zugleich aber auch eine Voreingenommenheit.
Wir können dem Streben nach umfassenderen Sinnzusammenhängen nicht entgehen, leben mit weltanschaulichen Bildern und nehmen damit zwangsläufig Voreingenommenheiten in Kauf.

Ideologiekritik und Wissenssoziologie haben sich die Aufgabe
gestellt, die Selbstverständlichkeit unserer Weltanschauungen und
gedanklichen Voreingenommenheiten zu erschüttern, das kritische
Bewußtsein für ihre Relativität zu wecken und an die Stelle weltanschaulicher Selbstgewißheit die Bereitschaft treten zu lassen, alle
Versuche, die Welt zu begreifen, in Frage zu stellen. Diese kritische
Einstellung richtet sich nicht zuletzt auch gegen den Staat und das
überkommene Recht.

Schon Francis Bacon (1561–1626) ist den „Bildern in unseren Köpfen", den vorweggenommenen Konzeptionen, er nannte sie idola und praenotiones, mit Skepsis begegnet (Novum Organon, 1620, I 36 ff.). Solcher Gesamtkonzeptionen bedienen wir uns z. B., wenn wir uns den Staat etwa als eine Stiftung Gottes oder als ein Produkt der ökonomischen Verhältnisse vorstellen. Wir neigen dazu, uns zuerst solche Gesamtvorstellungen über die prinzipielle Natur des Staates oder des Rechts oder anderer Tatbestände zu bilden und dann die Erscheinungen durch die Brille dieser Begriffe zu betrachten, vermutlich deshalb, weil dieses Vorgehen dem Bedürfnis nach Übersichtlichkeit unserer Vorstellungswelt, aber auch der Bequemlichkeit des Denkens entgegenkommt. Demgegenüber gab Emile Durkheim zu bedenken, solche vorgefaßten Anschauungen und gedanklichen Vorentwürfe seien „wie ein Schleier, der sich zwischen die Dinge und uns legt und sie desto mehr verhüllt, je durchsichtiger man ihn glaubt"; jene Phantasiegebilde setzten sich nur allzu leicht an die Stelle der Realitäten und seien imstande, die Geister zu beherrschen (Les règles de la méthode sociologique, 1895, dt. 1961, S. 116 f., 128 ff.). Rigoros wird das Programm, auf gedankliche Vorwegnahmen zu verzichten, indessen kaum zu verwirklichen sein. Unser Bestreben, die Welt in Begriffe zu fassen, kommt ohne gedankliche Vorgriffe nicht aus. Wesentlich erscheint nur, diese als vorläufige Annahmen zu behandeln, sie ständig an der Erfahrung zu prüfen und sie zu verwerfen, sobald sie mit der Erfahrung in Widerspruch geraten.

Andere Richtungen der Ideologiekritik haben sich bemüht, die vielfältigen Bedingtheiten unserer Ideen bloßzulegen. Ludwig Feuerbach (1804–1872) forschte nach den anthropologischen Grundlagen unserer Gottesvorstellungen; diese würden das Wesen des Menschen selbst abbilden (Das Wesen des Christentums, 1841). Marx wollte die ökonomische Bedingtheit der juristischen und politischen Verhältnisse, aber auch der Moral, der Religion und der sonstigen Ideologien aufdecken (Kap. 18 b). Indessen ist unsere Vorstellungswelt nicht nur ökonomisch bedingt: Die traditionellen Vorstellungen sind auf vielfältige Weise, auch durch die Eingebungen eines Buddha, eines Platon, eines Jesus, eines Kant, eines Marx entstanden. Wir denken in den Begriffen, die andere vorgedacht haben, und können nicht aus allen Geleisen springen; wir können uns auch nicht am eigenen Zopf der Ideologiekritik aus allen Voreingenommenheiten ziehen. Aber wir können uns bewußt machen, daß unsere Weise, die Dinge zu sehen, in vielfältigen, sie bedingenden Beziehungen (Relationen) steht und in diesem Sinne „relativ" ist. In ähnlicher Weise hat Karl Mannheim (1893–1947) auf die umfassende und unentrinnbare „Seinsgebundenheit eines jeden lebendigen Denkens" aufmerksam gemacht (Ideologie und Utopie, 1929, ⁵1969, S. 69 ff.).

b) Der kritische Rationalismus (Popper)

Die „Kritik" im Sinne der bisher dargestellten Lehren war eine „reflektierende", d. h. eine „überlegende" Kritik: Das Denken beugte sich gleichsam über sich selbst zurück und versuchte, seine eigenen Bedingtheiten und Abhängigkeiten zu durchschauen. Karl Popper (geb. 1902) wandte das kritische Engagement noch in eine andere Richtung: Alle Erkenntnisaussagen sollen nur als mehr oder minder gut bestätigte versuchsweise Annahmen (Hypothesen) gelten, die einer fortwährenden Kritik und Erprobung ausgesetzt bleiben. Alle unsere Versuche, die Welt zu begreifen, seien es physikalische Gesetze und Weltmodelle, seien es sozialwissenschaftliche Hypothesen, sind hiernach nur versuchsweise Zugriffe, die jederzeit kritisierbar, kritikbedürftig und modifizierbar sind. Die Einsicht in die Vorläufigkeit unserer Problemlösungen sollte uns aber nicht hindern, uns der einstweilen besten Lösungen zu bedienen. Popper faßte zusammen: „a) Die Methode der Sozialwissenschaften wie auch die der Naturwissenschaften besteht darin, Lösungsversuche für ihre Probleme – die Probleme, von denen sie ausgeht – auszuprobieren. Lösungen werden vorgeschlagen und kritisiert. Wenn ein Lösungsversuch der sachlichen Kritik nicht zugänglich ist, so wird er eben deshalb als unwissenschaftlich ausgeschaltet, wenn auch vielleicht nur vorläufig. b) Wenn er einer sachlichen Kritik zugänglich ist, dann versuchen wir, ihn zu widerlegen; denn alle

Kritik besteht in Widerlegungsversuchen. c) Wenn ein Lösungsversuch durch unsere Kritik widerlegt wird, so versuchen wir es mit einem anderen. d) Wenn er der Kritik standhält, dann akzeptieren wir ihn vorläufig; und zwar akzeptieren wir ihn vor allem als würdig, weiter diskutiert und kritisiert zu werden. e) Die Methode der Wissenschaft ist also die des tentativen Lösungsversuches (oder Einfalls), der von der schärfsten Kritik kontrolliert wird. Es ist eine kritische Fortbildung der Methode des Versuchs und Irrtums (,trial and error'). f) Die sogenannte Objektivität der Wissenschaft besteht in der Objektivität der kritischen Methode; das heißt aber vor allem darin, daß keine Theorie von der Kritik befreit ist, und auch darin, daß die logischen Hilfsmittel der Kritik – die Kategorie des logischen Widerspruchs – objektiv sind" (K. R. Popper, Auf der Suche nach einer besseren Welt, 1984, 82).

Man kann darüber streiten, ob man mit dieser Methode in Richtung auf eine, wenn auch nie ganz erreichbare, „absolute Wahrheit" fortschreitet (S. 51): Popper unterscheidet zwischen „Wahrheit" und „Gewißheit": Ein Satz sei dann wahr, wenn er mit den Tatsachen übereinstimme (S. 92); ich könne mir aber subjektiv nie gewiß sein, ob diese Übereinstimmung bestehe (S. 220 f.). Unter diesen Bedingungen kann ich mir also zwar einen Begriff der „Wahrheit" bilden, ich kann mir diese sogar zum Ziel setzen, sie aber nie verläßlich erfassen: Am Ende bleibt doch immer nur die Möglichkeit, eine falsifizierte Aussage über einen Gegenstand durch eine noch nicht falsifizierte, aber eben doch falsifizierbare Aussage über den gleichen Gegenstand zu ersetzen. Wie sollte ich aber erkennen, ob diese von der Wahrheit nicht ebenso weit entfernt ist wie jene?

Wie dem auch sei, eine Hypothese – und dies gilt auch für sozialwissenschaftliche, das Leben in einer politischen Gemeinschaft betreffende Hypothesen – ist jedenfalls praktisch gerechtfertigt, wenn sie sich bisher „bewährt" hat, d. h. durch die konkreten Erfahrungen, die sie vorausgesagt hat, bestätigt wurde und damit ein sachgerechtes und wirksames Handeln ermöglicht.

Im Zusammenhang mit diesen Erwägungen kann man in Frage

stellen, ob die Wahl zwischen konkurrierenden Problemlösungen stets in rationaler Weise geschieht (T. S. Kuhn, The Structure of Scientific Revolutions, 1962, ²1970). Die tatsächlichen Strategien wissenschaftlicher Argumentation weichen unbestreitbar oft von einer rationalen Methode ab, indem sie versuchen, einmal gefundene Lösungen gegen Einwände und widerstreitende Erfahrungen zu verteidigen statt sie kritisch zu prüfen; dies sagt aber nichts über die Richtigkeit der Methode, sondern nur etwas über das tatsächliche Verhalten von Wissenschaftlern aus. Es kann aber auch vorkommen, daß Problemlösungen miteinander konkurrieren, von denen bisher noch keine falsifiziert ist. Hier ist die Wahl unvermeidlich von nichtzwingenden Kriterien bestimmt: etwa davon, welche Lösung sich besser in den Zusammenhang anderer, vorherrschender Konzeptionen, „Paradigmen", nicht zuletzt auch in vorherrschende „Weltanschauungen" einfügt; oder sie neigt der einfacheren Problemlösung zu; die Wahl zwischen konkurrierenden Lösungsansätzen kann sich vor allem auch danach bemessen, welcher von ihnen besser geeignet erscheint, „neue Tatsachen mit einigem Erfolg vorherzusagen" (Lakatos, in: I. Lakatos, A. Musgrave, Kritik und Erkenntnisfortschritt, 1974, S. 168 f., 280 f.). Auch dies sind indessen rationale, wenngleich nicht unwiderlegliche Kriterien.

Auch die Methode Poppers läßt nicht notwendig einen kontinuierlichen Gang der Wissenschaften erwarten: Eine Verbesserung unserer Einsichten kann sich nicht nur durch eine Modifikation nachgeordneter Hypothesen vollziehen, sondern auch durch eine Revision der Grundannahmen. Auf diese Weise kann es dann zu „revolutionären" Umgestaltungen eines umfassenderen Theoriengebäudes, also zu „kopernikanischen Wenden" kommen. – Die Kontinuität wird ferner überall dort gestört, wo das Erkenntnisinteresse an bisher untersuchten Gegenständen schwindet und sich neuen Problembereichen zuwendet. Auf solche Weise wird in der Geschichte des menschlichen Erkenntnisstrebens immer wieder das Thema gewechselt. Die Aufmerksamkeit wandert wie ein Lichtkegel und läßt, auch ohne Rücksicht auf die Bestätigung oder Falsifizierung einzelner Hypothesen, einmal diese, einmal jene

Gegenstände und Probleme ins helle Bewußtsein treten. Weltanschauliche, sozialpolitische, ethische oder naturwissenschaftliche
Fragen, die vor einem Jahrzehnt noch die Geister bewegten, können heute das Gewicht unbedeutender Randfragen haben.

21. Experimentierende Praxis

a) Grundsätzliches

Poppers Methode, Problemlösungen gedanklich zu entwerfen und
kritisch zu überprüfen, kann man den experimentierenden Methoden im engeren Sinn zuordnen, sofern man unter diesen eine vernunftgeleitete Suche nach Erfahrung versteht (F. Bacon, Novum
Organum, 1620, I 82, 95, 100; vgl. auch I. Kant, Kritik der reinen
Vernunft, ²1787, S. XIII f.).

Inzwischen hat sich die Idee verbreitet, daß auch andere Fort-
schritte sich durch ein – in einem weiteren Sinn verstandenes –
„Experimentieren" vollzögen: durch das Hervorbringen neuer
Strukturen und die Erprobung, ob sie sich im Leben bewähren. So
hat man von Darwin (On the Origin of Species by Means of Na-
tural Selection, 1859) gelernt, daß die Natur selbst – anthropo-
morph gesprochen – mit Lebensformen „experimentiert", indem
sie Varietäten hervorbringt und unter ihnen die lebenstüchtigeren
auswählt. Selbst in der Menschheitsgeschichte scheint es neben irrationalen, uns schicksalhaft und dämonisch anmutenden Kräften
auch Entwicklungsschritte zu geben, die gleichfalls Züge experimentierender Lernprozesse tragen. So hat Friedrich v. Hayek den
Gedanken der Selektion nicht nur auf die natürlichen Eigenschaften, sondern auch auf kulturell entstandene Verhaltensmuster und
Werthaltungen angewandt: Im großen und ganzen hätten sich
wohl solche Moral- und Verhaltensregeln durchgesetzt, die besser
funktionierten als andere, nämlich den Gruppen, die sie befolg-
ten, im Vergleich zu anderen Gruppen bessere Überlebens- und

Vermehrungschancen boten (Die drei Quellen der menschlichen Werte, 1979, S. 21 f., 25, 31).

Das experimentierende Denken könnte gleichsam als die erkenntnistheoretische Variante solcher Anpassungsprozesse aufgefaßt werden: als die Anpassung unserer Vorstellungen an die Strukturen der Welt und an die Natur des Menschen – wie auch immer diese uns „gegeben" sein mögen. An dem von Popper beschriebenen Verfahren sind mehrere Komponenten beteiligt: zum einen der kreative Einfall, d. h. der Vorgriff der produktiven Phantasie auf eine mögliche Problemlösung, zum andern die Logik und die Erfahrung, als kritische Instanzen, vor denen die versuchsweise Problemantwort sich bewähren muß.

b) Tentative Suche nach rechtlichen Problemlösungen

Im Recht geht es aber nicht primär um die Erkenntnis der Welt, sondern um eine Ordnung menschlichen Handelns. Rechtsnormen sollen Probleme des Zusammenlebens wirksam und gerecht lösen. Experimentierenden Lernprozessen sind sie jedenfalls insoweit zugänglich, als eine zweckmäßige Ordnung des Handelns auf Weltkenntnis beruht, insbesondere auf Wirkungszusammenhänge Rücksicht zu nehmen hat.

Daß darüber hinaus auch Gerechtigkeitsfragen, und das heißt ethische Fragen, einer experimentierenden Methode zugänglich sind, hat schon Richard M. Hare (Freedom and Reason, 1963, Kap. 6.2) festgestellt: Auch hier gehe es darum, Problemlösungen „vorzuschlagen und dann nach Wegen zu suchen, sie zu testen – d. h. nach Experimenten, die, wenn jene falsch sind, zeigen, daß dem so ist". Wir halten also „Ausschau nach moralischen Urteilen und moralischen Prinzipien, die wir, wenn wir ihre logischen Konsequenzen und die Tatsachen des konkreten Falles betrachtet haben, immer noch akzeptieren können".

So kann man sich auch die Entstehung rechtlicher Institutionen, insbesondere solcher des freiheitlichen Rechtsstaates, als ein „Herausexperimentieren" von Rechts- und Verfassungsstrukturen vorstellen, als eine Reihe von Antworten auf die Herausforderungen, die der Machtwille, die Willkür und die Dummheiten der Herrschenden immer wieder an die Menschen gestellt haben, Antworten auch auf die Erfahrung struktureller Fehlentwicklungen und auf die Ungerechtigkeiten und sonstigen Mißhelligkeiten, die aus diesen Ursachen hervorgingen.

Welchem Feld experimentierender Praxis man sich auch zuwendet: Stets gibt das bisher Gewordene die Ausgangsbedingungen – im geistigen Bereich auch den Verständnishorizont – des versuchsweisen Weiterschreitens vor. Auf dem Gebiet der sozialen Ordnungen ist der Wunsch nach Verbesserungen stets auch in das rechte Verhältnis zu setzen zu dem Bedürfnis, Stabilität und Orientierungssicherheit nicht zu gefährden und Bewährtes nicht vorschnell gegen Neuerungen aufzugeben, deren Fern- und Nebenwirkungen nicht voll übersehbar sind. Unter diesen Prämissen kann staatliche und insbesondere rechtliche Regelung verständigerweise nur Stückwerk sein, nämlich der Versuch, die bestehenden Verhältnisse dort zu verbessern, wo Mängel sichtbar werden (K. R. Popper, Das Elend des Historizismus, dt. [4]1974, S. VIII). Hierbei ist in Rechnung zu stellen, „daß nur eine Minderheit sozialer Institutionen bewußt geplant wird, während die große Mehrzahl als ungeplantes Ergebnis menschlichen Handelns einfach ‚gewachsen‘ ist" (S. 52). So wird der regelnde Staat vernünftigerweise „nur Schritt für Schritt vorgehen und die erwarteten Resultate stets sorgfältig mit den tatsächlich erreichten vergleichen, immer auf der Hut vor den bei jeder Reform unweigerlich auftretenden unerwünschten Nebenwirkungen. Er wird sich auch davor hüten, Reformen von solcher Komplexität und Tragweite zu unternehmen, daß es ihm unmöglich wird, Ursachen und Wirkungen zu entwirren und zu wissen, was er eigentlich tut" (S. 54). In diesem schrittweisen Vorgehen hat man die erzielten Ergebnisse fortwährend kritisch zu prüfen und nach dem „Prinzip der dauernden Fehlerkorrektur" zu verfahren (S. IX, 70).

c) Schritte experimentierender Prüfung

Dem Aufstellen einer naturwissenschaftlichen Hypothese entspricht im Bereich des Rechts die versuchsweise Annahme einer Verhaltensregel, die eine Frage richtiger Ordnung zwischenmenschlicher Beziehungen lösen soll. Die zunächst in Gedanken entworfenen rechtlichen Problemlösungen müssen unter den Aspekten ihrer Wirksamkeit, ihrer Gerechtigkeit und ihrer Systemverträglichkeit „auf die Probe gestellt" werden.

Die erste „Probe" betrifft die Frage, ob eine Rechtsnorm die mit ihr erstrebten Wirkungen hervorbringt: ob sie nämlich zu dem vorgeschriebenen Verhalten motiviert und ob dieses Verhalten sich als geeignetes Mittel erweist, den Normzweck zu erreichen. Die Motivationskraft der Normen hängt hierbei unter anderem davon ab, ob sie den vorherrschenden Vorstellungen und Interessen entsprechen, aber auch davon, ob das Recht allgemeinverständlich, übersichtlich und beständig ist. Bei ihren Versuchen, die faktische Wirksamkeit rechtlicher Normen zu prüfen, stößt die Rechtssoziologie indessen an prinzipielle Grenzen, die einer genauen Erforschung komplexer Wirkungszusammenhänge im sozialen Geschehen gesetzt sind.

Rechtsnormen sollen Probleme des Zusammenlebens nicht nur wirksam, sondern auch gerecht lösen. Für die „Probe der Gerechtigkeit" ist das vernunftgeleitete Gewissen der Einzelnen die letzte Instanz, zu der das Bemühen um ethische Einsicht vordringen kann (Kap. 16 b). Da aber die Gewissensüberzeugungen der Einzelnen oft voneinander abweichen (Kap. 16 c), müssen Gerechtigkeitsaussagen schon dann als praktisch legitimiert gelten, wenn sie dem Rechtsgewissen des überwiegenden Teiles der Rechtsgemeinschaft entsprechen. Auf diese Weise eröffnet man immerhin die Chance, daß so viel Gewissenseinsicht und Autonomie wie möglich in der Gemeinschaft zur Geltung kommen.

Die „für die Mehrheit konsensfähigen Gerechtigkeitsvorstellungen" dürfen aber nicht kurzerhand mit einer vordergründigen Mehrheitsmeinung gleichgesetzt werden. Diese wird oft interessen- und nicht gewissensbestimmt, oft eine manipulierte „Mitläuferansicht" sein. – Um zu Entscheidungen zu gelangen, die vor dem Gewissen und Rechtsgefühl möglichst vieler Bestand haben können, muß also die Konsensfähigkeit in dieser Richtung „abgeklärt", muß insbesondere der Einfluß interessenbedingter Entscheidungsmotive und manipulierter Meinungen vermindert werden. Zu diesem Zweck müssen Entscheidungen nach rechtsstaatlichen „Spielregeln" getroffen werden: Man braucht Entscheidungsinstanzen, die den Interessenkonflikten möglichst neutral und sachkundig gegenüberstehen. Auch müssen die Entscheidungen nach freiem Austausch der Argumente, in begründeter und kontrollierbarer Weise getroffen werden (R. Zippelius, Rechtsphilosophie, [2]1989, §§ 11, 20 III, IV). – All diese institutionellen, verfahrensmäßigen und argumentativen Vorkehrungen sollen aber nur dazu dienen, Gerechtigkeitsvorstellungen herauszuarbeiten, die geeignet sind, alle oder die meisten zu überzeugen und auf dieser Grundlage die Zustimmung der Mehrheit des Volkes zu finden.

Die einzelne Problemlösung muß sich darüber hinaus in den Kontext der Rechtsordnung einfügen, die ihrer Orientierungsfunktion nur genügt, wenn sie sich als ein Gefüge widerspruchsfrei miteinander vereinbarer Verhaltensnormen darstellt. Aber nicht nur mit der übrigen Rechtsordnung, sondern auch mit den Leitideen der Kultur muß die gefundene rechtliche Problemlösung verträglich sein. Die weltanschauliche „Perspektive", aus der hierbei in einer „offenen Gesellschaft" der Rechtsbildungsprozeß betrachtet wird, ist die „Perspektive legitimer Perspektivenvielfalt". Dem entspricht ein Verfassungssystem, das zwar die Grundlagen der offenen Gesellschaft – insbesondere die gleichberechtigte Würde und Meinungsfreiheit eines jeden – wahrt, in diesem Rahmen aber allen Bürgern eine Chance eröffnet, ihre weltanschaulichen Perspektiven auf demokratische Weise in das politische Geschehen und damit auch in die nie endende Suche nach dem richtigen Recht einzubringen.

Wendet man abschließend den Blick noch einmal zurück, so kann man auch die Staatsideale der Vergangenheit – seien sie etwa aus der Perspektive eines weltanschaulich fundierten Naturrechts, einer eudämonistischen Moralphilosophie oder einer Vernunftmetaphysik gewonnen – als eine Aufeinanderfolge von Versuchen auffassen, Grundsätze einer stabilen und gerechten Ordnung menschlichen Zusammenlebens zu finden. Diese Problemlösungsversuche hielten zum Teil einer kritischen Prüfung stand, teils wurden sie in ihrem Geltungsanspruch eingeschränkt oder auch ganz aufgegeben und durch andere Lösungsversuche ergänzt oder ersetzt. So kann man sich die Geschichte der Staatsideen rückschauend als einen großen Prozeß tentativen Denkens vorstellen, in welchem der menschliche Geist nach einer friedensichernden, wirksamen und gerechten Ordnung menschlichen Zusammenlebens und nach deren anthropologischen Bedingungen gesucht hat und weiterhin sucht.

QUELLENNACHWEIS

Ich habe verschiedentlich Formulierungen folgender Übersetzungen übernommen oder mich an sie angelehnt:

ARISTOTELES, Nikomachische Ethik, üb. v. E. Rolfes ²1921; v. F. Dirlmeier
1956; v. O. Gigon ²1975
– Politik, üb. v. E. Rolfes ³1958; v. O. Gigon ²1973
AUGUSTINUS, De civitate Dei, üb. v. C. J. Perl 1951/1953; v. W. Thimme
1955
BACON, Nova Atlantis, üb. v. K. J. Heinisch (Der utop. Staat) 1960
BODIN, Six livres de la République, Auswahl, üb. v. G. Niedhart 1976;
v. B. Wimmer, Buch I–III, 1981, Buch IV–VI, 1986
CALVIN, Institutio Christianae religionis, üb. v. O. Weber ³1963
CAMPANELLA, Civitas solis, üb. v. K. J. Heinisch (Der utop. Staat) 1960
CICERO, De re publica, üb. v. K. Büchner 1952; v. K. Atzert 1958; v.
W. Sontheimer 1969
– De officiis, üb. v. K. Büchner 1953; v. K. Atzert 1951
COMTE, Cours de philosophie positive, Bd. IV–VI, üb. v. V. Dorn 1923
– Discours sur l'esprit positif, üb. v. I. Fetscher ²1966
DANTE, De monarchia, üb. v. O. Hubatsch 1872
DIOGENES LAERTIUS, Leben und Meinungen berühmter Philosophen, üb. v.
O. Apelt ²1967
DIELS-KRANZ, Die Fragmente der Vorsokratiker, Bd. II ¹³1969
EPIKUR, Schriften, üb. v. P. M. Laskowsky o. J.
GROTIUS, De jure belli ac pacis, üb. v. W. Schätzel 1950
HOBBES, De cive, üb. v. M. Frischeisen-Köhler 1959
– Leviathan, üb. v. W. Euchner 1966
LEIBNIZ, Hauptschriften z. Grundlegung d. Philosophie, üb. v. A. Buchenau
³1966 (darin u. a.: Juris et aequi elementa; Méditation sur la notion com-
mune de la justice)
– Philosophische Schriften, üb. v. W. v. Engelhardt u. H. Holz 1959 ff.
LOCKE, Two Treatises of Government, üb. v. H. J. Hoffmann 1967
DE LOLME, The Constitution of England, üb. v. C. F. Liebetreu, 1849
MACHIAVELLI, Discorsi, üb. v. F. v. Oppeln–Bronikowski 1965
– Il principe, üb. v. A. W. Rehberg; v. E. Merian–Genast 1961
– Auswahl, üb. v. C. Schmid 1956
MARC AUREL, Selbstbetrachtungen, üb. v. H. M. Endres 1961; v. A. Witt-
stock 1959
MARSILIUS VON PADUA, Defensor pacis, üb. v. W. Kunzmann 1958

Montesquieu, De l'esprit des lois, üb. v. E. Forsthoff 1951

Morus, Utopia, üb. v. K. J. Heinisch (Der utop. Staat) 1960; v. H. M. Endres 1960

Platon, Sämtliche Werke, Ausgabe des Lambert-Schneider-Verlages

Rousseau, Contrat social, Ausgabe v. W. Tieze 1948; üb. v. H. Denhardt 1958

Seneca, De vita beata, üb. v. L. Rumpel/P. Jaerisch 1953

Spinoza, Ethik, üb. v. B. Auerbach/A. Buchenau 1908; v. O. Baensch 1967
– Theolog.-polit. Traktat, üb. v. C. Gebhard ⁵1955

Thomas von Aquin, Summa theologica, Ausg. d. Albertus Magnus Akademie 1951 ff.
– Ausgewählte Schriften z. Staats- und Wirtschaftslehre, üb. v. F. Schreyvogl 1923

NAMENREGISTER

(Die Zahlen verweisen auf die Kapitel)

SACHREGISTER

Gerechter Lohn, gerechter Preis
3 d, 7 a, 17 a
Gerechtigkeit 3 d, 6, 7 a, 9 b, 15 d,
s. auch ausgleichende und austeilende Gerechtigkeit, Eudämonismus, Formalismus, Gegenseitigkeitsprinzip, Gemeinwohl, Goldene Regel, Naturrecht
Gesellige Natur des Menschen 3 a,
4 d, 7 b, 12 b, 13 a, 15 a, b, e, 16 d,
18 a, b
Gesellschaftsvertrag, s. Herrschaftsvertrag
Gesellschaftswissenschaft 18
Gesetze, allgemeine, s. generelle
Normen
Gesetzesgebundenheit staatlichen
Handelns 2 c, 3 c, 8 b, 13 a, c,
16 d, s. auch Gewaltenkontrolle
Gesinnungsethik 4 b, 5 b, 6 b, 9,
16 b, 17, s. auch Recht und Sittlichkeit
Gesunder Menschenverstand 4 d,
8 b, 15 a, s. auch gemeinschaftliche Vorstellungen
Gewaltenkontrolle, Gewaltenteilung 4 d, 10 b, 13 a, d, 14, 16 d,
s. auch gemischte Verfassung,
Gesetzesgebundenheit, Repräsentanten
Gewissen 6 b, 16 b, s. auch Gesinnungsethik, Toleranz
Glaube und Staatsgewalt 2 c, 5 d, 9,
12 d, s. auch Religion, Toleranz
Glaube und Wissen 5 a, 6, 7 pr., 8 a
Gleichbehandlung als Gerechtig-
keitsprinzip, s. ausgleichende und
austeilende Gerechtigkeit, Gegenseitigkeitsprinzip, Goldene
Regel, Talion
Gleichberechtigung
– im Gemeinwesen 1, 3 c, 4 d, 14 b,
16 d, 17 a, s. auch Demokratie,

Kommunismus, Mehrheitsprin-
zip, Vermögensregelung
–, natürliche 1, 14 a, 15 b, e, 17 a
Gleichgewicht der Kräfte, s. Ge-
waltenteilung
Gliederung der Gemeinschaft 3 a,
8 c, 13 a
Glück, Recht auf – 14 a, 17 a, s.
auch Eudämonismus
Göttliches Recht, s. jus divinum
Goldene Regel 6 b, 13 b, 15 c, d, e,
s. auch Gegenseitigkeitsprinzip
Grenzen der Staatsgewalt, s. d.
Grundpflichten 15
Grundrechte, s. Menschenrechte
Güterverteilung, s. austeilende Ge-
rechtigkeit, Vermögensregelung

Hedonismus 4 a, 16 a, s. auch Ei-
gennutz, Eudämonismus
Herrschaftsvertrag 7 c, 8 a, b, 12 c,
13, 14 a, 15 a, b, e
Herrscher
–, Charakter 11 c
–, Ideal 2, 6 a, 8 c, 9 b, s. auch Elite
–, Ordnungsfunktion 2 b, 8 c, 9 a, 12
–, Verantwortlichkeit, s. Reprä-
sentanten
Hexenverfolgung 15 c
Historischer Materialismus 18 b, c
Homo homini lupus 12 b
Hüter der Verfassung 13 a, s. auch
Kontrollen der Macht
Humanität 4 c, 15 e, 18 a, s. auch
Person, Vernünftigkeit
– in der Produktionsgesellschaft
18 b

Idealismus 17
Idealstaat, s. Staatsideal
Ideen 2 pr., 15 d, 18 d, 20 a
Identität der Regierenden mit den
Regierten 13 b, c, 16 d, s. auch
Selbst(mit)bestimmung

Mechanistische Weltanschauung
12b, 15b, d, s. auch naturwissen-
schaftliche Methode
Mehrheitsprinzip 1, 12c, 13b, c,
14a, 15a, e, 16d
Meinungslenkung 12d, 13d, 19b,
s. auch Volkserziehung
Menschenbild, s. anthropologische
Grundlagen
Menschenrechte 14a, 15e, s. auch
Freiheit (natürliche), Gleichbe-
rechtigung (natürliche)
Menschenwürde, s. Person
Methodendualismus, s. Sollen und
Sein
Mittel zum Zweck in der Politik
11a, 18c
Mittelstandspolitik 3a, s. auch Ver-
mögensregelung
Monaden 15d
Monarchie 3c, 4d, 7c, 8c
Monistisches Weltbild 13b, 15b, d,
18a, s. auch Idealismus, Mate-
rialismus
Moralität 16b, s. auch Gesinnungs-
ethik, Recht und Sittlichkeit
Moralpositivismus 8a, 15a, d
Moraltheologie 15b, s. auch Gna-
denwahl, jus divinum, lex chari-
tatis, Moralpositivismus

Nächstenliebe 5b, 6b, 7a, 9a, 15b
Natur der Sache 14b, 16a, s. auch
reale Vorgegebenheiten
Naturrecht 1, 3d, 4c, 6b, 7a, 8a,
12a, 14a, 15, 19c, s. auch Recht
und Sittlichkeit
– skritik 1, 16a, 18a, 20a
Naturwissenschaftliche Methode
11a, 12b, 15b, d, 18a, 19c,
s. auch erfahrungswissenschaftli-
che Betrachtungsweise
Naturzustand, s. anthropologische
Grundlagen

Nivellierung, s. Gliederung
Notwehr, s. Selbstverteidigung

Objektiver Geist 17b, s. auch ge-
meinschaftliche Vorstellungen
Obrigkeit, gottgewollte 6a, 7c, 8c,
9, s. auch Herrscher
Öffentliche Meinung 13d, 16d,
s. auch Gemeinschaftl. Vorstel-
lungen
Öffentliches Wohl, s. Gemeinwohl
Ökonomische Komponente von
Recht und Staat 10b, 14b, 17a,
18b
Oligarchien 2a, 3a, c, 4d, 10a, 18b
Ordnungsfunktion des Staates 2b,
12, s. auch Rechtsfrieden

Pacta sunt servanda 15a, b
Pantheismus 13b, s. auch Weltver-
nunft
Person, Achtung des anderen als –
15b, 16b, c, d, 17a, 18b, s. auch
Humanität, Individualität
Persönlichkeitsentfaltung 3a, 8c,
18a, b, s. auch Person, Vervoll-
kommnung
Planwirtschaft 17a
Plutokratien s. Oligarchien
Positives Recht 1, 12d
– und Naturrecht 3d, 4c, 6b, 7a,
15b, c, e, s. auch Grenzen der
Staatsgewalt
Positivismus
–, Gesetzespositivismus 1, 3d, 12d,
s. auch positives Recht und Na-
turrecht
–, Moralpositivismus 8a, 15a, d
–, philosophischer 18a, s. auch er-
fahrungswissenschaftliche Be-
trachtungsweise
Prädestination 4b, 6a, 9
Preis, s. gerechter –

Rationalismus, s. Intellektualisie-